Hugo Seidl
Andere nennen es Traumkarriere

Zur Nachahmung
(mit Abstrichen)
empfohlen,
lieber Axel.

Herzlichst,
die Krassmann's
aus Heusenstamm

26. Oktober 1987

Verlag: Fr. Fiedler-Verlag, Bad Kreuznach

Gesamtherstellung: Druckerei + Verlag Fr. Fiedler, Bad Kreuznach

Titelfoto: Richard Walter, Bad Kreuznach

ISBN 3-924824-44-4

Hugo Seidl

ANDERE NENNEN ES TRAUM-KARRIERE

1987

Vorwort

In einer Zeit, in der Reisen — nicht zuletzt in weit entfernte Zonen — ein fast selbstverständlicher Teil unseres Lebens geworden sind, gehört auch die Gastronomie und Hotellerie in aller Welt zu fast jedermanns Lebensbereich.

Auch wenn uns damit die Betriebe, die mit ihren Dienstleistungen eine Reise und einen Aufenthalt erst möglich machen, nähergerückt sind und sich uns geöffnet haben, ist die Faszination geblieben, die vom Leben im Hotel ausgeht. Ob im Roman oder in der Fernsehserie — der Blick hinter die Kulissen eines Unternehmens, das so total im Dienste des Gastes steht, reizt jeden, ob Konferenzteilnehmer oder Globetrotter.

Hier schildert nun ein gestandener Fachmann in Gastronomie und Hotellerie, der sich zielbewußt von ganz unten hochgearbeitet und dabei manches Lehrgeld gezahlt hat, seinen Werdegang und legt am Beispiel seiner Laufbahn, die andere eine Karriere nennen, alle Seiten seines Berufs offen.

Seine Kinder haben ihn, den schriftstellerischen Laien, dazu ermutigt, als er ihnen seine Lebensgeschichte erzählte. Seinen Kindern widmet er das Buch, und er denkt dabei auch an andere Jugendliche, in denen der Wunsch aufkommt, sich im Gästeservice — im weitesten Sinne des Wortes — zu betätigen.

Hugo Seidl will die Jugend weder belehren noch beeinflussen. Dennoch kann seine Schilderung manchen für die aufreibende lebenslange Dienstleistung gewinnen, denn sie ist auch verbunden mit der Freude am Erfolg. Sie kann aber auch Schwankende davon abhalten, sich in ein berufliches Abenteuer zu stürzen, bei dem man zwar in der ganzen Welt herumkommt, sehr oft aber von der Welt außerhalb des Betriebs nicht viel zu sehen bekommt.

Doch das muß nicht sein. Im Gegenteil, Hugo Seidl hatte allezeit die Augen für die Welt offen, in der er sich bewegte. So ist seine Schilderung gespickt mit Bemerkungen über Historie und Geographie. Dabei ist seine Darstellung von Land und Leuten durchaus eigenwillig, und manches kritische Wort ist eingeflossen.

So weckt er im unbefangenen Leser das Fernweh, lockt dahin, wo sich die schönsten Erlebnisse abspielten, macht neugierig auf die Hotelpaläste, in denen der Gast selbst in der Fremde vorübergehend Geborgenheit und eine Art Zuhause findet, und reizt dazu, auf seinen Spuren die Erdteile kennenzulernen.

Nichts brauchte Hugo Seidl zu erfinden. Der Leser spürt: so hat es sich abgespielt. Denn er läßt den Leser Anteil nehmen an seinen Gedanken und Absichten. Plötzlich — schon nach wenigen Absätzen — versetzt sich der Leser an die Stelle des Autors, ist selbst der Junge, dem der Vater sagt „Du mußt etwas aus Deinem Leben machen!", geht den Weg mit über alle Stationen und vergleicht ihn unwillkürlich mit dem eigenen Lebensweg.

Durch die Ich-Erzählung nimmt der Autor dem Text zwar jegliche Dramatik. Doch da er auch die ganz privaten, persönlichen Erlebnisse nicht verschweigt, läßt er Eindrücke und Wertungen zu, in denen sich der Leser mit dem Autor identifiziert. Ist dies nicht der schönste Erfolg einer so schnörkellosen Selbstdarstellung, einer ungeschminkt ausgebreiteten Lebensgeschichte, einer ungekünstelten Laufbahnschilderung vom Kochlehrling zum Hoteldirektor? Denn jetzt ist man erst recht gespannt, wie diese Karriere weitergeht!

Richard Walter

Widmung

Dieses Buch ist meinen vier Kindern Erika, Andrew, Monika und Claudia gewidmet.

Es soll ihnen und den jungen Menschen im allgemeinen helfen, die richtige Einstellung zum Leben zu gewinnen. Es soll ihnen zeigen, daß weder das Leben noch sonst irgendjemand uns etwas schulden, sondern daß wir vom Leben immer nur das erwarten dürfen, was wir selbst gewillt sind, einzusetzen.

INHALTSVERZEICHNIS

Als Direktor nach Bad Kreuznach

Es war Silvester 1981. Ein Jahr wie viele andere ging zu Ende. Allerdings war es für mich ein ganz besonderes Jahr, brachte es mich doch ans Ziel meiner langen Laufbahn in der Hotellerie: Ich war Direktor des Hotel Kurhaus in der schönen Badestadt Bad Kreuznach geworden.

Die Umstellung vom großen Frankfurter Stammhaus zu diesem Haus war nicht ganz leicht. Als die Wahl auf mich fiel und man mir beim konsularischen Ball in Frankfurt meine Beförderung mitteilte, ließ ich mir mit der Zusage etwas Zeit. Schließlich hatte ich ja eine mehr als dreißigjährige Hotelkarriere hinter mir, die mich durch die ganze Welt geführt hatte.

Ich kannte die Phasen der Arbeitsabläufe eines Hotels in allen Einzelheiten — von der Küche, in der meine Laufbahn begonnen hatte, über den Service in Restaurant und Bar und den direkten Kontakt mit dem Gast bis hin zur Administration und zu der Beschaffung der vielen großen und kleinen Dinge, die zum Wohlbefinden des Gastes unerläßlich sind. Die wichtigste und auch die schwierigste Aufgabe ist wohl die Führung all der „guten Geister", die im Dienste des Gastes ein Hotel zu dem machen, zu dem es bestimmt ist: Dem Gast ein zweites „Zuhause" zu bieten, in dem er sich wohlfühlt, und in ihm den Wunsch wachzuhalten, an diesen angenehmen Ort zurückzukehren. Dies ist jedoch nur mit einem Team guter und motivierter Mitarbeiter zu schaffen.

Silvesterabend 1981. Die letzten Vorbereitungen für den Silvesterball im Bad Kreuznacher Kurhaus wurden getroffen. Die einzelnen Punkte des Ablaufplanes wurden nochmals durchgegangen. Diese Silvesterfeier sollte ganz besonderen Anklang bei den Hausgästen wie beim Bad Kreuznacher Publikum finden. Der Chefkoch mit seiner bewährten Küchenbrigade hatte ein köstliches und elegantes Gala-Büffet vorbereitet. Wir alle wollten uns besondere Mühe geben, daß dieses Fest zu einem Erfolg, ja zu einem Ereignis werden sollte.

Unsere Stimmung war allerdings nicht allzu gut. Denn etwas, das außerhalb unseres Einflusses lag, machte uns Sorgen: Das Wetter! Normalerweise denkt man an Silvester an eine weiße Winterlandschaft mit zugefrorenen Bächen, mit Eisblumen an den Fenstern und mit Kindern, die Schlitten fahren. Hier, an den Ufern der Nahe, sah es jedoch an Silvester 1981 ganz anders aus: wir hatten Tauwetter. Das 1913 erbaute Hotel liegt inmitten eines großen Parks, der sich am Fluß hinzieht. Am Nachmittag war die Nahe, sonst ein ruhiger und beschaulicher Fluß, zu einem reißenden Strom geworden. Braune Wassermassen wälzten sich zu Tal. An einzelnen Stellen traten die Fluten über die Ufer.

Voller Sorge hörten wir die Wasserstandsdurchsagen. Vorerst war noch kein Ende des Hochwassers abzusehen. Ich erinnerte mich an ein Buch über die Geschichte der Stadt, das man mir geschenkt hatte und in dem sich Hinweise darüber befanden, welche Schäden bei Hochwassern früherer Jahre entstanden waren, vor allem 1918, als das seit 1917 im Kurhaus untergebrachte Kaiserliche Hauptquartier hatte verlegt werden müssen. Ich hoffte natürlich, daß die Stadt und das Hotel von derartigen Ereignissen diesmal verschont blieben.

Während mich die Mitarbeiter laufend über den Pegelstand informierten, dachte ich an die vergangenen Monate zurück, die nicht immer einfach gewesen waren in der Sorge um das Wohlbefinden des Gastes und um den wirtschaftlichen Erfolg. Möglichst viele Gäste sollten wiederkommen, möglichst viele sollten vom Angebot des Hauses profitieren, und neue Gäste sollten durch Erweiterung des guten Rufes gewonnen werden.

Auf dem Weg zum Festsaal überbrachte man mir die Nachricht, daß das Hochwasser die Ufer in breiter Front überschritten habe, daß zunächst aber keine unmittelbare Gefahr bestehe. Im Saal herrschte bereits fröhliche Stimmung und Ausgelassenheit. Die Bar des Kellergeschosses füllte sich mit Gästen, die sich in gedämpftem Licht und bei auserwählten Getränken in den letzten Abend des ausklingenden Jahres einstimmen lassen wollten.

Wir waren stolz darauf, daß sich das Geschäft so gut angelassen hatte. Das Hotel war, wie erwartet, ausgebucht für diese Nacht, nicht nur mit den Zimmern, sondern auch im Restaurant und im Saal.

Die Telefonzentrale teilte mir mit, meine Frau sei am Apparat. Ich wünschte ihr und den Kindern, die zum Jahreswechsel wieder einmal alle zu Hause waren, ein gutes neues Jahr. Die Familie lebte nach wie vor in unserem Haus im Taunus. An wenigen Wochenenden konnte ich meine Frau besuchen. Die Kinder gingen bereits ihre eigenen Wege, beim Studium oder im Berufsleben.

Ich kehrte wieder in den Großen Saal zurück, wo das Fest in vollem Gange war, und begrüßte die Gäste, von Tisch zu Tisch gehend. Nach kurzer Zeit wurde ich jedoch wieder weggerufen: „Das Hochwasser steigt weiter, Alarmstufe 1!" Wir eilten nach draußen und sahen, wie die schmutzig-braunen Fluten überall über die Ufer traten und auf das Haus zuschossen. Im fahlen Licht der Außenbeleuchtung war zu erkennen, was das Wasser alles mit sich riß: Baumwurzeln, Gerümpel, Teile von Wohnwagen von einem nahen Campingplatz, tote Hunde und Katzen. Wie wir später erfuhren, war flußaufwärts ein Wehr geöffnet worden, weil sonst ein ganzes Dorf unter Wasser geraten wäre. Nun stürzten die Wassermassen auf uns zu.

Was in den folgenden Stunden geschah, sollte im Hotel und in der Stadt lange nicht vergessen werden. Schneller, als man damit hatte rechnen können, drang das Wasser in die unteren Räume des Hotels ein. Die Kellerbar mußte geräumt werden. Einige Gäste wollten fluchtartig das Haus verlassen. Doch das gesamte Gebäude war bereits vom Wasser eingeschlossen. Man hätte durch das halbmeterhohe eiskalte Wasser waten müssen, um auf die Straße zu gelangen.

Noch waren die Gäste im Kursaal ahnungslos. Das neue Jahr begann. Sektgläser wurden angestoßen. Jäh wurde die Feier unterbrochen, als die Saalbeleuchtung erlosch. Auf dem Parkplatz vor dem Hotel war der Transformator vom Wasser erfaßt worden und war explodiert. Die gesamte Stromversorgung war lahmgelegt. Jetzt wurden sich die Gäste allmählich des Ausmaßes der Katastrophe bewußt. Um Panik zu vermeiden, wurde das Fest nicht abgebrochen. Beim Schein der Notbeleuchtung, später bei Kerzenschein, wurde — wenn auch gedämpft — noch eine Weile weitergefeiert. Während sich die Hotelgäste dann auf ihre Zimmer begaben, mußte für die auswärtigen Gäste eine Notunterkunft gefunden werden. Einige versuchten beherzt, durch die reißenden Fluten ins Trockene zu gelangen. Für die anderen, ebenso wie für die meisten der Mitarbeiter, wurden in den Bankettträumen mit Decken und Kissen Lagerstätten für die Nacht hergerichtet. Am Morgen wurden für sie auf Spiritusfeuer Suppe und Kaffee gewärmt. Erst am Spätnachmittag des 1. Januar gab es wieder Strom.

Ein schwerer Schlag für das Team und besonders für mich! Schließlich hatte ich vor vier Monaten das Hotel übernommen mit dem Ziel, ein möglichst gutes wirtschaftliches Ergebnis zu erreichen.

In dieser Nacht verursachte das Hochwasser einen Schaden in Millionenhöhe. Eine Woche lang schaufelte ich Schulter an Schulter mit den Mitarbeitern aus allen Abteilungen den Schlamm aus den unteren Räumen des Hotels. Das Kellerrestaurant konnte bereits nach acht Tagen wiedereröffnet werden. Doch bis das ganze Gebäude wieder funktionsfähig war, vergingen Wochen.

Ich fühlte mich zurückversetzt nach Berlin bei Kriegsende, als wir täglich mit Zerstörung und Katastrophen leben mußten, als niemand wußte, wie es weitergehen sollte, und als für mich, den damals 14jährigen, weder Schule noch berufliche Ausbildung in Sicht waren.

Wie es begann — Krieg und Zerstörung

Meine Kindheit war durch eine Zeit geprägt, die für junge Menschen heute nur schwer verständlich ist. Als Junge hatte ich in den 30er Jahren die Zeit der großen Aufmärsche erlebt. Viele Fahnen hingen im damaligen Breslau, meiner Geburtsstadt, aus den Fenstern. Fahnen, die den Menschen eine neue Hoffnung geben sollten auf eine bessere Zeit nach den schweren Jahren in und nach dem Ersten Weltkrieg, mit der großen Arbeitslosigkeit, den politischen Unruhen und den ständigen wirtschaftlichen Krisen.

Seit seiner Versetzung nach Berlin 1936 gehörte mein Vater, ehemals Oberbergrat im oberschlesischen Kohlerevier, als Offizier dem Führungsstab der Luftwaffe an. Disziplin und Ordnung gehörten zum Leben in unserer Familie. Bei Tisch saß man gerade, Ellbogen angewinkelt, und man antwortete, wenn man gefragt wurde. Respekt Älteren, Lehrern und Vorgesetzten gegenüber war selbstverständlich. Und selbst in der fürsorgenden Liebe eines Elternhauses, in dem es an nichts fehlte, war der Vater für uns Kinder die anerkannte Respektsperson.

Mein Vater hatte die Niederlage vorausgesehen. Schon während des Krieges hatte er im engsten Familienkreise geäußert, daß er den Krieg für verloren halte. Dies zu einer Zeit, als wir täglich im Rundfunk Siegesmeldungen vernahmen! Als mein Bruder als Flak-Helfer eingezogen wurde, warnte er ihn beim Abschied vor falschem Heldentum; der Krieg sei nicht mehr zu gewinnen, und es lohne sich nicht, zu sterben.

Nun war der Krieg zu Ende, und der Frieden war da, ganz plötzlich. Neue Herren waren die Sieger; sie bestimmten in unserem Land. In Fürstenfeldbruck, unserem Zufluchtsort, waren es die Amerikaner, in deren Hand unser Schicksal lag.

Meine Schulzeit begann mit der Volksschule 1937 in Berlin-Schlachtensee und führte 1941 auf das Schiller-Gymnasium in Berlin-Charlottenburg. Natürlich war der Unterricht durch das beeinflußt, was sich in dieser Zeit vor uns abspielte. Wir feierten die Siege der Deutschen Wehrmacht in Polen und Frankreich und lernten, daß wir einmal berufen seien, diese ruhmreiche Tradition fortzusetzen.

1941 kam ich zur Hitlerjugend. Bald wandelte sich die anfänglich große Begeisterung, mit der ich dieser Organisation beigetreten war, in Abneigung, da das Kriegsspiel im Rahmen vormilitärischer Ausbildung stets im Vordergrund stand. Als am 1. März 1943 der erste große Terrorangriff feindlicher Bombengeschwader auf Berlin niederging, mit Zerstörung, Elend, Tod, wuchs meine Abneigung gegen den Krieg und alles, was damit zusammenhing.

Es gab Momente, da wünschte man sich, weit weg zu sein, in einem fernen Land, unter Menschen, die nicht stets von Kampf redeten, die nicht fürchten mußten, am nächsten Tag nicht mehr am Leben zu sein. Wenn man Tod und Zerstörung um sich sieht, beginnt man, jede Minute, die einem bleibt, viel intensiver zu erleben; das Leben wird geradezu ausgekostet, weil man stets das Ende vor sich sieht. Oft fiel die Schule aus, wenn nach den Bombennächten die Verkehrs- und Versorgungssysteme unterbrochen waren, keine S-Bahn mehr fuhr und Strom- und Wasserleitungen stillgelegt waren.

Meine Mutter ging mit meinen zwei jüngeren Brüdern nach Mecklenburg, auf das Schloß meiner Tante, nachdem mein älterer Bruder zur Flak eingezogen worden war. Draußen auf dem Lande glaubte sie sicherer zu sein als in der Hauptstadt Berlin. Ich blieb allein zurück.

In meiner Erinnerung sehe ich noch die ,,Christbäume'', die in der Nacht den Himmel erhellten und die das Zielgebiet der feindlichen Bomben abgrenzen sollten, ebenso wie die Scheinwerferbündel, die unserer Flak die feindlichen Flugzeuge sichtbar machen sollten. Wie andere Kinder in einer heilen Welt Steine und Murmeln sammelten, so sammelten wir die großen und kleinen Splitter der Bomben und fanden unsere nebenschulische Beschäftigung darin, einen regen Tauschhandel mit diesen Splittern zu entwickeln. Für eine halbe Brandbombe mußte man mindestens zehn kleinere Splitter berappen! Auch grausame Ereignisse blieben in der Erinnerung, so der Absturz eines feindlichen Flugzeuges in den nahen Grunewald.

Bei einem erneuten schweren Luftangriff wurde unser Gymnasium in Charlottenburg völlig zerstört. Der Traum so manchen Schülers! Ich wurde an das Viktoria-Gymnasium nach Potsdam versetzt. Bald war jedoch auch dieses Gebäude durch Wassereinwirkung bei Löscharbeiten nicht mehr benutzbar.

Ich fuhr mit dem Zug zu meiner Mutter und zu meinen Geschwistern nach Mecklenburg. Das Schloß Groß-Gievitz, 12 km von Waren am Müritzsee gelegen, war bei meiner Ankunft voll von Verwandten und Bekannten, die, wie auch meine Mutter und meine Geschwister, alle von Berlin aus auf dem Lande Zuflucht gesucht hatten. Das riesige Haus mit der hohen holzgetäfelten Halle, der Park, die Peene, der See, all das war für uns Kinder ein Paradies zum Herumtollen, zum Spielen und zum Ausgelassensein.

Hier lief das Leben noch ruhig ab. Dennoch machte sich auch hier die Angst schon breit, denn die Front rückte immer näher. Ich konnte in einer kleinen Schreinerei arbeiten, wo ich lernte, mit Holz umzugehen und Hammer- und Axtstiele herzustellen.

Meine Mutter wartete täglich auf Nachricht von meinem Vater, denn allein hätte sie es kaum geschafft, sich dem Flüchtlingstreck anzuschließen. Und dann, eines nachts, wurde ich plötzlich aus dem Schlaf gerissen. Mein Vater war gekommen, um uns abzuholen.

Schnell zogen wir uns an und nahmen unsere Rucksäcke, die wir schon seit Tagen gepackt hatten. Durch die dunkle Nacht tappten wir, noch halb schlafend, die 12 km zum Bahnhof, wo ein Zug stand, der nach Berlin gehen sollte. Der Zug war total überfüllt; doch der Autorität meines Vaters gelang es, noch Plätze für uns zu besorgen. Auf diese Weise kamen wir wieder nach Berlin, allerdings nur vorübergehend, denn die Front kam unerbittlich näher, und es war eine Frage der Zeit, wann die Hauptstadt eingeschlossen sein würde. Schließlich gelang es meinem Vater, uns Plätze in einem Lazarettzug zu reservieren, der nach Süddeutschland gehen sollte.

Abfahrt vom Güterbahnhof Berlin-Grunewald. Ein letzter Blick auf Nikolassee, den Ort meiner Kindheit. Tage und Nächte dauerte die Fahrt, bis wir auf dem Bahnhof in Dillingen an der Donau einliefen. Nach Fürstenfeldbruck schlugen wir uns durch, wo wir bei Verwandten unterkamen und vorerst in Sicherheit waren. Mein älterer Bruder kämpfte unterdessen noch als Flak-Helfer an der Elbe, mein Vater versah Dienst beim Luftwaffenführungsstab, westlich von Potsdam. Beiden gelang es nach Ende des Krieges, sich nach Süddeutschland durchzuschlagen. So überlebte die ganze Familie, wie durch ein Wunder, die Ereignisse des Krieges. Als die Waffen schwiegen und der Kampf zu Ende war, erwartete uns alle ein ungewisses Schicksal.

Die Amerikaner kommen

Die ersten Amerikaner kamen mit Jeeps, saßen auf Panzern oder marschierten in langen Reihen die Straßen entlang. Schokolade und Kaugummi war das erste, das die Kinder bei den Amerikanern beeindruckte. Schokolade hatten wir lange entbehrt, und sie hatten davon zur Genüge, während der Kaugummi etwas ganz Neues war, etwas, das wir noch nicht kannten. Uns machte es Spaß, denn man konnte stundenlang darauf herumkauen, ohne müde zu werden.

Wir lernten die ersten Worte wie ,,O. K.'' oder ,,good bye''. Bald kamen wir zu der Überzeugung, zumindest wir Kinder und Jugendliche, die ja bei alledem, was geschehen war, nicht beteiligt gewesen waren, daß diese Amerikaner gar nicht so schlimm waren; wenigstens zu uns waren sie sogar sehr freundlich! In den Familien herrschte Hunger, und Essen konnte man von den Amerikanern bekommen, wenn man ihnen zu Diensten war.

Der erste Winter nach Kriegsende war hart und kalt, und wir mußten frieren, da es nicht genug Kohle zum Heizen gab. Wir lebten zu fünft in einem Zimmer, waren aber froh, überhaupt ein Dach über dem Kopf zu haben.

Ich war damals knapp 15 Jahre alt, ein Alter, in dem man normalerweise noch zur Schule geht. Aber außer einer kurzen Zeit auf dem Gymnasium in Berlin und in Potsdam hatte ich bisher wenig Möglichkeit gehabt, etwas zu lernen, was mich auf das Leben hätte vorbereiten können. Es gab derzeit noch keine Schulen, keine Gymnasien, vor allem aber hatten wir kein Geld und nur das Allernotwendigste, um zu überleben. Mein Vater hatte keine richtige Arbeit, abgesehen von einer zeitweiligen Tätigkeit bei einer Firma, die in den Trümmern von München Altmetalle zum Einschmelzen sammelte. Ich mußte mir Arbeit bzw. eine Ausbildung suchen, bei der ich zu essen hatte und etwas Geld verdienen konnte. Mein Vater sagte mir: „Junge, du mußt selbst etwas aus dir machen; du weißt ja, wir können dir nicht helfen!"

So war ich allein auf mich gestellt, ein Gefühl, das mein gesamtes späteres Leben entscheidend mitbestimmen sollte. Wenn einem niemand helfen kann, dann muß man sich einfach selbst helfen, dann muß man sich durchbeißen! Man muß lernen, mit Schwierigkeiten selbst fertigzuwerden. Was hätte ich nun anfangen sollen? Ringsum im Lande gab es Millionen, die Arbeit suchten. Vor allem wollte ich die Möglichkeit finden, eine Ausbildung zu machen, denn ohne irgendeine entsprechende Qualifikation würde es kaum möglich sein, später einmal eine anspruchsvolle Tätigkeit zu finden.

Ich begann den Unterschied zwischen Diktatur und Demokratie zu begreifen und zu verstehen, daß es einfach sein würde, sich auf demokratisches Verhalten einzustellen. Daß die Demokratie keine schlechte Einrichtung sein konnte, das hatten die Amerikaner wohl am besten bewiesen; hatten sie doch aus einem wilden, unkultivierten Land eine neue Welt geschaffen, die ihren Bürgern einen begehrenswerten Wohlstand ermöglichte, wovon wir uns nun mit eigenen Augen überzeugen konnten. Schließlich fehlte es den Amerikanern, die wir bei uns im Ort beobachten konnten, an nichts. Dazu trug auch all das bei, was sie uns an Informationen über dieses neue Land brachten, wie Filme, Bilder, Zeitschriften, Musik, Literatur, und dieses Bild von einem Land, in dem „Milch und Honig fließt", wurde bestätigt, zumindest in unseren Augen, die wir so viel hatten entbehren müssen.

So erwachte in mir der Wunsch, einmal dieses Land genau kennenzulernen. Allerdings wußte ich zu diesem Zeitpunkt noch nicht, daß dieser Wunsch einige Jahre später in Erfüllung gehen sollte, und daß ich einmal viele Jahre dort verbringen würde.

In dieser Zeit war es kaum möglich, einfach nach Amerika zu fahren, denn die Siegermächte hatten die Grenzen Deutschlands, oder besser gesagt, das, was nach der Aufteilung in Besatzungszonen davon übriggeblieben war, von der Außenwelt abgeriegelt, so daß niemand unkontrolliert und ohne Genehmigung der alliierten Behörden das Land verlassen konnte.

Durch Vermittlung meines Vaters kam ich bei meinem Onkel unter, dem das „Hotel zur Post" in Fürstenfeldbruck gehörte. Ich verrichtete Handlangerdienste in Haus, Hof und Garten, jätete Unkraut, entkeimte Kartoffeln, schichtete Brennholz. Dafür erhielt ich Verpflegung aus deftiger, „gutbürgerliche" Küche, etwas, was in der damaligen Zeit nicht hoch genug einzuschätzen war. Besonders gern half ich dem Küchenmädchen Marianne beim Kartoffelschälen.

„Der Hugo scheint Interesse für die Küche zu haben", berichtete mein Onkel meinem Vater, und schon wurde für mich der Entschluß gefaßt: Der Hugo wird Koch und beginnt eine Kochlehre. Und so geschah es denn auch. Als Kochlehrling durfte ich sogar in den dritten Stock des Hauses, die Personaletage, einziehen, wo ich meine eigene kleine Dachkammer bekam. Selten war ich so stolz! Endlich ein eigenes Zimmer und raus aus der Enge des Familienzimmers. Auch meine Eltern und Geschwister waren froh, daß sie zu Hause nun etwas mehr Platz hatten.

In der Personaletage herrschte oft ein reges Treiben, besonders nachts, wenn die Küchen- und Zimmermädchen ihre amerikanischen Freunde mit in ihre Zimmer nahmen. Dinge, über die bei uns zu Hause nie gesprochen wurde, mußte ich nun hautnah miterleben, mitleidig belächelt von den Mädchen, die nicht verstehen konnten, daß ich mich darin noch nicht auskannte. So lernte ich nicht nur kochen! Trotz strengsten Verbotes gingen wir mit den Mädchen des Hotels während der Sperrstunden zum Tanzen in die Aula der benachbarten Schule, und zu den Klängen von „Rosamunde" erhielt ich den ersten praktischen Tanzunterricht.

Als die alte Chefköchin, Leni mit Namen, immer häufiger von „gefüllten Täubchen" sprach, suchte ich diese lange vergeblich auf der Speisekarte, bis man mich aufklärte, daß zwei der Mädchen einem freudigen Ereignis entgegensahen. So nahmen langsam nicht nur meine Kochkenntnisse zu.

Die Idylle währte jedoch nicht lange. Von einem Tag auf den anderen wurde das Hotel von der amerikanischen Kommandantur beschlagnahmt und zum Hauptquartier erklärt. So endete meine Kochlehre abrupt, und ich mußte mir eine neue Lehrstelle suchen. Das war natürlich in einer Zeit, in der in den Städten Menschen hungerten, fast unmöglich, ja, es klang wie ein Hohn, wenn man von einer Kochlehrstelle sprach.

Mein Vater nahm Kontakt auf zu einer Gaststätte am Nordufer des Tegernsees, deren einer Pächter der Bruder einer Nachbarin war. Es folgte ein Vorstellungsbesuch, zusammen mit meinem Vater, und dann — oh Wunder — kam die Zusage, daß ich im Frühjahr 1946 am Tegernsee meine unterbrochene Kochlehre fortsetzen konnte.

Meine Mutter packte einen kleinen Koffer, unter anderem mit Trachtenjacke und Lederhose und derben, öligen Militärstiefeln. Mein Vater begleitete mich.

Als sich der Personenzug München-Tegernsee zwischen Moosrain und Gmund laut pfeifend in die S-Kurve legte, sah ich das Panorama des Tegernsees mit Wallberg, Hirschberg, Roß- und Buchstein und dem Guffert in Tirol mit ganz anderen Augen. Eine leise Angst und Vorahnung all dessen, was mich hier erwarten sollte, überkam mich. Mein Vater begleitete mich vom Bahnhof Gmund bis auf die Anhöhe, wo die Straße nach Wiessee in Richtung Kaltenbrunn bergab geht. Hier blieb er stehen, um mich zu verabschieden. „Du weißt, wir können Dir nichts geben; also mach etwas aus Deinem Leben. Das erwarten wir, das bist Du Deinem und unserem Namen schuldig!" Dieses Wort sollte mich über Jahrzehnte begleiten.

Harte Lehrjahre

So begann also mein Einstieg ins Berufsleben mit einer Lehre als Koch in einer Gaststätte am Nordufer des Tegernsees, für einen Lohn, für den heute niemand mehr arbeiten würde: 30 Reichsmark im Monat, allerdings mit Unterkunft und Verpflegung, und gerade diese Dinge waren ja in der damaligen Zeit so überaus wichtig. Es war ein vollkommen neuer Lebensabschnitt. Ich mußte von morgens bis abends hart arbeiten, ohne eine freie Minute zu haben. Sicherlich kein Leben! Aber was konnte man sich in dieser Zeit Besseres aussuchen? Es gab keine Regelungen, auf die man sich hätte berufen können. Auch wenn es solche gegeben hätte, so hätte sich niemand daran gehalten. Das Land lag in Trümmern und mußte wieder aufgebaut werden. Was galten da Arbeitszeitregelungen, Tarifvereinbarungen?!

Für mich war diese Zeit besonders schwer, da ich bisher noch keine geregelte Arbeit verrichtet hatte. Nun war ich auf mich allein gestellt und dachte oft an die Worte meines Vaters, die er mir mit auf den Weg gegeben hatte: Junge, du mußt etwas aus dir machen! Und ich nahm mir vor, wirklich etwas aus mir zu machen, auch wenn noch ein langer Weg vor mir lag.

Doch hier in der Gaststätte war ich zunächst „Mädchen für alles". Da mußten die Fußböden geschrubbt, Holz gehackt und Feuer angemacht, Kohlen geschaufelt und ab 4 Uhr morgens im Sommer auf den Feldern der Umgebung Spinat geschnitten werden. Der Spinat wurde im Verhältnis eins zu drei mit Brennesseln, die man mit Fausthandschuhen auf den Wiesen am See zupfte, vermischt und als Beilage zum Stammgericht serviert. Für die Köche mußte ich auch Botengänge erledigen, dabei eine Stunde mit einem alten Fahrrad in Richtung Achenpaß fahren, weitere zwei Stunden auf eine Alm aufsteigen, um in einer zerbeulten Blechkanne einen halben Liter Schlagrahm zu holen. Das war garnicht so einfach, da die Wege bergauf und bergab führten, so daß ich das Fahrrad oft mehr schob, als daß ich fahren konnte.

Da in der Gaststätte für damalige Verhältnisse fast friedensmäßig gekocht wurde, obwohl vieles knapp war, waren wir, besonders zu den Wochenenden, so etwas wie der Geheimtip der ausgehungerten Münchener, die dann in Scharen kamen.

Als der Winter kam, wurde ich mit dem Pferdewagen zum Bahnhof geschickt, um Kohlen zu holen. Meist fegte bei der Rückfahrt ein kräftiger Wind, der mir den Kohlenstaub um die Ohren wehte, so daß ich bald ganz schwarz aussah. Es war dann ein behagliches Gefühl, wenn ich später im großen Kachelofen in der Bauernstube ein Feuer entfachen konnte, das wohlige Wärme verbreitete.

Der Winter 1946/47 brachte uns eine schlimme Kälte, an manchen Tagen bis zu minus 35 Grad, so daß die Räume des Hauses nicht richtig warm wurden. Wir versuchten die Ritzen der Türen und Fenster mit Wolldecken zu verstopfen, doch die Kälte saß uns in den Gliedern. Vor allem nachts war es eisig kalt in unseren Zimmern, die im dritten Stock lagen und die nicht beheizbar waren. Als ich in meinem Bett lag und in die Decken eingehüllt war, beobachtete ich, wie sich der Atem über Kissen und Bettuch zog, dort festfror, so daß der Stoff allmählich steif wie ein Brett wurde. Schließlich hielt ich es nicht mehr aus, stand frierend auf und klopfte an die Tür nebenan, wo unsere Küchenmädchen im Bett lagen und genauso froren. Als ich eintrat, schauten sie mich überrascht an, hoben dann aber, ohne ein Wort zu sagen, die Bettdecke hoch und luden mich mit einer Handbewegung ein, mich zu ihnen zu gesellen. Die Frau, die mich nun fest an sich drückte, war doppelt so alt wie ich, und dann ... vermischten sich langsam Wirklichkeit und Traum. Ich hatte bisher kaum Umgang mit Mädchen gehabt; zu sehr war ich durch den Krieg und die Ereignisse danach mit mir selbst beschäftigt gewesen, und zu Hause war dieses Thema stets tabu gewesen.

In Küche und Restaurant kam es laufend vor, daß Köche den Serviererinnen gegenüber zweideutige Andeutungen machten; nur hatte ich sie nie so richtig verstanden oder ihnen keine Bedeutung beigemessen. Und nun lag ich also mit einer dieser Frauen im Bett, aber eigentlich doch auch nur, weil ich vorher so erbärmlich gefroren hatte. In dieser Nacht fühlte ich mich so wohl wie schon lange nicht mehr, bis zu dem Moment, als die kräftigen Ellbogen meiner Nachbarin mich abrupt in die Wirklichkeit zurückbeförderten. Wir mußten aufstehen, obwohl es draußen noch dunkel war. Aber das Vieh in den Ställen schrie, das Feuer mußte angemacht werden, Frühstück für die Gäste war vorzubereiten.

Manchmal, wenn es nicht viel zu tun gab, hatte ich abends frei und konnte weggehen. Wenn man nur arbeitet und keine Freizeit hat, überkommt einem schon einmal das Bedürfnis, sich richtig auszutoben. Im benachbarten Bad Wiessee gab es ein Tanzcafé, das meist übervoll war, weil dort amerikanische Musik gespielt wurde: neue Tänze wie Boogy-Woogy und später auch Rock and Roll. Allerdings sprachen mich diese Rhythmen kaum an, was wohl an meiner konservativen Erziehung lag. Ich war nicht darauf versessen, wie ein Wilder zu hüpfen und zu hopsen. Manchmal wurde ich buchstäblich in diese modernen Tänze mit hineingezogen, wobei ich aber eher eine Abneigung gegen diesen musikalischen Import aus Übersee verspürte.

Das Leben auf dem Gasthof ging weiter. Die beiden Inhaber, Herr K. und Herr Sch., waren oft cholerisch und schrieen herum, wenn etwas nicht klappte. Auch mit der Küche waren sie häufig unzufrieden. Wir mußten viel improvisieren, da viele Zutaten nicht immer zu bekommen waren. Die beiden machten oft einen seltsamen Eindruck, gaben sich geziert und rochen nach Parfüm. Auf jeden Fall schienen sie anziehend auf Männer zu wirken, denn wir hatten häufig zwielichtige Gestalten unter den Gästen, die mit Autos aus München kamen und Freunde der Inhaber sein mußten. Wie später durchsickerte, waren sie auf der Münchener Schwarzmarktszene bestens eingeführt. Dies erklärte auch die Tatsache, daß sie sich ein Auto leisten konnten. Für normale

Sterbliche war es unmöglich, auch nur einen Tropfen Benzin zu bekommen, außer aus amerikanischen Beständen und über den Schwarzmarkt.

In dieser Zeit blühte der Schwarzmarkt in allen großen Städten, vor allem aber in München. Da viele Waren knapp und schwer erhältlich waren, bekam man sie, wenn überhaupt, nur unter der Hand im Tauschhandel, da das Geld nichts wert war. Jeder wartete auf die Währungsreform. Sie kam 1948. Jeder mußte sich im Rathaus anstellen und bekam erst einmal 40 Mark. Das war nicht viel, aber die D-Mark war da, und somit ein neuer Anfang.

Unsere Gaststätte entwickelte sich, zumal über die Wochenenden, mehr und mehr zum Treffpunkt der Herren aus der Münchener Szene. Die beiden Inhaber waren bald selbst in der Lage, das im Schuppen stehende Vorkriegsautomobil flott zu machen, denn jedesmal wurden einige feldgraue amerikanische Benzinkanister mit dem begehrten Inhalt mitgebracht.

Im Rahmen der üblichen Botengänge mußte ich manchmal, mit Fleisch- und Lebensmittelpaketen beladen, mit unseren Besuchern zurück nach München fahren, wo diese Pakete mit ihnen in den dunklen Ruinengassen der Münchener Innenstadt verschwanden.

Bei einer solchen Übergabeaktion traf ich unverhofft meinen älteren Bruder aus Fürstenfeldbruck, der versuchte, die letzte Perlenkette meiner Mutter in dringend benötigte Lebensmittel umzutauschen. Doch auf einmal: Schrilles Pfeifen, Martinshorn, deutsche und amerikanische Polizei, Razzia, wir mußten machen, daß wir wegkamen, und verloren uns so wieder aus den Augen.

Doch es gab auch schöne Ereignisse während meiner Lehrzeit. Im Sommer lud die Sonne zu Entdeckungsreisen in die umliegende Bergwelt ein. An jedem freien Tag mußte ich unseren Küchenchef, einen Bergsteigfanatiker, beim Bergsteigen begleiten. Das waren immer aufregende Erlebnisse. Ich vergaß dabei alles und fühlte mich frei und unbeschwert in dieser damals noch heilen Welt der Berge. Es war zwar anstrengend, wenn wir stundenlang die steilen Felshänge emporkletterten, uns zwischen Felsen hindurchzwängten. Aber wenn wir schließlich den Gipfel erreicht hatten, überkam uns ein Gefühl der Stärke: Wir hatten es geschafft!

Der Mensch muß immer wieder gefordert werden; er muß sich anstrengen, muß etwas riskieren, damit er seine Kräfte mobilisiert und sieht, was in ihm steckt.

Was mich jedoch bedrückte, war, daß ich so wenig Geld verdiente. Ich konnte noch nicht einmal meiner Mutter etwas schicken. Als ich einmal für zwei freie Tage zu meinen Eltern nach Fürstenfeldbruck fuhr, reichte das Geld gerade für Hin- und Rückfahrt, nicht aber für Geschenke. Ich nahm mir vor, dies nachzuholen, wenn ich einmal mehr verdienen würde.

Während der ersten eineinhalb Jahre versäumte mein Lehrherr, mich auf die gesetzlich vorgeschriebene Berufsschule zu schicken. Mein Vater intervenierte bei meinem Lehrherrn, und so durfte ich fortan in die Berufsschule nach München fahren, einmal die Woche; dies war jedoch gleichzeitig mein freier Tag. Der Berufsschulbesuch war eine Tagesreise, mit dem ersten Zug nach München, und mit dem letzten Zug wieder zurück. Anstelle der Straßenbahnen fuhren kleine, schmalspurige Behelfsbahnen um die Trümmerberge herum. Das Mittagessen nahm ich stets im „Tannenbaum", einer grün angestrichenen Bretterbude am Sendlinger Tor, ein, wo man gegen Abgabe von 50-g-Fleischmarken und 20-g-Fettmarken ein Stammgericht bekam.

Einer der Schulbesuchstage fiel auf den Tag nach der Einführung der Währungsreform 1948. Man konnte seinen Augen nicht trauen, was da alles über Nacht aus den Verstecken in die Schaufenster der Geschäfte gewandert war: Uhren, Füllfederhalter, Porzellan, Silber, Geschenkartikel. Wie im Traum wanderte ich durch die Kaufinger Straße und über die Sendlinger Straße und Sonnenstraße zurück zum Stachus. Und für 9,50 DM kaufte ich mir etwas, wovon ich immer schon geträumt hatte: einen kleinen, blauen Wecker, damit ich ja nicht mehr verschlafen würde.

So vergingen die drei Jahre meiner Lehrzeit. Meine beiden Lehrherren waren mit einem Male in zunehmendem Maße freundlich zu mir und legten mir bei jeder Gelegenheit die Hände auf die Schulter und um den Rücken und luden mich auch noch spät abends in ihr Wohnzimmer zum Plaudern ein. Aufgrund der aufklärenden Worte der Küchenfrauen begriff ich endlich Dinge, die mir bis dahin nicht bekannt gewesen waren, und ich verstand, welche Art von Interesse man mir auf einmal entgegenbrachte.

Zum Abschluß meiner Lehrzeit legte ich in München im Sommer 1948 die Lehrabschlußprüfung „mit Auszeichnung" ab. Ich habe nie verstanden, wie ich zu dieser Ehre kam. Mußten wir doch per Los die Gerichte ziehen, die es beim praktischen Teil herzustellen galt. Ich zog als Dessert eine Eisbombe, deren Herstellung ich zwar theoretisch kannte, die ich jedoch noch nie selbst gemacht hatte.

Nun hatte ich zwar den Gesellenbrief in der Tasche, aber keine Arbeit, denn in meinem Lehrbetrieb wollte ich keinesfalls länger bleiben, sehr zum Bedauern der beiden Herren K. und Sch.

Ich ging zunächst nach Fürstenfeldbruck zurück und fand Unterkunft in der Junggesellenbude meines älteren Bruders, der seine Lehre bei einer Landmaschinenschlosserei machte. Auf Vermittlung meiner Mutter fand ich als Verlegenheitslösung eine Volontärstelle bei einer Konditorei. Ich sagte mir, Konditorkenntnisse können einem Koch nicht schaden, und bald wußte ich genau, wieviele Touren man einem Blätterteig geben muß.

Mein großer Bruder war für mich Vorbild auf privater Ebene. Er hatte bereits eine Freundin, ging viel aus zum Tanzen und amüsierte sich, speziell in der Faschingszeit des Winters 1948/49. Ich versuchte, es meinem Bruder gleichzutun. Ich wollte auch einmal „leben", zumal nach der harten Lehrzeit, die mir kaum Zeit dazu gelassen hatte. Ich ging zur Tanzstunde, machte Bekanntschaften, erlitt aber ebensoviele Enttäuschungen. Also wollte ich weg aus Fürstenfeldbruck. Ich wollte eine Arbeit und mein eigenes Leben suchen.

Das begehrteste Hotel in der damaligen Zeit war das Ritters Park Hotel, das Prominentenhotel und Gästehaus der Militärregierung in Bad Homburg, da Eisenhower auf Schloß Kronberg residierte und die Frankfurter Innenstadt total zerstört war. Im ,,Ritters'' wurde absolut friedensmäßig gekocht, und das Hotel war als das Nonplusultra der Branche angesehen.

Eine Anfrage meines Vaters nach einer Koch-Commis-Stelle für seinen Sohn wurde mit mitleidigem Lächeln abschlägig beschieden. Natürlich konnten wir nicht ahnen, daß ich Jahrzehnte später einmal Monate in diesem Hotel verbringen würde.

Durch Vermittlung meines Vaters kam ich nach Bremen, wo ich im Schlemmerrestaurant ,,Essighaus'' bzw. in dem, was von dem ehemaligen Patrizierhaus noch übriggeblieben war, einen Arbeitsplatz bekam.

Im Keller des sonst zerstörten Gebäudes führte das Ehepaar K. ein Lokal, in dem ich als Koch arbeiten konnte, für 60 DM im Monat, von denen 30 DM für Miete weggingen und der Rest für die Straßenbahn und sonstige Kleinigkeiten. Ich hatte also wieder kein Geld, nur Verpflegung, die allerdings sehr mäßig war. Das Ehepaar K. führte, wie ich bald merkte, ein eisernes Regiment, gegen das es kein Aufmucken gab. Vor allem Frau K. hatte ständig an meiner Arbeit etwas auszusetzen. Die Speisen schmeckten nicht, die Zutaten waren nicht richtig, die Zubereitung paßte ihr nicht. Ständig hagelte es Schelte, die ich mir anhören mußte. Auflehnung hätte mich den Arbeitsplatz gekostet, wo ich doch so froh war, einen gefunden zu haben. Mir war klar, daß ich bis auf das Äußerste ausgebeutet wurde. Es gab keine geregelte Arbeitszeit, sondern ich hatte so lange zur Verfügung zu stehen, wie Frau K. es für notwendig hielt. Manchmal mußte ich Stunden um Stunden schuften, ohne eine Pause machen zu können.

Immer mehr wuchs in mir der Gedanke, wegzugehen, weit weg aus diesem Land, auf dem die Bürde einer Vergangenheit lag, von der die Menschen so schnell nicht loskommen würden. Um das ganze Land war ein Zaun errichtet worden, der streng bewacht wurde, so daß niemand entwischen konnte. Manchmal fühlte ich mich wie in einem Straflager, in dem Leute wie Frau K. die Aufseher spielten. Ich mußte einfach raus aus diesen Verhältnissen, raus aus diesem Land, raus aus diesem Leben! Aber wie? Es gab noch keine Staats- oder Paßhoheit. Die Alliierten Behörden bestimmten und bewachten den Zaun. Ich versuchte, ein „Exit Permit" zu bekommen, mit dem allein man die Möglichkeit zur Ausreise hatte. Ein Land nahm dabei eine Sonderstellung ein, weil es immer neutral geblieben war, die Schweiz. Dorthin versuchte ich zu gehen!

Es dauerte sechs Monate, bis alle Papiere beieinander waren und ich endlich das Schweizer Visum in der Hand hielt, etwas, was ich nie für möglich gehalten hatte.

Die letzten Tage in Bremen verbrachte ich krank im Bett. Die Arbeit und die Hektik der letzten Zeit waren einfach zu viel gewesen. Ich hatte eine auf drei Monate befristete Arbeitsgenehmigung und einen Vertrag mit einem großen Restaurant in der Züricher Bahnhofstraße. Mit dem Zug fuhr ich von Bremen zunächst nach München, wohin meine Eltern zwischenzeitlich von Fürstenfeldbruck aus hingezogen waren. Dann ging es weiter nach Zürich. Ich hatte meine gesamten Bremer Ersparnisse eingesetzt, um mir die Fahrkarte nach Zürich zu kaufen. Nun hatte ich also wieder einmal keinen Pfennig Geld. Doch ich hatte ein Visum in der Tasche. Mit ihm konnte ich dieses Land verlassen, in dem ich keine Zukunft mehr sah. Als die Paß- und Zollformalitäten an der Schweizer Grenzstation St. Margarethen vorüber waren, atmete ich erleichtert auf. Jetzt erst war ich wirklich frei. Die Welt stand mir offen. Ich spürte, daß ich einen Schritt getan hatte, der mein weiteres Leben in eine ganz neue Bahn lenken würde.

Erster Schritt nach draußen

In der Schweiz war noch alles intakt, keine Städte waren zerstört. Während rundherum Krieg tobte, hatte es die Schweiz verstanden, wie immer neutral zu bleiben, und war so von den schlimmen Folgen des Krieges verschont geblieben.

Ich fühlte mich in eine andere Welt versetzt. Die Schaufenster der Geschäfte waren voll mit Waren, während bei uns noch Mangel herrschte und die Leute Schlange stehen mußten, um etwas zu bekommen.

Ich begann mit meiner Arbeit im Restaurant F. Es gab hier eine große Küchenbrigade. Ich merkte sofort, wie wenig ich eigentlich gelernt hatte. Die Kollegen hatten in ihrem Land eine viel bessere Ausbildung erhalten, nicht nur in der Praxis, sondern auch in der Schule. Meine Lehre war, wie ich hier feststellen mußte, reines Stückwerk gewesen. Hier stand alles zur Verfügung, und man konnte uneingeschränkt nach jedem Rezept kochen. Wenn ich an die Verhältnisse dachte, die hinter mir lagen, mit dem ständigen Improvisieren, so war mir klar, daß ich noch am Anfang stand. Ich mußte lernen und nochmals lernen, um es den anderen gleichzutun. Ich versuchte mich deswegen mit meinen Kollegen in der Küche gutzustellen, damit sie es mir nicht übelnahmen, wenn ich mich einmal ungeschickt anstellte, und vor allem schaute ich ihnen ständig über die Schulter, um zu sehen, wie sie die Speisen zubereiteten.

Da ich bei dieser Arbeit mehr Freizeit hatte, ging ich oft in Tanzlokale, weil ich das Bedürfnis hatte, etwas nachzuholen. Meist traf ich mich mit Kollegen. Wir schlenderten gemeinsam durch die Stadt und suchten Lokale auf, in denen etwas los war. Es fiel mir nie leicht, ein Mädchen einfach so zum Tanzen aufzufordern, aus der Befürchtung heraus, abgewiesen zu werden, was jedoch zu meinem Erstaunen nie geschah. Natürlich wurde an solchen Abenden auch tüchtig getrunken, Bier, Wein, Schnaps. Doch ich hielt mich meist zurück. Der Alkohol bekam mir nicht, und ich wollte einen klaren Kopf behalten.

Die Zeit in diesem Restaurant in Zürich verging recht schnell, und meine Aufenthaltsgenehmigung war bald abgelaufen. Was tun? Auf keinen Fall wollte ich wieder zurück nach Deutschland. Zum Glück fand ich eine neue Stelle in einem bekannten Ausflugsrestaurant oberhalb der Stadt. Meine Aufenthaltsgenehmigung wurde aber nur deshalb um ein weiteres Jahr verlängert, weil sich das Gebäude selbst, im Gegensatz zur Aussichtsterrasse, nicht mehr innerhalb der Stadtgrenze sondern bereits im Kanton Zürich befand. Und der Besitzer, Herr M., hatte gute Beziehungen zur Kantonspolizei. Mir war klar, daß auch dieser Aufenthalt nicht von Dauer war, daß ich aber auch nicht zurück nach Deutschland gehen würde. Also mußte ich versuchen, in ein anderes Land zu gehen. In meiner Freizeit begann ich, französisch zu lernen, denn ohne Sprachkenntnisse würde ich im Ausland wohl kaum eine Arbeit finden.

Es war wieder einmal Freitagabend und die Kollegen luden mich zum bekannten Bummel durch das Züricher Vergnügungsviertel, das Niederdorf, ein. Sie wußten ja bereits, daß ich keinen Alkohol vertrug und nahmen sich vor, mich einmal so richtig betrunken zu machen. Da es aufgrund der Eile nicht mehr möglich war, zu Abend zu essen, und wir die Zechtour auf nüchternen Magen begannen, gelang es ihnen denn auch.

Ich erinnere mich nur noch, daß ich im Morgengrauen im Schlafzimmer einer Prominentenvilla am Zürichberg, in Begleitung zweier Kollegen und dreier Damen, aufwachte, mit einem fürchterlichen Kater. Ja, ich war drei Tage lang sterbenskrank, und meine Aversion gegen jede Form von Alkohol hat sich seit diesem Tage nur noch vertieft.

Ich begann im stillen Überlegungen anzustellen, ob ich vielleicht nach den USA gehen könnte, was zwar schwierig war, aber wenn sich die politische Lage weiter dahin entwickelte, daß die Amerikaner den Deutschen helfen würden, wieder wirtschaftlich auf die Beine zu kommen, und die ersten Hilfsprogramme waren bereits angelaufen, dann würden sicher auch die Einreisebestimmungen für Deutsche nach USA erleichtert werden. Doch darauf konnte ich nicht warten, da meine Zeit in der Schweiz befristet war.

Die Arbeit im Ausflugslokal ging weiter. An manchen Tagen im Sommer, und speziell an den Wochenenden, kamen Hunderte von Gästen, alle sehr in Eile, und die Küche stand stark unter Druck. So war es auch nicht möglich, während der gesamten Sommersaison, auch nur einen freien Tag zu bekommen.

Ich fand erstmals einen Freund, Rudi, einen Deutschen, der im selben Haus arbeitete. Er hatte ähnliche Pläne wie ich und versuchte, ins Ausland zu kommen. Auch sein Wunschtraum war Amerika, das Land der unbegrenzten Möglichkeiten. Ihm ging es nicht so sehr um einen besseren Verdienst; er wollte vielmehr etwas erleben, er suchte das Abenteuer.

Wir gingen auf das amerikanische Konsulat, wo ein großes Gedränge herrschte, da anscheinend viele Deutsche versuchten, über die Schweiz nach USA zu kommen. Als wir endlich an die Reihe kamen und unseren Antrag vortrugen, wurde uns bedauernd mitgeteilt, daß die deutsche Quote gesperrt sei, und zwar auf Jahre hinaus. Damit bestand keinerlei Hoffnung, je eine Einreisegenehmigung zu bekommen. Doch Rudi machte mir Mut. Warum mußte es denn die USA sein, schließlich gab es noch andere Länder auf dem amerikanischen Kontinent, z. B. Kanada. Wenn man erst einmal in Kanada war, würde man auch eine Möglichkeit finden, nach USA einreisen zu können.

Ich fuhr nach Bern, zum kanadischen Konsulat, und beantragte ein Einreisevisum. Man machte mir wenig Hoffnung, da erst einmal eine Arbeitsstelle nachgewiesen werden mußte. Doch wie sollte ich von der Schweiz aus eine Stelle in Kanada finden?

Silvester 1950 fand im Restaurant eine große Feier statt, um das neue Jahr entsprechend zu begrüßen. Wir hatten alle Hände voll zu tun, um die Wünsche der Gäste zu erfüllen. Als um Mitternacht die Sektkorken knallten und das neue Jahr seinen Anfang nahm, ging es in der Küche etwas ruhiger zu, und wir konnten mitfeiern. Plötzlich kam Rudi aufgeregt auf mich zu und drückte mir eine Zeitung in die Hand: Die Silvesterausgabe der Union Helvetia, eine Publikation des Schweizer Hotel- und Gaststättenverbandes, in der Mitglieder aus aller Welt ihre Neujahrsgrüße an die Heimat veröffentlichten. Dort konnten wir Adressen finden, u. a. auch aus Kanada. Rudi hatte schon einige angekreuzt.

Gleich am nächsten Tag schrieb ich Briefe an drei Adressen und wartete ungeduldig auf Antwort. Eine Woche verging, zwei und drei Wochen. Schon hatte ich die Hoffnung aufgegeben. Nach ca. fünf Wochen bekamen wir endlich doch eine Antwort von einem Café Burger in der Nähe von Ottawa. Ein Vertrag war gleich beigefügt. Madame B. schrieb auf Deutsch, daß sie sich freue, wenn ich nach Kanada kommen würde, da sie eine tüchtige und zuverlässige Arbeitskraft suche. Arbeitsbeginn sollte der 1. Oktober 1951 sein. Meine Freude war übergroß, und ich ging mit Rudi dieses glückliche Ereignis feiern. Wir begannen beide von Kanada zu schwärmen, den vielen Seen, den riesigen Wäldern und den Verdienstmöglichkeiten, die wir dort haben würden. Auch Rudi wollte versuchen, dort Arbeit zu finden, was ihm auch später gelang. Wir träumten davon, unser eigenes Restaurant oder unser eigenes Café zu eröffnen, ein Wunsch, der später zwar in Erfüllung ging, jedoch nicht in der Weise, wie wir es uns vorgestellt hatten.

Das Problem war nun die Überfahrt, da die Schiffe meist schon auf Monate hinaus ausgebucht waren. Schließlich fand ich für Ende September noch eine Passage, allerdings nur in der Ersten Klasse. Mein Geld reichte zwar für die Touristenklasse, nicht aber für die Erste Klasse. Nun war guter Rat teuer! Ich schrieb einen Brief an Madame B. und teilte ihr meine Schwierigkeiten mit. Zum Glück hatte sie Verständnis für meine Lage und schickte mir im Antwortschreiben eine kanadische 100-Dollar-Note. Stolz blätterte ich einige Tage später den Preis der Passage Le Havre-Quebec in bar auf den Tresen des Reisebüros in Zürich. Meine gesamten Schweizer Ersparnisse waren aufgebraucht, und ich hatte noch 100 Dollar Schulden in Kanada! Aber der erste Schritt in die große Welt, nach Übersee, war getan.

Ich fuhr zu meinen Eltern nach München, da ich noch Zeit bis zur Abreise hatte. Dort war natürlich die Überraschung groß, als ich von meiner Absicht erzählte, nach Kanada zu gehen. Mein Vater fand jedoch meine Entscheidung richtig, daß ich mein berufliches Fortkommen auf dem amerikanischen Kontinent suchte.

Trotzdem waren meine Eltern traurig, da sie genau wußten, daß wir uns für lange Zeit wohl nicht mehr sehen würden. Aber dafür waren ja noch meine beiden jüngeren Brüder da, die in München ins Gymnasium gingen. Mein älterer Bruder war bereits in der Ausbildung als Bergbauingenieur im Ruhrgebiet.

Über die Schweiz reiste ich nach Paris. Das erste Mal in der französischen Metropole. Ich hatte fast den ganzen Tag Zeit, die Sehenswürdigkeiten zu besichtigen, für die Paris bekannt war. Mit Stolz stellte ich fest, daß meine inzwischen erworbenen Französischkenntnisse schon ganz brauchbar waren. Am Abend fuhr ein Sonderzug, nur für Schiffspassagiere reserviert, nach Le Havre, bis an den Pier, direkt neben die „Scythia" der Cunard Line. Das Schiff hatte 20.000 BRT und war total übergebucht, so daß in der eigentlich nur für zwei Personen gedachten Erste-Klasse-Kabine drei Passagiere untergebracht waren. Ich mußte also die ohnehin schon enge Kabine mit zwei Mitreisenden teilen.

Die erste Nacht verlief ruhig, und das Auf und Ab der Wellen wiegte einen in den Schlaf. Ich dachte im Traum, oder war es Halbschlaf?, zurück an die vergangenen Jahre, die Zeit in Berlin, den Bombenkrieg, die Flucht nach Bayern, das Kriegsende und den Einmarsch der Amerikaner, die Suche nach einer Lehrstelle und die Zeit in Fürstenfeldbruck und am Tegernsee. Es ist verständlich, daß ich der Vergangenheit nicht nachtrauerte, auch wenn mir jetzt manches weniger schlimm erschien, da es vorüber war und ich das Gefühl hatte, daß ich zwar eine harte Lehrzeit hinter mich gebracht hatte, daß ich deswegen aber auch zuversichtlich in die Zukunft schauen konnte. Denn schlimmer, als es mir bereits ergangen war, konnte es bestimmt nicht mehr werden. Ich konnte also nur gewinnen. Und wieder klangen mir die Worte meines Vaters im Ohr: Junge, du mußt etwas aus dir machen! Die Welt stand mir offen, Kanada, die USA und wohin ich sonst noch kommen würde. Ich hatte es nun selbst in der Hand, meine berufliche Karriere zu machen. Mit diesem Gedanken schlief ich ein.

Am nächsten Morgen sahen wir die Südwestküste Englands fern am Horizont, ein letzter Blick auf Europa. Am darauffolgenden Tag wurden wir im Bett hin- und hergeschleudert. Sturm und hohe Wellen zeigten an, daß wir uns mittlerweile auf offener See befanden. Da war sie auch schon, die berüchtigte Seekrankheit. Zwar gelang es mir, aufzustehen und nach oben zu klettern, um das Frühstück einzunehmen. Zumindest unternahm ich den Versuch; doch mir blieb gleich der erste Bissen im Hals stecken, so daß ich nichts mehr herunterbekam. So schleppte ich mich wieder nach unten, warf mich ins Bett und erlebte so alle Symptome der Krankheit, Übelkeit, Erbrechen, Mattigkeit und Appetitlosigkeit. Doch der Mensch ist zäh und kann vieles aushalten, und auch eine Seekrankheit geht vorbei. Wie bei jeder überstandenen Krankheit, fühlt man sich nachher wie neugeboren.

Als es mir wieder besser ging, stand ich oben stundenlang auf Deck und schaute nach vorn über den weiten Ozean, die endlose Weite, vor der man Angst bekommen konnte, wenn nicht das Schiff gewesen wäre, das unentwegt vorwärtsstampfte und, wie von unsichtbarer Hand gesteuert, seinem Ziel entgegenfuhr, der Neuen Welt.

Ich stellte mir die ersten Seefahrer vor, mit ihren Segelschiffen, die sich in die Weite des Ozeans gewagt hatten, ohne zu wissen, ob sie jemals das Land erreichen würden, lediglich beseelt von dem Glauben, daß die Erde rund sei und daß es irgendwo Land geben müsse, auch wenn es Wochen und Monate dauerte, bis man es erreichte. Für uns heute war diese Welt auf wenige Tage zusammengeschrumpft, und vor uns lag eine Welt, in der Millionen Menschen aus dem alten Kontinent Europa Zuflucht gefunden hatten, da viele dort wegen ihres Glaubens verfolgt wurden oder aber der Armut entflohen waren, weil sie an ein besseres Leben glaubten und es in der Neuen Welt zu finden hofften.

Irgendwo fühlte ich mich gleichfalls als Flüchtling, der aus einem durch den Krieg zerstörten Land entkommen war, weil er etwas leisten wollte, weil er seine Fähigkeiten entfalten wollte, weil er die Freiheit suchte, die er dort in Europa nicht finden konnte.

Endlich — in der Abenddämmerung des fünften Tages tauchte am nördlichen Horizont der Leuchtturm von Cape Race, Neufundland, auf, der erste Vorbote des amerikanischen Kontinents. Die meisten Passagiere waren an Deck gekommen und schauten in diese Richtung. Sicher verband jeder von ihnen mit dem Anblick dieses Lichtes seine ganz persönlichen Wünsche. Wie viele Schicksale befanden sich doch hier auf diesem Schiff!

Wir fuhren in die Mündung des St.-Lorenz-Stromes hinein, und immer weiter stromaufwärts, noch eineinhalb Tage weiter, bis Québec. Vor uns die große Brücke, rechts oben über der Stadt die Silhouette des Château Frontenac, des Wahrzeichens von Québec.

Wir mußten lange warten, bis die Einreiseformalitäten erledigt waren und wir an Land gehen konnten. Ich stand, in Gedanken versunken, an Deck und schaute auf das Land, das ich gleich betreten würde, als ein alter, weißhaariger Mann auf mich zukam und mich auf Englisch ansprach. Zuerst verstand ich ihn nicht, obwohl ich natürlich schon Monate vor meiner Abreise versucht hatte, etwas Englisch zu lernen. Endlich begriff ich, daß er wissen wollte, woher ich kam. Ich sagte ihm nur das Wort ,,Germany''. Da nickte er wohlwollend, klopfte mir freundschaftlich auf die Schulter: ,,God bless you''. So mußten wohl die Pilgerväter die Neuankömmlinge begrüßt haben. Ein gutes Omen.

Die Häuser am Pier schienen zu schwanken und so auch der Zug, den ich bald darauf bestieg. Es war eine lange Fahrt in großen, völlig ungewohnten Eisenbahnwagen, über Trois Rivières und Montréal bis nach Ottawa. Von dort ging es mit dem Bus über die Interprovinzialbrücke, die über den Ottawa River führt, nach Hull. Und an der großen Hauptstraße, nicht weit links der Brücke, befand sich das Café Burger, wo Madame Burger mich freundlich in Empfang nahm. So hatte an diesem Abend wieder ein ganz neuer Lebensabschnitt begonnen.

Neue Aufgaben in Québec

Nun war ich also auf dem amerikanischen Kontinent, allerdings noch nicht in dem Land, das mich am meisten anzog: die USA. Trotzdem war Kanada, als Nachbarland, in der Lebensweise nicht so verschieden, wenn man davon absah, daß in der Provinz Québec neben der englischen auch die französische Sprache gesprochen wurde.

Europa war weit entfernt, und ich mußte mich erst an die neue Umgebung gewöhnen. Die Gebäude waren höher, die Autos größer, die Städte lagen weiter auseinander, alles war großzügiger angelegt, was sich auch auf die Menschen auswirkte. Man lebte ungezwungener, fröhlicher, nahm das Leben leichter, obwohl der einzelne mehr auf sich selbst gestellt war als in Europa.

Auch Madame B. hatte, obwohl sie auch aus Europa stammte, viel von dieser Einstellung angenommen. Ihr Restaurant lag in der Stadt Hull, gegenüber der Hauptstadt Ottawa. Beide Städte waren durch den Ottawa River getrennt, der hier zugleich die Grenze zwischen den Provinzen Québec und Ontario bildet. Sie empfing mich sehr herzlich, stellte mich den Kollegen der Küche vor und sorgte dafür, daß ich mich in ihrem Hause sogleich zurechtfand. Ein Schweizer Koch hatte für mich bereits ein möbliertes Zimmer im selben Haus, in dem er wohnte, nicht weit vom Restaurant, angemietet.

Die Arbeitsweise in der Küche sagte mir schon eher zu, im Vergleich zu dem, was ich bisher gesehen hatte. Man wurde bei der Arbeit nicht dauernd kontrolliert, sondern man konnte in Ruhe seine Aufgaben verrichten. Allerdings wurde auch hier Leistung erwartet, wobei man davon ausging, daß der einzelne selbst Interesse zeigte. Die Leistung sollte freiwillig und nicht unter Zwang erbracht werden. Wer diese Leistungseinstellung nicht hatte, mußte bald wieder verschwinden. Schnell wurden hier Leute eingestellt und auch wieder entlassen, wie ich in der Folgezeit feststellen konnte. Trotzdem behagte mir die familienähnliche Atmosphäre im Hause B. So saß man abends, nach getaner Arbeit, oft bei einem gemeinsamen Umtrunk zusammen, wobei Madame B. immer viele Fragen über die Schweiz bzw. die Situation in Europa stellte.

Bald kam der kanadische Winter mit riesigen Schneemassen, Stürmen und Temperaturen bis zu minus 30 Grad. Zum Glück wohnte ich nicht weit vom Restaurant, wo wir unsere Arbeit stets mit Schneeschieber und Schaufel begannen.

Eines Tages eine freudige Überraschung: Rudi besuchte mich, mein Freund aus der Schweiz, dem es inzwischen auch gelungen war, nach Kanada zu kommen, und der in Ottawa Arbeit gefunden hatte. Er erzählte mir, daß in einem Ladenzentrum, im Süden von Ottawa, ein Konditoreigeschäft zu pachten sei. Als er mir in einer Snack Bar in der Bank Street in Ottawa, zu den Klängen von Lili Marlen, der einzigen deutschen Platte aus dem Sortiment der Juke Box, sagte, das sei doch etwas für uns, da schaute ich ihn an, als habe er eben einen schlechten Witz erzählt. Später beschäftigte ich mich eingehend mit diesem Gedanken. Warum eigentlich nicht? Wenn wir beide diesen Laden mieten würden, warum sollte es nicht möglich sein, eine Konditorei zu führen? Natürlich wollte ich zunächst meine Arbeit nicht aufgeben, sondern nachts backen, während sich Rudi tagsüber um den Verkauf kümmern sollte. Wir verhandelten mit der Inhaberin, einer alten Englisch-Kanadierin, die sehr freundlich war und die unser Vorhaben als durchaus für realisierbar hielt.

Sie erzählte uns die Geschichten der ersten Trapper, die mit ihren Birkenrindenkanus, unter Lebensgefahr, die großen Ströme flußaufwärts mitten in unerforschtes und von Indianern bewohntes Gebiet vorgedrungen waren. Später errichteten französische Missionare die ersten Handelsposten als Umschlagplätze für die kostbaren Felle.

Sie verlangte weder Sicherheiten noch Garantien und überließ uns den Laden gegen eine kleine Anzahlung und das Versprechen, daß sie den ersten Kuchen aus unserem Backofen gratis erhalten werde. Was für eine herzerfrischende Einfachheit gegenüber der gewohnten deutschen Bürokratie! So waren wir mit einem Male, bevor wir wußten, wie uns geschah, Unternehmer! Mit Feuereifer legten wir los, war dies doch unser eigenes Geschäft, in dem wir arbeiten konnten, wie wir es für richtig hielten. Aber natürlich mußten wir auch selbst für unsere Fehler einstehen, was durchaus Folgen haben sollte.

Die ersten Tage lief das Geschäft gut an. Ich kam spät abends mit der Straßenbahn, an deren Endstation sich das Ladenzentrum befand, bereitete die Kuchen und Backwaren vor, die während der Nacht gebacken werden mußten. Während Rudi überhaupt nichts vom Backen verstand, beschränkten sich meine Fachkenntnisse auf die paar Monate als Konditorvolontär in Fürstenfeldbruck. Natürlich tat ich mich dabei sehr schwer, da ich mich erst an die neuen Maße und Gewichte gewöhnen mußte, und so war ich ständig damit beschäftigt, Unzen in Gramm und Gallons in Liter umzurechnen.

So passierte mir schließlich ein Mißgeschick, das sich verhängnisvoll auswirken sollte: Aus Übermüdung — denn ich arbeitete ja sozusagen Tag und Nacht — und wegen mangelnder Sprachkenntnisse verwechselte ich „Baking Powder" mit „Baking Soda", also Backpulver mit Treibnatron, und so wurden sämtliche Tortenböden unbrauchbar. Rudi hatte am nächsten Morgen nicht viel zu verkaufen, und die Kunden blieben enttäuscht und schimpfend weg. Wir überlegten, was wir tun sollten, denn soviel verkauften wir garnicht, wie wir hätten verkaufen müssen, um die laufenden Kosten zu decken. Das Gas war alle, und wir hatten kein Geld, um Gasflaschen für den Backofen nachzubestellen. Selbst wenn wir unsere paar Dollars, die wir besaßen, zusammengelegt hätten, hätte das Geld nicht gereicht. Darüber hinaus merkte ich bald, daß ich, trotz bester Gesundheit, auf die Dauer nicht Tag und Nacht arbeiten konnte. Da faßten wir einen schnellen Entschluß, den einzig richtigen in dieser Situation: Wir gaben auf.

Aus der Traum vom eigenen Geschäft! Die Inhaberin nahm die Neuigkeit gelassen entgegen und meinte nur, nun müsse sie ihre Kuchen wie bisher selber backen. Gott sei Dank, keine Regreßansprüche, keine Forderungen, kein Rechtsanwalt.

Madame B. hatte von alledem nichts bemerkt, außer daß sie feststellte, daß ich in letzter Zeit sehr übernächtigt aussähe. Aber schließlich habe sie volles Verständnis dafür, daß sich junge Leute nachts nicht nur mit Schlafen beschäftigten.

Ich suchte Abwechslung und beschloß, mir in meiner vielen Freizeit Land und Leute genauer anzuschauen. Allerdings benötigte ich dazu ein Mittel zur Fortbewegung, am besten ein Auto. Doch dazu hatte ich weder Geld noch Führerschein.

Es gab in der Nähe ein Geschäft, in dem Kleinkrafträder verkauft wurden. Oft stand ich vor dem Schaufenster und bestaunte die ausgestellten Maschinen. Ich überlegte ständig, ob ich mir ein kleines Motorrad zulegen sollte. Madame B., sie war mit meiner Arbeit sehr zufrieden, erhöhte mein Gehalt und bezahlte die Steuern, so daß wir brutto für netto bezahlt wurden.

Als der Frühling 1952 kam und alles zu neuem Leben erwachte, kaufte ich mir ein Kleinkraftrad und machte meine ersten Fahrversuche. Stolz fuhr ich die Straßen auf und ab, zuerst nur in Hull, später auch in Ottawa und schließlich auf dem Trans-Canada-Highway, der von Ottawa zunächst nördlich des Ottawa Rivers nordwestlich verläuft. Dann bog ich nach Norden ab, dort wo die Landkarte noch weiß ist, unerforschte Wildnis rechts und links dieser einzigen Asphaltstraße. Nicht allzu lange konnte ich fahren. Die Ortschaften hörten auf, die Straße mündete in einen sandigen Waldweg. Die Neugier ließ mich weiterfahren, bis ich nach ca. einer Stunde an eine Lichtung kam. Dahinter zog sich eine breite Schlucht hin, an der Seite stürzte ein Wasserfall hinab. ,,Chûte à Chenaux'' stand auf einem roh zusammengehauenen Schild. Es gab hier auch Menschen, eine Kneipe, eine Tankstelle und einen General Store, wo man alles kaufen konnte, was man in der Wildnis benötigte. Drüben im Wald sah man die Blockhütten eines Holzfällerlagers. Für viele die hierher kamen, ein Traum voller Romantik und Sehnsüchte. Sicher wurde die Arbeit hier sehr gut bezahlt, aber das Leben war einfach und hart, am Rande der Zivilisation. Vor uns lagen die riesigen Wälder, das Revier der Trapper und Jäger, für die das Lager die einzige Verbindung mit der Außenwelt darstellte. Da hatte ich es schon besser, denn am Abend war ich wieder zurück in der Zivilisation.

Später, im Sommer, als ich eine Woche Ferien hatte, fuhr ich nach Montréal, der Metropole und größten Stadt Kanadas. Von Ottawa 250 Meilen entfernt.

Zuerst ging es immer in Richtung Osten, den Ottawa River entlang. Bald veränderte sich das Wetter, am Himmel zogen Wolken auf und ein starker Wind blies mir entgegen, so daß ich, selbst bei Vollgas, nur langsam vorankam. Grollen und Donnern am Himmel, und bald goß es in Strömen. Die Kette sprang ab und ich mußte anhalten, bereits total naß, um sie wieder aufzuziehen. Bald war die Zündkerze feucht, in den Vergaser war Regenwasser eingedrungen und so gab die Maschine endlich ihren Geist auf. Ich schob sie noch ein Stück, bis ich in einem kleinen Ort namens Wendover angelangt war. Hier, in der Hauptstraße des Ortes, fand ich schnell Hilfe, da die Menschen hier generell sehr gastfreundlich waren. Ich konnte die Maschine in der Garage eines Privathauses unterstellen, man gab mir einige trockene Sachen und half mir, den Bus nach Montréal, der in der nächsten halben Stunde fuhr, zu erreichen, so daß ich, trotz der vielen Hindernisse, endlich doch noch in Montréal ankam, und sogar noch wesentlich eher als ich es geplant hatte.

Eine ganze Woche hatte ich Zeit, mich umzusehen. Vor allem die vielen großen Hotels weckten meine Neugierde und förderten den Wunsch, einmal in einem solchen Hotel zu arbeiten. Ich wollte beruflich weiterkommen, was doch bei Madame B. nicht möglich war, und wenn es mir auch noch so gut bei ihr gefiel. In einem Hotel gab es viel mehr Möglichkeiten als in einem Restaurant.

Als mein Urlaub zu Ende war, stand mein Entschluß fest: Ich wollte unbedingt in Montréal arbeiten. Rudi war es inzwischen gelungen, im „Swiss Chalet" eine Arbeit als Koch zu finden, und er versprach, mir bei der Arbeitssuche zu helfen. So verließ ich Madame B., die Verständnis für meine Entscheidung hatte. Ich war jung und wollte weiterkommen. Dies war aber nur möglich, wenn man ständig nach neuer, anspruchsvoller Arbeit Ausschau hielt. Im Wechsel des Arbeitsplatzes lag die Chance, neue Erfahrungen zu suchen, Neues zu lernen und neue Aufgaben zu übernehmen, was einem in diesem Lande leicht gemacht wurde, denn schnell konnte man seinen Arbeitsplatz verlassen und ebenso schnell wurde man woanders wieder eingestellt.

Meine neue Tätigkeit im ,,Swiss Chalet'' gefiel mir. Ich genoß das Flair und die Atmosphäre der großen französischen Metropole, nach Paris die zweitgrößte französisch sprechende Stadt der Welt, in vollen Zügen! Ich empfand auf einmal das unwiderstehliche Bedürfnis, zu leben. Was hatte ich denn eigentlich von meiner Jugend bisher gehabt? Ich wollte feiern, viel lachen, mich einmal richtig austoben, eine Freundin haben, was wohl nicht so schwer sein sollte, da es eine Menge Tanzlokale gab, wo sich die jungen Leute trafen. Mein Freund Rudi kannte sich in der Stadt bereits gut aus und wußte, wo es die schönsten Mädchen gab. Ermuntert durch Rudi lernte ich auf den überfüllten Tanzböden der Montréaler Night Clubs nach und nach recht passabel zu tanzen und gewann somit an Selbstsicherheit.

Eines Abends, im Winter 1952/53, auf der Rue St. Catherine herrschte dichtes Schneetreiben, lernte ich in einem Lokal Gisèle kennen. Als ich sie zum Tanz aufforderte, sagte sie sogleich zu, und als wir uns auf der Tanzfläche befanden, fragte sie mich nach meiner Herkunft. Obwohl ich recht gut französisch sprach, erkannte sie am Akzent sofort, daß ich kein Einheimischer war. Sie erklärte mir stolz, daß ihre Großeltern aus Frankreich stammten und daß sie sich diesem Land verbunden fühle. Mir gefiel ihre ungezwungene Art, ihre Ausgelassenheit und ihr ständiges Bedürfnis, zu erzählen. Bald wußte ich alles über ihre Familie, das Haus in einem Vorort von Montréal, ihren Beruf — sie arbeitete als Sekretärin in einem Privatclub — und über ihre Freundinnen. Ich begann mich in dieses Mädchen zu verlieben, und freute mich riesig, als sie mich eines Sonntags einlud, sie zu besuchen.

Die nächsten Tage dachte ich natürlich viel an sie und ertappte mich oft dabei, daß ich bei der Arbeit vergaß, was ich eigentlich gerade tun wollte.

So lernte ich in den folgenden Wochen Gisèle und ihre Familie richtig kennen. Ich fühlte mich im Kreis ihrer Familie sehr wohl, nachdem ich jahrelang allein gelebt hatte.

Als die Eltern jedoch anfingen, von Verlobung zu reden, erwachte ich plötzlich aus meinem Traum und fing an zu überlegen: Verloben hieße sich niederzulassen, seßhaft zu werden, denn Gisèle schien nicht die Frau zu sein, die mein bisheriges Zigeunerleben mitmachen würde.

Zum Glück überredete mich Rudi, Motorräder zu kaufen und einfach wegzufahren. Ich hatte das Bedürfnis, mal über die Stränge zu schlagen und so ein Abenteuer zu erleben. Wir fuhren los, nachdem wir noch nicht einmal im „Swiss Chalet" Bescheid gesagt hatten. Wahrscheinlich würde man uns rauswerfen, aber das berührte uns nicht; wir wollten einfach einmal so richtig frei sein! Es war im Frühjahr 1953. Wir fuhren einige Tage kreuz und quer durch menschenleeres Land, übernachteten in Blockhütten und schliefen abends beim Rauschen der Wälder ein.

Ich dachte anfangs noch an Gisèle, doch bald hatte ich sie vergessen. Einige Tage genossen wir das Leben in der Wildnis. Am Ende sehnten wir uns jedoch zurück nach der menschlichen Zivilisation, nach dem bequemen gewohnten Leben in Häusern mit fließendem, warmem Wasser und elektrischem Strom.

Mit hängenden Köpfen erschienen wir eines Morgens wieder im „Swiss Chalet" und erwarteten ein Donnerwetter. Unser Chef, Herr K., ein junger Schweizer und erfolgreicher Gastronom, der vor einigen Jahren ebenfalls immigriert war, lachte nur laut über unseren jugendlichen Übermut und fand nichts dabei. So waren wir fast etwas enttäuscht, daß wir gleich wieder an die Arbeit mußten.

Bald planten Rudi und ich neue Abenteuer. Wir lasen in der Zeitung, daß die Canadian Pacific Eisenbahngesellschaft Sommerjobs in den Rocky Mountains anbot, wo es große Feriengebiete gab mit Hotels, die der Eisenbahngesellschaft gehörten und von ihr betrieben wurden. Wir bewarben uns als Köche für die Sommersaison und wurden prompt angenommen, ein Beweis dafür, daß wir durchaus einen Beruf hatten, der überall gebraucht wurde.

Wir hatten freien Hin- und Rücktransport mit der Bahn und konnten unsere beiden Motorräder im Gepäckwagen mitnehmen. Vor uns lag eine Fahrt von drei Tagen und vier Nächten quer durch den Kontinent, eine Strecke von über 4000 km bis zu unserem Ziel ,,Jasper Park Lodge''.

In den Rocky Mountains

Der Transkontinentalexpreß von Montréal nach Vancouver, über Ottawa, Winnipeg, Regina, Edmonton und Jasper setzte sich langsam in Bewegung und verließ den unterirdisch liegenden Zentralbahnhof von Montréal. Bald hatten wir die Stadtgebiete hinter uns gelassen und fuhren auf der uns hinreichend bekannten Strecke in Richtung Ottawa. Kurzer Stop in der Laurier-Station und weiter ging es, immer westlich, entlang des Ottawa Rivers, in Richtung Renfrew. Mit dieser Stadt hatten wir den letzten Vorposten der besiedelten südlichen Tiefebene von Ontario verlassen und fuhren weiter, nordwestlich, in Richtung Winnipeg. Wir fuhren durch endlose Wälder, rechts und links der Bahnlinie, wobei das Rattern der Räder mit ihren monotonen Schlägen auf die Gleise uns anfangs wachhielt. Jedoch später, als die Dunkelheit hereinbrach und wir den Wald nur noch als schwarze Wand sehen konnten, überkam uns trotz dieser Geräusche ein leiser Schlaf, der meine Gedanken zurück in die Heimat schweifen ließ. Ich sah meine Mutter vor mir, mit Tränen in den Augen, als ich vor fast zwei Jahren Abschied nahm, meinen Vater, der mir zurief: ,,Junge, paß auf Dich auf!'', meine Brüder, die mir alles Gute wünschten. Tausende von Kilometern trennten mich nun von ihnen. Ich hatte in der Zwischenzeit immer wieder die Zeitungen durchstöbert, um mich über die Entwicklung in Europa zu informieren. Die deutsche Teilung hatte sich verfestigt, der Westen war zum Verbündeten der USA geworden, und die deutsche Regierung betrieb im Eiltempo den Wiederaufbau des Landes. Die Industrie begann wieder zu produzieren, Hilfsgelder aus USA leisteten dabei Unterstützung. Der Koreakrieg beschwor die Angst vor einem neuen Weltkrieg herauf, wo doch der letzte erst seit einigen Jahren beendet war, doch ein Waffenstillstand besiegelte später die Teilung dieses Landes in Nord und Süd und bescherte somit Korea ein ähnliches Schicksal wie Deutschland.

Als immer häufiger vom wirtschaftlichen Aufschwung und dem drastischen Rückgang der Arbeitslosigkeit in Westdeutschland zu lesen war, hatte ich manchmal daran gedacht, wieder zurückzukehren. Wahrscheinlich würden sich für mich jetzt bessere Chancen ergeben. Doch hatte es Sinn, umzukehren, nachdem ich mein Ziel nicht erreicht hatte, nämlich in die USA zu kommen? Irgendwie saß mir der Schock der Kriegs- und Nachkriegszeit noch im Nacken, und ich hatte Angst, bei einer Rückkehr würde ich wieder auf diese Erinnerungen stoßen.

Hier in Kanada umgab mich ein junges, aufstrebendes Land, in dem die Leute freundlich waren, wo es keine Zerstörung gegeben hatte und wo die Menschen nicht so viele Ungerechtigkeiten erlebt hatten wie dort auf der anderen Seite des Ozeans. Ich mußte meinen Weg weitergehen, versuchen, meine Chancen zu nutzen, denn ich wußte, daß ich erst am Anfang meiner beruflichen Karriere stand und vorwärtskommen mußte. Die Worte meines Vaters klangen mir wieder ins Ohr, in dieser Nacht, bei der Fahrt durch den amerikanischen Kontinent, auf den Spuren all derer, die schon viel früher gekommen waren, mit Mut zum Abenteuer, bereit, etwas zu riskieren und durch Arbeit und Entfaltung ihrer Fähigkeiten den persönlichen Erfolg zu finden.

Vorbei ging die Fahrt an Wildnis, Sümpfen, umgestürzten Bäumen, Dickicht und undurchdringlichem Unterholz. Hin und wieder sah man Elche von der Größe eines Pferdes, die, vom Lärm des herannahenden Zuges aufgeschreckt, in die Sümpfe flüchteten und, bis zu den Hälsen im Wasser schwimmend, das Weite suchten.

Beim Halt auf einer kleinen Bahnstation konnten wir uns die Füße vertreten — inmitten verwegen aussehender Gestalten:

Trapper, Holzfäller, Indianer. Vorne am Zug wurden Waren ausgeladen: Milchkannen, Maschinen, Getreide, Pakete, Körbe und sogar einige Kühe und ein schwarzes Pferd. Die Menschen, die hier leben, sind auf die Produkte der Zivilisation angewiesen; nur so können sie das harte Leben in dieser Wildnis bestehen.

Wir liefen ein Stück auf die grüne Wand des Waldes zu und atmeten in tiefen Zügen die würzige Luft ein, die alles enthielt, was die Natur hier zu bieten hatte: Moos, Harz, Kiefern, geschlagenes Holz, wilde Tiere, durchtränkt von Sauerstoff, der vom Übermaß des Grüns dieser Landschaft erzeugt wurde. Ich fühlte mich benommen von dieser würzigen Luft und schloß für eine Weile die Augen. Sogar später, als wir schon lange wieder im Zug saßen, spürte ich diese Luft noch in meiner Nase, die einem die Sinne verwirrt wie eine Droge.

In Winnipeg, der Hauptstadt von Manitoba, und auch in Edmonton, der Hauptstadt der Provinz Alberta, stiegen wir aus, um uns diese Städte kurz anzusehen und 24 Stunden später mit dem nächsten Zug weiterzufahren. Während Winnipeg schon sehr großstädtisch anmutet, mit Hochhäusern im Zentrum und breiten, dichtbefahrenen Geschäftsstraßen, erinnert Edmonton schon sehr stark an das, was man aus den Wild-West-Filmen gewöhnt ist: Holzhäuser, Saloons, Ställe, Cowboys mit breitkrempigen Hüten, Holzfäller oder Goldsucher.

In Edmonton trafen wir auf Hans, einen jungen Deutschen, den wir aus Montréal kannten. Er erzählte uns stolz, daß er sich in einem Holzfällerlager für sechs Monate verpflichtet habe, für die enorme Summe von ca. 1500 Dollar monatlich, bei freier Unterkunft und Verpflegung. Danach wollte er nach Vancouver, um sich mit einigen Kumpels an der Pazifikküste selbständig zu machen. Er versuchte, uns zu überreden, mit ihm zu kommen. Nach einigen Drinks im Saloon hätte er uns fast umgestimmt. Doch Hans, groß, blond und athletisch gebaut, war wohl eher der schweren körperlichen Arbeit eines Holzfällers gewachsen als wir, und so verabschiedeten wir uns von ihm und wünschten ihm viel Glück.

Immer näher kamen wir dem Ziel unserer Reise, dem Ferienort Jasper, in der Nähe des Athabaska River, dem ,,River of no return'', bekannt geworden durch den Film mit Marilyn Monroe und Robert Mitchum, der hier gedreht wurde. Der Fluß wird darin verglichen mit dem menschlichen Leben, das nur vorwärts fließt und bei dem es kein Zurück mehr gibt. So werden zwei Menschen zur Schicksalsgemeinschaft, werden voneinander abhängig, brauchen sich gegenseitig und können sich nicht mehr vorstellen, allein zu sein. Inmitten der endlosen Wildnis, getragen von den Wassern dieses ,,Flusses ohne Wiederkehr'' beginnen sie sich zu lieben, erkennen, daß sie zusammengehören und daß ihnen dies die Kraft gibt, alle Gefahren zu überstehen. Vergessen ist alles Leid, alle Enttäuschung, denn sie sind am Ende voller Glück und Zuversicht und suchen das neue Land, zu dem sie der Fluß hintragen wird.

Ich erwachte aus meinen Träumen, als mich Rudi in die Seite stieß, da der Zug über ein langgezogenes, hölzernes Viadukt fuhr. Vor uns lag der Fluß ,,Athabaska'', an dessen Lauf wir nun entlangfuhren und dessen Wasser in wilder Flut vorwärtsströmte.

Endlich waren wir da: Jasper, einige Häuser und Straßenzüge, mittendrin der Bahnhof. Mit dem Auto erreichten wir Jasper Park Lodge, wo wir für die nächsten drei Monate Zimmer bezogen.

Am nächsten Tag schaute ich mich mit Rudi erst einmal um. Auch hier wieder diese würzige und harzige Luft, mit dem Geruch nach Wald und Moos. Bunte Sporthemden und Cowboy-Anzüge sind die hauptsächliche Kleidung der Menschen, die hier leben und arbeiten. Auch viele Gäste, die hier den Sommer verbringen und sich natürlich an die Umgebung anpassen wollen, sind so angezogen. Auch ich legte mir bald solche Hemden zu, die aus grobem Stoff sind und trotz der Hitze des Tages den Körper bei normaler Temperatur halten, dagegen abends, wenn es kühl wird, angenehm wärmen.

Immer wieder trafen wir auf Schwarzbären, die Autos anhielten, indem sie sich aufrecht mitten in den Weg stellten und am Fenster um Futter bettelten. Dabei beweisen sie guten Geschmack, da sie nicht alles, was man ihnen gibt, auch fressen. Erst nach gutem Zureden machen sie den Weg wieder frei.

Der Küchenchef in der Lodge schärfte uns ein, vorsichtig mit diesen Tieren umzugehen. Wenn sie erschreckt würden oder sich in der Brunftzeit befänden, könnten sie gefährlich werden und mit ihren Tatzen zuschlagen oder mit ihren scharfen Zähnen zubeißen.

Trotzdem blieben die Abenteuer mit den Bären nicht aus. Eines Tages fuhr ich mit dem Motorrad nach Süden und machte auf einer Anhöhe halt, von wo aus ich einen reizvollen Blick über die endlosen Wälder und Berge hatte. Plötzlich hörte ich das Knacken von Ästen hinter mir. Ich drehte mich erschrocken um und sah, wie sich aus einer Waldlichtung ein schwarzes Etwas auf mich zubewegte: ein Schwarzbär. Ich stand wie angewurzelt. Was tun? Aufs Motorrad springen und nichts wie weg? Aber auf diesen schlechten Wegen kann man nicht besonders schnell fahren. Man hatte mir erzählt, daß Bären besonders schnell laufen können und alles verfolgen, was flüchtet. Es wäre wohl nicht klug gewesen, sich auf eine Verfolgungsjagd einzulassen, also blieb ich stehen und beobachtete das Tier, wie es näher herankam. Mit einem großen Satz übersprang der Bär den Graben neben der Straße, und schon war er am Motorrad. Mit großer Neugierde beschnupperte er das ihm unbekannte Ding.

Es war das erste Mal in meinem Leben, daß ich einem solchen wilden Tier allein, auf freier Wildbahn, begegnete. Natürlich hatte ich Bären im Zoo gesehen, aber immerhin im Gehege und mit dem nötigen Abstand. Sein Geruch nach Moder und Wald stieg mir in die Nase, sein weißer Speichel tropfte über den Sattel des Motorrads. Langsam schien ihm jedoch das Motorrad langweilig zu werden, vermutlich weil er nichts Eßbares entdecken konnte, und nun schaute er nach mir hin, der ich auf der anderen Seite stand. Zum Glück erinnerte ich mich daran, daß sich in der Gepäcktasche eine Tafel Schokolade befand. Gerade als sich der Bär aufrichtete und mit beiden Vordertatzen auf den Sattel stützte, mir seine schleckende Zunge entgegenstreckte, fand ich die Schokolade, entfernte mit zitternden Händen das Papier und schob ihm die Schokolade in das weit geöffnete Maul. Wohl selbst überrascht, daß seine Bitte so schnell erfüllt worden war, bewegte er vorsichtig die Schokolade in seinem Maul hin und her, wobei er wohl feststellte, daß sie wirklich gut schmeckte. Er kletterte vom Motorrad herunter und verzehrte in aller Ruhe die Schokolade, bevor er einige Male das Motorrad umkreiste und sich davontrollte. Ich atmete erleichtert auf: Das war noch einmal gutgegangen! Schnell auf das Motorrad und zurück zur Lodge. Rudi, dem ich sogleich das Abenteuer mit dem Bären erzählte, lachte nur über die Geschichte, und ich lachte schließlich mit, obwohl mir erst kurz vorher keineswegs zum Lachen zumute gewesen war.

Der Ferienverkehr in der Lodge setzte nun ein, und wir bekamen viel Arbeit in der Küche, da die viele frische Luft in der freien Natur die Gäste anscheinend besonders hungrig machte. Die Kollegen und Kolleginnen kamen meist aus den Familien der Aktionäre, die dieses Hotel betrieben. Es waren vorwiegend junge Leute, darunter viele nette Mädchen.

Diesmal erwischte es Rudi. Sie war deutscher Abstammung, Wuschelkopf, trug eine Brille und hatte ein heiteres Naturell. Auf jeden Fall war Rudi ständig mit ihr zusammen, so daß ich ihn außer bei der Arbeit kaum noch zu sehen bekam. Anfangs glaubte ich, daß das Feuer bald wieder verlöschen würde. Doch Rudi ließ sich von seiner Freundin überreden, mit ihr nach Toronto zu gehen. Er verkaufte sein Motorrad, noch bevor die Saison zu Ende war, verließ vorzeitig seinen Arbeitsplatz und fuhr mit seiner Freundin in die großen Städte des Ostens. So nahm ich Abschied von meinem Freund, mit dem ich eine Reihe von Abenteuern bestanden hatte und auf den ich mich hatte verlassen können. Wir versprachen, uns zu schreiben, auch wenn wir für die nächste Zeit getrennte Wege gehen würden.

Doch auch ich wollte wieder zurück nach Montrēal, um dort in einem großen Hotel zu arbeiten. Ich nahm Abschied von Jasper

Park Lodge, von den Bergen und der Wildnis, von der würzigen Luft und den Bären, die mir inzwischen zu Freunden geworden waren. Allerdings hatte ich einige Tage vor der Abreise ein Erlebnis, das schlimm hätte ausgehen können.

Als ich kurz vor Einbruch der Dunkelheit, zum Hotel zurückkehrend, den Abkürzungsweg über den in einiger Entfernung gelegenen Müllplatz nahm, obwohl dies nachts verboten war, hörte ich ein Rascheln und Krachen. Unmittelbar vor mir erhob sich eine zottig braune Masse: ein Grizzly! Ich reagierte blitzschnell. Mit wenigen Sätzen war ich im Häuschen des Müllplatzwächters, von der Größe einer Telefonzelle, dessen Tür zum Glück offenstand, und brachte mich dort in Sicherheit. Obwohl der Grizzly mit seinen riesigen Pfoten an der Tür kratzte und sich einige Male mit dem Rücken an der Wand des Häuschens scheuerte, so daß es hin- und herwackelte, fühlte ich mich doch in Sicherheit und konnte warten, bis er endlich wieder verschwand.

Im Balmoral Club in Nassau, Bahamas

Der Sommer 1953 in den Rocky Mountains war vorbei. Im Zug ging es die bereits bekannte Strecke in entgegengesetzter Richtung zurück nach Montréal. Hier kannte ich mich recht gut aus und fühlte mich fast schon wie zu Hause. Ich mietete mich in der Rue Bleury ein, nahe der Kreuzung Rue St. Catherine, inmitten des Vergnügungsviertels im Zentrum von Montréal. Das neue Zimmer war zwar preisgünstig, aber man mußte in Kauf nehmen, daß man nachts oft wach wurde, wenn das Schreien und Lachen angetrunkener Gäste beim Verlassen der Nachtlokale nicht enden wollte.

Zum ersten Mal hatte ich Zukunftssorgen. Wie sollte es weitergehen? Ich fühlte mich allein in dieser großen Stadt, hatte keine Freunde und Bekannte. Mein Freund Rudi war mit seiner Freundin in Toronto. Zu Gisèle wollte ich keinesfalls zurück. Was sollte ich machen?

Überfahrt von Le Havre nach Québec, Kanada, Ende September 1951 auf der ,,Scythia'' der Cunard Line.

Mit dem neuen Kleinmotorrad auf dem Trans-Canada Highway, westlich von Ottawa.

Dominium Building, Dominium Square, Montréal.

Zwar hatte ich inzwischen in Kanada viel gesehen und erlebt, aber beruflich war ich nicht weitergekommen, und da fielen mir wieder die Worte des Vaters ein. Die Arbeit als Koch war überall gleich, doch ich wollte etwas Neues machen, etwas, das mich herausforderte und mir höhere Leistungen abverlangte. Was hatte ich denn sonst für Möglichkeiten, in einem Land, in dem es genug Arbeit gab, vorausgesetzt, man hatte die entsprechenden Kenntnisse.

Ich hätte nie eine Arbeit machen können, die man schnell erlernen kann, Hilfsarbeiter bei den großen Handelsgesellschaften oder in den Fabriken. Natürlich hätte ich auch als Holzfäller in die Wildnis der unermeßlichen Wälder gehen können, wie seinerzeit Hans, den wir in Edmonton getroffen hatten. Eine recht abenteuerliche Sache, aber damit hätte ich auch keine berufliche Zukunft gehabt. Sollte ich versuchen, in einem der vielen Büros eine Tätigkeit zu finden? Aber ich hatte doch weder eine kaufmännische Ausbildung noch eine Lehre in diesem Bereich. Dazu kam, daß ich aufgrund meiner Schulzeit, die sich während der Kriegsjahre abgespielt hatte, nur wenig mitbekommen hatte, was mir heute hätte helfen können. Was also tun?

Ich durchstreifte die Straßen von Montrēal, blieb am Eingang der großen Hotels stehen und beobachtete die An- und Abreise der Gäste. Nach wie vor übte das Hotel einen besonderen Reiz auf mich aus. Es war wie eine Fabrik, in der zwar keine Waren produziert wurden, sondern Dienste, Service, bzw. alles, was einem Gast, der unterwegs war, zum Wohlbefinden dienen sollte, um ihn vergessen zu machen, daß er nicht zu Hause ist. Überall gab es die dienstbaren Geister, am Eingang des Hotels, am Empfang, in den Restaurants und Bars, auf den Etagen, in den Zimmern und in der Verwaltung.

Ich erkundigte mich bei verschiedenen Hotels, ob Arbeitskräfte gebraucht würden. Doch was mir angeboten wurde, war wenig ermutigend, meist Hilfsarbeiten, als Gepäckträger oder Liftboy, um die Aufzüge rauf- und runterzufahren. Für anspruchsvollere Tätigkeiten im Service oder in der Verwaltung fragte man nach meinen Vorkenntnissen und Berufserfahrungen. Aber da hatte ich nichts anzubieten. Ich hatte kein Geld, um auf eine Schule zu gehen, mir blieb höchstens das Selbststudium, also Bücher, aus denen ich mir theoretische Kenntnisse aneignen konnte.

In der städtischen Bibliothek las ich Bücher über das Hotelwesen. Später kaufte ich mir in einer Buchhandlung von meinem wenigen Geld einige Bücher über Service und Verwaltung im Hotel, damit ich abends in meiner Junggesellenbude weiterstudieren konnte.

Meine Lage wurde langsam kritisch, denn meine Ersparnisse, die ich noch von meiner Arbeit in Jasper übrig hatte, gingen zur Neige. Ich konnte mir ausrechnen, wie lange ich noch über die Runden kam, höchstens noch eine Woche, dann würde ich kein Geld mehr haben. Was dann?

Da erinnerte ich mich wieder an Gisèle. Doch sie wohnte nicht mehr hier, sie war verheiratet und lebte mit ihrem Mann im Norden der Provinz. Ich empfand plötzlich eine tiefe Enttäuschung, und mir wurde klar, daß es Dinge im Leben gibt, die ein für allemal vergangen sind, und daß man sein Leben nicht wie einen Film wieder zurückdrehen kann. Rudi war dabei, zu heiraten, Gisèle war schon verheiratet, ich hatte also offensichtlich wieder einmal etwas versäumt, hatte meinen Schicksalsweg nicht erkannt.

Da entdeckte ich bei einem Stadtgang an der Tür eines Privatclubs ein Schild, daß in der Küche Aushilfsköche gesucht würden. Ich ging hinein und konnte sogleich anfangen, denn am selben Abend fand hier im exklusiven Kreis ein großes Bankett statt. Der Küchenchef, ein Franzose, erzählte mir nebenbei, daß er ab Mitte Dezember im Balmoral Club in Nassau auf den Bahamas arbeiten würde. Er verbringe die Wintersaison schon seit Jahren dort, wo es im Winter viel wärmer sei als im schneebedeckten, kalten Kanada. Als er mir anbot, mit ihm zu gehen, da er ohnehin Hilfe brauche, war ich begeistert.

Natürlich hatte ich schon von den Bahamas gehört, dem Land in der Karibik, aus Hunderten von Inseln bestehend, die südwestlich von Florida über die Karibische See zerstreut sind. Ein Ferienparadies, von dem ich bis jetzt nur hatte träumen können. Nun hatte ich die Chance, dorthin zu kommen! Herr V., der französische Küchenchef, handhabte alle Formalitäten für mich. Die Hin- und Rückreise wurde vom Balmoral Club bezahlt, so daß sich auch kein finanzielles Problem stellte. Die wenigen Wochen bis zur Abreise half ich noch sporadisch in dem Privatclub als Koch aus. So konnte ich mich schon langsam auf meinen künftigen Küchenchef einstellen. Meinem Vorsatz, mich beruflich weiterzubilden, wurde ich damit allerdings untreu. Die Reise- und Abenteuerlust gewann wieder einmal die Oberhand.

Bald hielt ich meinen Paß mit dem Transit-Visum durch die USA in der Hand. Endlich wurde mein Traum, dieses Land zu sehen, Wirklichkeit. Ich fuhr mit dem Nachtschnellzug in Montreal ab. Es war eine eiskalte Dezembernacht, klirrender Frost und Schneetreiben. Nach einer dreiviertel Stunde erreichten wir die kanadisch-amerikanische Grenze. Kurze Paß- und Zollkontrolle, und dann ging es weiter über Plattsburgh, Lake George, Albany nach New York.

Der Aufenthalt in der Stadt der Wolkenkratzer, mit Menschen aus allen Ländern der Erde in den Straßen, war leider nur kurz. In Eile besichtigte ich, wie jeder Tourist, die Freiheitsstatue, das Empire State Building, Central Park, Greenwich Village, China Town und fuhr mit der U-Bahn nach German Town und nach Harlem. Nachts ließ ich am Times Square und in der 42. Straße, taghell erleuchtet durch die Lichtreklamen der Kinos und Theater, das atemberaubende Treiben dieses beliebten Mittelpunktes des Nachtlebens auf mich einwirken. Am nächsten Tag ging es weiter, per Bahn, über Washington, Charlotte, Savannah, Jacksonville nach Miami, Florida.

Von dort flog ich mit der Pan American in knapp 45 Minuten über den Golfstrom nach Nassau, Bahamas. Es war mein erster Flug. Man konnte von oben, anhand der unterschiedlichen Schattierungen, die Tiefe des Wassers erkennen. Überall, soweit das Auge reichte, kleine und größere Inseln mit den kreisförmigen Korallenriffen rundherum. Von den über 700 Inseln insgesamt sind nur etwa 30 bewohnt. Nach holperiger Landung in Nassau ging es mit einem vorsintflutlichen Taxi zum Balmoral Club, der sich, weit außerhalb der Stadt, an einer privaten Bucht direkt am Meer befindet. Warme, tropische, feuchte Luft, Vogelgezwitscher, süßer Duft der Hibiscus- und anderer tropischer Pflanzen. Was für ein Unterschied zu Montreal!

In Nassau umgab mich eine andere Welt. Die Menschen zeigten sich höflich und hilfsbereit. Die meisten von ihnen waren Schwarze oder Mulatten, Nachfahren ehemaliger Sklaven. Das Leben verlief gemächlich. Hektik war verpönt, was sich später auch bei der Arbeit zeigte. Der Club, in dem ich arbeiten sollte, war eine Traumwelt. Gleißende Sonne, weißer, feinster Sandstrand, türkisfarbenes Wasser und eine leichte Brise vor dem Balmoral Club. Es war der 21. Dezember 1953 — eine Zeit, in der Europa und die Ostküste der USA in Schnee und Eis erstarrt waren. In dieser paradiesischen Umgebung sollte ich nun für die nächsten drei Monate arbeiten, und zwar wieder einmal in der Küche, allerdings als Chef Gardemanager.

Eine der Spezialitäten waren Muscheln, deren weißes, zähes Fleisch in feine Würfel geschnitten und mit dem Saft von Limonen, Tabasco, Salz und Pfeffer angemacht wurde. Es war eine Augenweide, wenn dieser aus Muscheln zubereitete Salat in ausgehöhlten Ananas- oder Papayahälften, auf zisilierten Silberplatten zum Kalten Büffet angerichtet wurde.

Das Haus war voller Gäste, und die Küche hatte ständig zu tun, so daß sich für mich, außer an den freien Tagen, kaum eine Ruhepause ergab. Manchmal beneidete ich die Kellner, die ihre freien Zeiten hatten, nachmittags am Strand liegen konnten und abends, wenn überall ausgelassene Stimmung herrschte, ihre üppigen Trinkgelder verdienten.

Mir war klar, daß meine Tage in der Küche gezählt waren und daß ich bei meiner Rückkehr nach Kanada auf jeden Fall versuchen würde, in den Service zu kommen.

* * *

Heute habe ich seit langem wieder einmal einen freien Tag und bewege mich im angenehm warmen Wasser des Golfstromes mit kräftigen Armstößen auf die vorgelagerte Insel zu, die normalerweise vom Club aus mit dem Boot angefahren wird und als Ausflugsziel und Picknickplatz für die Gäste dient. Eine solche Insel übt einen unwiderstehlichen Reiz auf einen geübten Schwimmer, wie ich einer war, aus, das trennende Wasser zu überqueren. Im Club warnte man davor, solche langen Strecken zu schwimmen, nicht etwa wegen der Haie, die ganz selten, wenn überhaupt, vorkamen, sondern wegen der Barracudas, jener gefräßigen Raubfische der Karibik, mit ihren messerscharfen Zähnen. Doch es wurde immer wieder zur Insel geschwommen, gerade weil ein Hauch von Risiko und Abenteuer damit verbunden war. Warum sollte gerade mir etwas passieren?

Ohne große Anstrengung erreiche ich die Insel, auf der sich bereits Hotelgäste befinden, die mit dem Boot herübergekommen sind, um am Picknick teilzunehmen, das vom Hotel aus angeboten wird. Hier werden die kalten Speisen und Salate serviert, die wir am Abend zuvor zubereitet haben und die ich diesmal nicht bei der Arbeit sondern als Gast versuchen kann. Ich mache einen Entdeckungsrundgang über die Insel und bewundere die üppige Vegetation und die Pracht der tropischen Flora und Fauna. Dann stürze ich mich erneut ins Wasser, um zum Club zurückzuschwimmen.

Im Wasser überkommt mich ein wohliges Gefühl der Verbundenheit mit der Natur, mit dem Meer, dem Wind und der Sonne. Ruhig schwimme ich in Richtung Strand mit der Silhouette des Club-Hauses. Schon kann ich die Leute am Strand deutlich erkennen. Zur Abwechslung lege ich mich auf den Rücken, um mich etwas auszuruhen, als es mich wie von einem elektrischen Schlag durchzuckt: dort im Wasser, ein gezackter Stab, keine zehn Meter hinter mir. Einen Moment versuche ich mir einzureden, daß es wohl ein Ast oder ein Zweig ist, der durch die Strömung hinter mir hergetrieben wird. Doch dann kommt die Erkenntnis, daß es die Rückenflosse eines Barracuda ist. Mit kräftigen Schlägen peitschen meine Arme durch das Wasser, auf das rettende Ufer zu. Ich habe Glück! Schon nach kurzer Zeit berühren meine Füße den Boden. Der Fisch dreht langsam ab; wahrscheinlich war er nur neugierig gewesen. Doch mir sitzt der Schreck noch in den Gliedern, und ich nehme mir fest vor, das nächste Mal das Boot zu benutzen, um zur Insel zu gelangen.

Einige Tage später kommt die Frau des Inhabers des Clubs in die Küche und spricht mich an: Eine Bekannte von ihr möchte eine Kalte Platte für zwei Personen auf ihre Yacht geliefert haben, und zwar von dem Koch, der die Platte zubereitet hat. Ich gebe mir ganz besondere Mühe, um diese Platte recht schön und attraktiv zu gestalten, und fahre mit dem Chauffeur des Clubs in einem rosa Jeep zum Yachthafen hinunter. Ich besteige die schmucke Yacht. Die Bestellerin, eine sehr attraktive Dame, so Anfang 50, nach der letzten Mode gekleidet, zeigt mir den Weg hinunter in die Kombüse. Ich stolpere fast an der engen Treppe. Plötzlich höre ich Motorengeräusch und merke, daß sich die Yacht in Bewegung setzt. Ich bekomme einen Schreck, stürze an Deck, wo mir die Dame lächelnd erklärt, daß sie mit mir eine kleine Vergnügungsfahrt plane und dafür die Kalte Platte bestellt habe.

Ich versuche zu protestieren. Doch sie legt ihren Arm um mich und sagt: „Ich wollte Dich schon immer einmal näher kennenlernen. Du bist mir schon oft am Strand aufgefallen, mit deinem schlanken, sonnengebräunten Körper. Weißt Du, mein Mann ist schon 70, er sammelt Antiquitäten überall in der Welt, das langweilt mich. So sammle ich junge Männer, solche wie Dich zum Beispiel." Als der erste Schock überwunden ist, und nach den ersten starken tropischen Drinks, lasse ich mich willenlos, fast wie im Halbtraum, in das Geschehen hineingleiten, ohne Widerstand.

Am Spätnachmittag kehren wir zurück. Als ich in der Küche ankomme, merke ich in der linken Brusttasche meiner Kochjacke ein Knistern. Ich greife hinein und ziehe eine 50-Pfund-Note heraus, mit einer kleinen rosa Karte: Angela C. Und mit silberner

Tinte sind zwei Worte darauf vermerkt: Thank you. Ich bin verlegen und beschämt. Doch nach einiger Zeit verwerfe ich dieses Gefühl wieder. Ich habe mir schließlich dieses Geld ehrlich verdient.

* * *

Anfang März ging die Zeit im Balmoral Club zu Ende. In Gedanken beschäftigte ich mich bereits damit, was ich bei meiner Rückkehr nach Montreal machen würde. Ich nahm mir fest vor, von der Küche in den Service überzuwechseln, und zwar diesmal bestimmt in einem Hotel.

Von der Küche in den Service

Wieder zurück in Montréal, das mir schon fast zur zweiten Heimat geworden war! Die Hektik der Großstadt umgab mich wieder, der starke Verkehr, die vielen Menschen, Hochhäuser, rege Geschäftigkeit, und ich genoß all das wieder in vollen Zügen. Wieder begab ich mich auf Arbeitssuche, ging in die großen Hotels, die mich nach wie vor faszinierten, allerdings fest entschlossen, nicht mehr in der Küche zu arbeiten, sondern mich nach einer Tätigkeit im Service zu erkundigen. Nach mehreren ergebnislosen Versuchen fragte ich, auf Empfehlung eines jungen Schweizers, den ich von früher her kannte und der als Kellner im Ritz Carlton Hotel arbeitete, in diesem Hotel an. Und siehe da, ich hatte Glück: Ich wurde als „Bus Boy" engagiert, als Commis der untersten Stufe, als Zuträger und Geschirrabräumer. Aber immerhin, ich war nun im Servicebereich tätig, und das ohne die in Europa obligatorische Lehrzeit. Ich war richtig stolz auf diesen Erfolg.

Es umgab mich eine ganz neue Atmosphäre, die eines großen internationalen Luxushotels, das jedem offenstand, der die Leistungen bezahlen konnte, die hier geboten wurden. Dazu gehörten nicht nur das Zimmer zum Wohnen und Schlafen, sondern auch die Dienstleistungen, die der anspruchsvolle Gast mit Selbstverständlichkeit erwartet, wie Pflege der Wäsche und der Schuhe, Frühstück auf dem Zimmer, erlesene Speisen und Getränke, Unterhaltung und Gesellschaftsräume und alles andere, was sich die Hotelleitung hatte einfallen lassen.

War meine Tätigkeit auch nur eine der vielen Serviceleistungen, die im Hotel angeboten wurden, so mußte ich lernen, mit Menschen umzugehen, mit Leuten, die erwarteten, daß sie bedient, ja verwöhnt wurden und daß man freundlich zu ihnen war. Natürlich fällt es einem anfangs schwer, immer freundlich zu sein, vor allem, wenn ein Gast schlechte Laune hat und unzufrieden ist und versucht, diese Unzufriedenheit am Personal abzureagieren. In einer solchen Situation muß man ihm gerade zeigen, daß man ihm helfen will, sich im Hause wohlzufühlen.

Genau vier Monate dauerte meine Tätigkeit als Bus Boy, dann wurde ich zum „Waiter", also Kellner, befördert! So einfach ist es in diesem Lande: Wer den anderen davon überzeugen kann, daß er in der Lage ist, eine Arbeit richtig auszuführen, der bekommt die Chance. Schafft er es, ist es in Ordnung, schafft er es nicht, muß er gehen und woanders sein Glück versuchen. Keine Zeugnisse, keine Papiere, keine Formalitäten oder Prüfungen. Zeige, was Du kannst, heißt die Devise.

* * *

Doch der Anfang ist schwer, das merke ich gleich. Ich habe Dienst im „Oval Room", dem Hauptrestaurant des Hotels. Viele Gäste sind da, ich muß mich sputen. Restaurantdirektor Monsieur Raymond wacht mit scharfen Augen über uns. Wenn ein Gast kommt und von ihm an seinen Tisch geleitet wird, dann kommt sogleich der Stations Captain, erkundigt sich nach seinen Wünschen und nimmt die Bestellung auf. Während ich in der Küche die anderen Bestellungen abrufe, bringt mein Bus Boy Eiswasser, Brot und Butter und übergibt mir dann die vom Captain aufgeschriebene Bestellung. Wurden in der Zwischenzeit andere

Gäste in meiner Station plaziert, so muß ich sofort nach diesen sehen, denn für Monsieur Raymond gibt es keine Entschuldigung, wenn Gäste länger als drei Minuten warten müssen, bis man sich um sie kümmert. Dabei zählt weder die Wartezeit in der Küche, noch die Zeit, die benötigt wird, um die Bestellungen aufzunehmen.

Dies wird besonders problematisch, wenn sich die Gäste nicht sogleich für irgendetwas entscheiden können, oder wenn der Captain einen nicht enden wollenden Vortrag über den dazu passenden Wein hält. Gleichermaßen problematisch ist dies auch bei Familien, wenn die Kinder nicht wissen, was sie wollen, und die Mutter ständig versucht, ihnen etwas einzureden, oder die Großmutter, die erst nichts auf der Karte findet, weil sie diät lebt, und der erst nach langer Mühe vorgeschlagen werden kann, was in den Diätplan paßt. Sind die Gäste erst einmal zufriedengestellt, so darf man sie trotzdem nicht aus den Augen lassen, denn Monsieur Raymond wacht scharf darüber, daß auf den Tischen nicht länger als drei Minuten leere Teller oder Gläser herumstehen; schließlich soll ja auch etwas verkauft werden. Hat der Gast keine Wünsche mehr, so muß zumindest versucht werden, neue Wünsche zu wecken; Nachtisch, Digestif, immerhin umfaßt das Angebot der reichhaltigen Speise- und Getränkekarten Spezialitäten aus der ganzen Welt.

* * *

Es fiel mir zunächst schwer, mich diesem Profitdenken unterzuordnen, denn ich durfte es ja den Gast nicht merken lassen. Er sollte ständig das Gefühl haben, daß er willkommen ist, auch wenn er nur wenig bestellte, was für uns jedoch ein Ansporn sein mußte, ihn dennoch dazu zu bewegen, von unseren Angeboten Gebrauch zu machen.

* * *

Es ist 14.00 Uhr. Seit dem frühen Morgen bin ich im Einsatz. Kaum kann ich einige Minuten verschnaufen, als schon wieder eine größere Gesellschaft kommt. Ich habe noch nicht einmal Zeit, etwas zu Mittag zu essen. Ich spüre ein leeres Gefühl im

Magen, das immer stärker wird, vor allem als ich jetzt das Fünf-Gang-Menü für die Gesellschaft auftragen muß: Zuerst Galantine vom Hecht, garniert mit Hummerscheren, dann Essenz vom Fasan mit altem Sherry und als Hauptgang Châteaubriand, am Tisch tranchiert, mit Sauce Bearnaise, Bouquetière von feinen Gemüsen und Herzoginkartoffeln. Als Nachtisch gibt es Baked Alaska und für die Damen Champagner-Sorbet, danach Mokka, Feingebäck und Petits Fours. Mehr als einmal verspüre ich beim Abtragen des Geschirrs ein Zucken in meinen Fingern und das Verlangen, einfach hineinzugreifen in die teils noch vollen Schüsseln, um etwas zu essen, denn in der Küche wandert dies sowieso nur in den Abfall. Endlich ist die Schlacht geschlagen, die Gäste verabschieden sich. Ich atme erleichtert auf und räume das restliche Geschirr ab, als mein Blick auf den Servicetisch fällt, auf dem ein Korb mit frisch aufgeschnittenem französischen Stangenbrot steht. Nun ist es aber mit meiner Beherrschung vorbei: Ich lange in den Brotkorb hinein und ergreife einige Scheiben, um sie in meinen hungrigen Mund hineinzuschieben.

Nur kurze Zeit fühle ich mich wohler, als ich hinter mir eine bekannte Stimme höre: „Eigentlich müßte ich Sie jetzt fristlos entlassen!" Monsieur Raymond hat mit Argusaugen mein Tun beobachtet und schreitet sofort ein, denn es ist uns strengstens verboten, etwas im Restaurant zu essen. „Aber aufgrund Ihrer sonst guten Leistungen", fährt er gnädig fort, „will ich noch einmal Milde walten lassen. Sie sind ab sofort für eine Woche suspendiert, natürlich ohne Bezahlung!!" Mit gesenktem Kopf gehe ich von dannen.

* * *

Wie es im Leben so geht, gibt es nicht nur Enttäuschungen, sondern man bekommt mitten in einer Niederlage wieder etwas Neues in die Hand, das einem Hoffnung gibt, den Mut, weiterzumachen und die Niederlage schnell zu vergessen. Oft sind es kleine Ereignisse, ein ermutigendes Gespräch mit Bekannten, ein Brief, eine Idee, die einem plötzlich auf einen neuen Weg führt, oder aber, wie im vorliegenden Fall, ein kleines Buch, das mir gerade zur richtigen Zeit in die Hände fiel: „Think and be successful", Denke und Du wirst erfolgreich. Ein kleines Taschenbuch, das ich an einem Tag verschlang, das mich aber monatelang, ja jahrelang beschäftigte, wobei ich einzelne Passagen immer wieder lesen mußte, denn sie gaben mir Kraft und Hoffnung, ja letztlich die Überzeugung auf meinem Weg zum beruflichen Erfolg.

Was war das Geheimnis dieses kleinen Buches? Nichts weiter als ein Erfolgsrezept, wie es aus den Erfahrungen der Neuen Welt gewachsen war, geschrieben von Leuten, die auch einmal aus der Alten Welt angekommen waren, die alles zurückgelassen hatten und ein besseres Leben erwarteten und bereit waren, dafür alles einzusetzen.

Mein Ziel war es, und dies rückte immer mehr in mein Bewußtsein und in meine Vorstellung, einmal eine leitende Position in einem großen Hotel zu bekleiden. Noch stand ich ganz am Anfang, der Service war die zweite Stufe, ein weiter Weg würde mir noch bevorstehen, über Verwaltung, Organisation und Management, aber ich begann mir bereits vorzustellen, wie ich einmal ein Hotel leiten würde. Sicher war eines: Ich würde niemals jemanden wegen einer Scheibe Weißbrot suspendieren oder gar entlassen!

Der Inhalt dieses kleinen Buches beschäftigte natürlich meine Gedanken. Auch wenn ich beim ersten Lesen nicht allzu überzeugt war, so fühlte ich dennoch, daß etwas Wahres daran sein mußte, gab es doch gerade in der Neuen Welt so viele Persönlichkeiten, die einmal ganz unten angefangen hatten, als Tellerwäscher, als Hilfsarbeiter, und die heute großen Firmen vorstanden mit Tausenden von Menschen. Woher hatten diese Personen die Kraft genommen, den Weg nach ganz oben zu gehen? Es mußte doch auch bei einem Glauben angefangen haben, der von dem glühenden Wunsch genährt wurde, ein bestimmtes Ziel im Leben zu erreichen. Wie sonst hätten sie das Selbstbewußtsein gehabt, aus dem Nichts emporzusteigen und dabei so viele andere mitzureißen.

Doch im Augenblick hatte ich mit dem Problem zu kämpfen, daß ich wenig Geld und eine Woche lang keine Arbeit hatte. Also mußte ich mir schnellstens etwas einfallen lassen. In meinem Stammlokal, dem ,,Honey Dew''-Coffee Shop, schräg gegenüber vom Hotel Windsor, studierte ich die Anzeigen in ,,La Presse de Montréal''. Und da war auch schon etwas für mich: In einem Schnellimbiß am Pont de Vaudreuil, an der großen westlichen Ausfahrtsstraße, wurde ein short-order-cook gesucht.

Das Stadtgebiet von Montréal erstreckt sich über zwei unterschiedlich große Inseln, die durch den Sankt-Lorenz-Strom und seine Seitenarme gebildet werden — die ,,Ile de Montréal'' und die ,,Ile de Jesus''. Ganz gleich, in welcher Richtung man die Stadt verläßt, immer muß man über eine der vielen Brücken, und über den Pont de Vaudreuil, 15 km vom Stadtzentrum, führt der Highway nach Ottawa und Renfrew. Auf der stadtauswärts liegenden Seite befindet sich ein großes Einkaufszentrum mit vielen Geschäften, Tankstellen und Imbiß-Stuben.

Vom zentralen Bus-Terminal erreichte ich mit dem Ottawa-Bus in einer halben Stunde dieses Einkaufszentrum, wo ich sofort beim Schnellimbiß anfing; Hamburger, Hot Dogs, Pommes frites, Sandwiches, alles schnell zubereitet, entweder gleich zum Essen oder zum Mitnehmen. Zunächst fand ich diese Arbeit interessant, doch irgendwie fühlte ich mich auf ein Niveau herabgesunken, das nicht meinen Vorstellungen entsprach. Doch die Zeit verging so schnell, und bald war ich wieder im ,,Oval Room'' des Ritz Carlton Hotels, bei Monsieur Raymond, der mich freundlich begrüßte.

Nach Medellin, Kolumbien

Meine Arbeit im ,,Ritz Carlton'' ging weiter, dennoch wurde mir immer mehr bewußt, daß ich ja weiterkommen mußte, das hieß in diesem Fall also Oberkellner werden. Doch wer weiß, wie lange das noch dauern würde, speziell in diesem Hause. Und würde ich überhaupt so lange hierbleiben wollen? Schließlich war ich gerade 23 Jahre alt. Ich behielt weiterhin mein Ziel im Auge, nämlich bei der ersten sich bietenden Gelegenheit in das Land zu kommen, das ich mittlerweile zwar schon auf der Durchreise als Tourist gesehen hatte, das mir aber zur offiziellen Einreise bis heute noch verschlossen war: die Vereinigten Staaten von Amerika.

Die Arbeit als Kellner im Oval Room des Ritz Carlton Hotels war dennoch lukrativ, erhielt ich doch an manchen Tagen bis zu 30 Dollar Trinkgeld, so daß ich mir seit langem einmal wieder etwas Geld sparen konnte, zumal ich auch daran dachte, wieder einmal meine Eltern zu besuchen. Meine Mutter hatte mir immer wieder Briefe geschrieben, so daß ich einigermaßen über die Verhältnisse in der Heimat informiert war. Natürlich schrieb ich auch zurück, wenn auch seltener und nicht so ausführlich über alles, was ich so erlebte, da ich den Eltern ja keine unnötigen Sorgen bereiten wollte.

Im Hotel hatte ich mich inzwischen mit René G. angefreundet, dem jungen Schweizer aus Lausanne, der mir seinerzeit meine Stelle vermittelt hatte. Er war schon seit langem in Montréal seßhaft und arbeitete nebenberuflich für eine Privatdetektei. An seinen freien Tagen holte er in den Vergnügungsvierteln von Montréal Erkundigungen über alle möglichen Leute ein. Hierbei handelte es sich hauptsächlich um Ehemänner auf Abwegen, die mit ihren Frauen im Streit lebten, oder um Betrüger und Glücksritter.

Da er seine vielen Aufträge nicht mehr in der vorgegebenen Zeit bewältigen konnte, überredete René mich, ihm zu helfen. Dies wiederum führte dazu, daß ich gewisse Stadtviertel, die man normalerweise eher meidet, sehr genau kennenlernte, die Kneipen und die Stundenhotels und dann natürlich die Bewohner der Halbwelt. Mit diesen mußte man schon sehr geschickt und diplomatisch umgehen, wenn man Informationen über bestimmte Personen beschaffen wollte. Besonders für mich war diese Erkundigungstätigkeit riskant, da ich, trotz fließender Beherrschung der französischen Sprache, durch meinen Akzent sofort als Ausländer erkannt wurde; ja, man hielt mich oft für einen Belgier bzw. für einen Wallonen. Da tat sich René schon wesentlich leichter, da er sich bereits den Akzent der Französisch-Kanadier zugelegt hatte.

Im Stadtteil Verdun, dem Hafenviertel, befand sich in einer Seitenstraße eine Spelunke, die ich im Rahmen meiner Tätigkeit als nebenberuflicher Detektiv zusammen mit René aufsuchen mußte. Dort lernte ich auf eine nicht alltägliche Weise eine Frau kennen, an die ich mich noch lange erinnern sollte. Es galt, einen Geschäftsmann zu beobachten, der von seiner Frau verdächtigt worden war, daß er seine Abende mit einer Freundin verbringe, anstatt zu arbeiten, wie er vorgab. Nach mehreren vergeblichen Observationen entdeckten wir ihn schließlich zusammen mit einer Frau, die nach ihrem Aussehen aus einem asiatischen Land stammen mußte. Sie hatte schöne Mandelaugen, lange, schwarze Haare, trug eine hochgeschlossene, schwarze Bluse und einen roten Rock. Wir standen an der Theke bei einem Bier, allerdings zu weit entfernt, um etwas von dem Gespräch zwischen dem Geschäftsmann und der Asiatin mitzubekommen. Aus dem Verhalten der beiden, das sehr distanziert wirkte, konnte man auf keine Liebesbeziehung schließen. Als der Mann zahlte und anschließend beide aufstanden, um das Lokal zu verlassen, folgten René und ich, um festzustellen, ob die beiden ins gegenüberliegende Stundenhotel gingen, um dort die Nacht zu verbringen. Dies war jedoch nicht der Fall, denn draußen auf der Straße winkten beide je ein Taxi heran und fuhren in getrennten Richtungen davon. Wir mußten natürlich hinterher. René verfolgte den Mann, ich die Frau.

Es dauerte nicht lange, und meine kleine Asiatin stieg vor einem großen Wohnblock aus. Gerade sah ich noch ihre dunkelblauen Haare im Licht der Straßenlaterne glänzen, als sie sich auch schon dem Eingang des Hauses näherte. Ich ließ meinen Taxifahrer anhalten, zahlte hastig und lief hinterher. Zum Glück war es eines der älteren Häuser, die noch keinen Fahrstuhl hatten, sonst wäre sie mir wohl entwischt. Doch so eilte ich ihr vorsichtig auf der Treppe nach, und ich hatte keine große Mühe, festzustellen, in welches Appartement sie ging. Als sie die Türe hinter sich geschlossen hatte, kam ich vorsichtig näher und entdeckte ein Schild: REIKO TIJIMA, Japanischer Sprachunterricht. Als ich später mit René zusammentraf, der seinen Geschäftsmann aus den Augen verloren hatte, erzählte ich ihm, was ich herausgefunden hatte. Wir einigten uns darauf, daß ich versuchen sollte, in weiteren Kontakt mit dieser Frau zu treten, aber wie?

Es gab nur einen Weg: Ich mußte mich für die japanische Sprache interessieren und bei ihr Unterricht nehmen. So lernte ich Reiko, die Japanerin kennen. Sie versuchte, mich in die Geheimnisse der Sprache einzuweihen, obwohl ich eigentlich aus anderen Gründen zu ihr gekommen war und deswegen nicht so recht bei der Sache war, vor allem, als sie mir die Schriftzeichen erklären wollte. Je mehr ich sie während des zweimal in der Woche stattfindenden Unterrichtes betrachtete, desto mehr reizte mich ihr exotisches Aussehen, die feinen Hände, der beige Teint ihrer Haut. Wenn sie aufstand, schien sie über den Teppich ihres Zimmers zu schweben. Etwas Geheimnisvolles umgab sie wie ein Schleier, und das Verlangen wurde immer stärker, diesen Schleier beiseite zu schieben.

Als sie mir gerade das Schriftzeichen für „Sonne" erklärte, das eine große Ähnlichkeit mit der wirklichen Sonne hat, konnte ich nicht widerstehen und streichelte behutsam ihre linke Hand. Erst kamen keine Reaktionen, doch dann schaute sie mich plötzlich an, und ich fühlte, daß sich der Schleier zu öffnen begann.

Von da an trafen wir uns öfter, doch nicht mehr zum Sprachunterricht. Den ursprünglichen Grund meiner Kontaktaufnahme zu ihr, ebenso wie die Detektei und auch René hatte ich bald vergessen, so sehr hatten mich der Reiz ihres fraulichen Wesens und ihre fremde Art mitgerissen.

Doch bald verstand ich sie besser, und auch den Hintergrund, warum sie so ansprechend wirkte. Es waren Erinnerungen an ihre Zeit in Berlin, wo sie mit ihren Eltern einige Jahre verbracht hatte, als ihr Vater dort im Auftrag einer großen japanischen

Firma tätig war. Während dieser Zeit hatte sich Reiko in einen Deutschen verliebt, war oft bei dessen Eltern eingeladen und glaubte an die Liebe dieses Mannes. Doch bald mußte sie feststellen, daß die Eltern gegen diese Beziehung waren. Reiko wirkte zu fremd in dieser Umgebung, und der Mann, der vorgab, sie zu lieben, ließ sich von der konservativen Einstellung der Eltern beeinflussen. Eines Tages war er verschwunden, angeblich nach Hongkong, um dort zu arbeiten. Reiko reiste ihm nach, fand ihn nach langem Suchen. Es kam zu Auseinandersetzungen, wobei sie feststellen mußte, daß ihre Liebe nicht erwidert wurde. Es überkam sie die große Enttäuschung. Sie ergriff die Flucht, wollte weit weg, alles vergessen, und kam auf diese Weise nach Montréal, wo sie Arbeit bei einer japanischen Firma fand. Den Sprachunterricht erteilte sie nebenbei, um sich zusätzlich Geld zu verdienen.

Doch wie schon damals bei Gisèle war der Drang nach neuen Abenteuern stärker als die Bindung zu einer Frau. Auch klangen mir wieder meines Vaters Worte nach: Du mußt etwas aus Dir machen! Es galt weiterzukommen, weiter im Service, also Oberkellner zu werden. Gleichzeitig fand ich, daß ich mich schon viel zu lange in Kanada aufhielt. Ich mußte weg von hier. Aber wohin? Eine Einreise in die USA war nach wie vor nicht möglich! Aber es gab ja auch den südamerikanischen Kontinent. Warum also nicht nach Südamerika gehen und dazu noch die Gelegenheit haben, spanisch zu lernen. Auf meinem Weg zum Ritz Carlton Hotel ging ich jeden Morgen am kolumbianischen Konsulat vorbei, dessen buntes Wappenschild am Eingang schon mehrfach meine Aufmerksamkeit erregt hatte. Also ging ich einfach einmal hinein, um mich nach den Einreisemöglichkeiten nach Kolumbien zu erkundigen.

Warum eigentlich ausgerechnet Kolumbien? Nun, es lag nicht allzu weit entfernt als nördlichstes Land Südamerikas, es war umspült von zwei Weltmeeren, dem Atlantik und dem Pazifik, es bot alle geographischen Varianten, vom tropischen Dschungel am Amazonas bis hin zu den schneebedeckten Vulkanen von über

Am Strand vor dem Balmoral Club, Nassau, Bahamas, Dezember 1953.

Mit der „Viktoria Bergmeister" 350 ccm unterwegs im Bergland von Antioquia. Im Hintergrund die „Piedra de Penol".

Picknick am Rio Cauca.

5000 Metern Höhe, alles in allem sicherlich faszinierend. Dann war Kolumbien bekannt dafür, daß dort das reinste Spanisch, das „Castillano", gesprochen wurde und daß man dort außerordentlich deutschfreundlich sei. Bei diesen vielen guten Gründen brauchte man nicht mehr lange zu überlegen.

Die Senorita am Empfang geleitete mich in den Warteraum, man würde sich gleich um mich kümmern. Auf dem Tisch lagen, wie in den Wartezimmern der Ärzte, Magazine und einige Bücher, unter anderem auch ein Hotelführer. Ich schlug ihn auf; gleich auf der ersten Seite ein großes Bild des Hotels Nutibara in Medellin. Name des Direktors: Hektor B. Noch am selben Tag schrieb ich einen Brief an ihn und bewarb mich als Oberkellner in diesem Haus. Nach ca. drei Wochen erhielt ich die Antwort. Ich erkannte den Brief sogleich an den bunten, exotischen Briefmarken. Man schickte mir zwei Formulare zum Ausfüllen, und nach weiteren vier Wochen erhielt ich tatsächlich einen Vertrag als „Maitre Tournante", also als Oberkellner, einsetzbar in allen Abteilungen des Hotels, zum April 1955. Voraussetzung war allerdings die Beherrschung der spanischen Sprache.

Sofort belegte ich einen Kursus in einer Privatschule. Da die Lehrerin gesetzten Alters und wenig attraktiv war, konnte ich mich diesmal ganz auf das Sprachliche konzentrieren. Inzwischen lief mein Antrag für das Einreisevisum, das ich aufgrund meines Vertrages im Nutibara-Hotel auch erhielt. Nun ging alles sehr schnell: Kündigung im Ritz, Impfungen für Tropenkrankheiten, Buchung der Flüge und wieder einmal Zusammenpacken meiner Siebensachen.

Bis zum Beginn in Medellin konnte ich noch einen kurzen Urlaub einschieben und den seit langem geplanten Besuch bei meinen Eltern in Deutschland verwirklichen. In München war die Wiedersehensfreude groß. Nach einigen Tagen, während derer ich mich komplett neu eingekleidet hatte, ging es wieder zurück nach Montrêal und weiter über New York. Hier ließ ich es mir nicht nehmen, wieder einige Tage Zwischenaufenthalt zu machen, um das Flair dieser einmaligen Stadt in vollen Zügen zu genießen.

Good bye, New York, ich konnte nicht ahnen, daß ich diese Stadt nach knapp einem Jahr, unter ganz anderen Umständen, wiedersehen sollte. Mit der kolumbianischen Fluglinie Avianca ging es dann mit einer Superconstellation, dem modernsten Flugzeug zu dieser Zeit, über Miami, Kingston, Jamaica, wo man uns bei der Zwischenlandung einen berauschenden Rumpunsch servierte, Carthagena an der kolumbianischen Nordküste, nach Medellin, der Hauptstadt der Kaffee-Provinz Antioquia und zweitgrößten Stadt des Landes, nach der Hauptstadt Bogotá, 1800 Meter hoch gelegen. Medellin ist das Geschäfts- und Industriezentrum im Nordwesten des Landes und hat starke soziale Gegensätze, wie ich sie bisher im nördlichen Teil des Kontinents nicht gekannt hatte. Es gab die Luxusviertel der Reichen, die ihre Häuser bewachen ließen, um sie vor den Armen, die in den Elendsvierteln hausten, zu schützen.

Davon merkte ich im Hotel, an meinem neuen Arbeitsplatz, allerdings wenig, denn hier verkehrte nur, wer Geld hatte. In Kolumbien hatten viele Deutsche Zuflucht gefunden, die während der Nazi-Zeit aus Deutschland geflüchtet waren. Deswegen hatten wir unter den Gästen des Hotels oft Landsleute, mit denen ich mich unterhalten konnte. Ich spürte ihre Abneigung gegen Deutschland, das ihnen die Tür gewiesen hatte, das ihnen jedoch seit dem Ende des Krieges wieder offenstand. Die meisten wollten nicht mehr zurück, auch nicht zu einem Besuch, da sie sich vor Erinnerungen fürchteten, oder aber nicht sehen wollten, wie durch den Krieg vieles zerstört worden war.

Der Arbeitsbeginn im Hotel gestaltete sich schwieriger, als ich geglaubt hatte. Dies hauptsächlich sprachlich bedingt: Am ersten Morgen meiner Tätigkeit verursachte ich mit den Bestellungen des Etagenfrühstücks ein riesiges Chaos, weil ich die verschiedenen Säfte und Eier miteinander verwechselte und durcheinanderbrachte. Damit hatte ich aber meine Feuertaufe hinter mir, und jeder weitere Arbeitstag entsprach einem Intensivkurs in Spanisch, so daß ich sehr bald mühelos zurechtkam.

Medellin, das in einem Talkessel liegt und rundum von den Ausläufern der Anden umgeben ist, lädt förmlich zu Erkundungsfahrten in die nähere und fernere Umgebung ein. Von den Musikern der Hauskapelle — alles Deutsche und dazu Motorradfanatiker — ließ ich mich schon nach kurzer Zeit dazu überreden, ein Motorrad zu kaufen und in der freien Zeit mit den Musikern oder auch allein Fahrten in die Anden zu unternehmen.

* * *

Wieder einmal bin ich mit dem Motorrad unterwegs. Von Medellin geht es eine steile Serpentinenstraße hoch, durch die Villenvororte, auf die Paßhöhe von Boquerón. Oben angelangt habe ich eine herrliche Aussicht auf die Stadt. Die gepflasterte Straße ist jedoch hier zu Ende, und die Fortsetzung ist ein enger Bergpfad, der in nordwestlicher Richtung wieder steil ins Tal führt. Der Weg ist so schmal, daß für ein Auto oder gar einen Laster, der entgegenkommt, keine Ausweichmöglichkeit besteht. Rechts ist der Steilhang, links der Abgrund. Große Echsen, wie riesige Eidechsen mit gezacktem Kamm, ca. einen halben Meter lang, überqueren die Straße. Hier und dort verkrüppelte Wildbananen, armselige, halb zerfallene Hütten, schwarze, magere Schweine, zerrupfte Hühner, die aufgeregt hin- und herrennen, als ich mit meinem Motorrad vorbeifahre.

Der Boden ist vom letzten Regenguß aufgeweicht, so daß ich alle Fahrkünste einsetzen muß, um nicht auszurutschen, vor allem, wenn mir bunte Lastwagen ratternd entgegenkommen. Diese kuriosen Fahrzeuge haben europäische Fahrgestelle unterschiedlichster Marken, auf denen selbstgefertigte Aufbauten sitzen, knallig bunt bemalt, mit viel Chrom und Flitter ausgeschmückt. Die Fahrgäste sitzen teils auf hölzernen Bänken, teils auf dem Dach oder stehen auf Trittbrettern und Kotflügeln. Überall ist Gepäck verstaut, Mais- und Bananenstauden, Hühner in Körben, Ferkel, Ziegen, Kisten, Bündel und Pakete.

Nach einer halben Stunde Fahrt komme ich auf ein Straßenstück, das längere Zeit geradeaus führt, doch immer noch sind rechts der Steilhang, links der Abgrund. Ich fahre langsam und, aufgrund des aufgeweichten Bodens, vorsichtig. Da, ein stechender Schmerz, ein Insekt ist mir in den rechten Ärmel meines Hemdes geflogen. Ich halte an und drücke das Tier — eine Wespe — tot. Ein Glück, daß ich angehalten hatte! In diesem Augenblick höre ich ein Rollen und Poltern: etwa 50 Meter vor mir ein Erdrutsch. Geröll, Felsbrocken und ausgerissene Baumstümpfe versperren den Weg. Ein Teil poltert weiter in den Abgrund. Einen Moment halte ich die Luft an und denke an die tote Wespe, die mir das Leben gerettet hat. Schaudernd blicke ich in den Abgrund, wo die letzten Felsbrocken zu Tale rollen. Dort unten könnte ich jetzt auch liegen! Es dauert eine halbe Stunde, bis eine schmale Spur geräumt ist, wobei die Besatzung eines Autobusses mithilft, und ich mein Motorrad auf die andere Seite schieben kann.

Weiter geht es, die Serpentinen bergab, das Tal verbreitert sich, tropische Vegetation zu beiden Seiten. Eine giftige, grüne Baumschlange liegt überfahren am Weg. Sicher ist sie aus dem überhängenden Gestrüpp auf die Fahrbahn gefallen und so unter einen der Laster geraten. Ich komme in ein kleines Dorf, halb zerfallene Hütten, in der Mitte der Marktplatz, wo Frauen mit auf den Rücken gebundenen Kleinkindern am Boden hocken und, auf Tüchern ausgebreitet, Früchte und Gemüse anbieten: Platanos, Maniokwurzeln, Wildorangen, Mais, eine Art Spinat, Zuckerrohr. Ich finde ein kleines Lokal, in dem ich an einem der windschiefen Tische aus einem verschmierten Glas einen Orangensaft trinke, der trotzdem schmeckt, da ich einfach durstig bin. Überall laufen Schweine, Ziegen und Hühner herum, dazwischen Dutzende von Kindern mit glänzenden schwarzen Augen, die mich und mein Motorrad aus gehörigem Abstand schweigend anstarren. Am Nachmittag wird es ruhiger, da Mensch und Tier Siesta halten.

Und für mich wird es Zeit, den Rückweg anzutreten. Da ich mit den Wegverhältnissen schon vertraut bin, geht es besser und auch schneller. Bald hat die Stadt mich wieder und die elegante Welt des Hotels. Am Abend stehe ich wieder im Smoking im Comedor Principal und frage die Gäste nach ihren Wünschen.

New York — Sprung in die Administration

So verging die Zeit in Medellin, zwischen Arbeit im Hotel, sei es im Hauptrestaurant, dem Comedor Principal, dem Französischen Restaurant, der Bar an Samstagen oder im mittlerweile neu eröffneten „Jardin de la Cerveza", dem Biergarten neben dem Hotel. An meinen freien Tagen unternahm ich stets Fahrten mit meinem Motorrad in die nähere und fernere Umgebung, meistens in Richtung Antioquia, im Gebiet des Rio Cauca. Oft war ich mit den deutschen Musikern zusammen, deren Kapellmeister mit unserer ersten Empfangsdame befreundet war, einer Deutschen namens Erika D. Diese Frau half mir viel mit Ratschlägen jeglicher Art, besonders in der Anfangszeit, und klärte mich auf über die Gegebenheiten im Hause, in der Stadt und auch im Lande. Hierbei spielte sie — sicher unbewußt — durch ihre sehr feinfühlige und einfühlsame Art, die Rolle einer Ersatzmutti. Kurzum, ich fühlte mich ihr sehr verbunden, und mehr als einmal kam mir der Gedanke, daß, sollte ich einmal eine Tochter haben, ich sie nach ihr Erika nennen würde.

So wie ich durch eine Reihe von Zufällen nach Medellin und in dieses Hotel gekommen war, spielte der Zufall weiter eine Rolle bei einem Ereignis, das für mein weiteres Leben von entscheidender Bedeutung sein sollte.

Eines Abends bediente ich einen Gast, einen Amerikaner, der nicht irgendwer zu sein schien. Offenbar war er gewohnt, mit Menschen umzugehen; vielleicht hatte er in einer großen Firma Managementfunktionen. Mr. G. war, wie viele Amerikaner, sehr kontaktfreudig und begann, als ich das Essen servierte, einige freundliche Worte mit mir zu wechseln, wo ich herkomme, wo ich schon überall gearbeitet hätte, wie es mit dem Hotel hier gehe, ob ich hier zufrieden sei usw. Irgendwie merkte ich, daß er aus dem Hotelfach kam, und schließlich erfuhr ich, daß er ein Vize-Präsident der Intercontinental-Gruppe aus New York sei und daß er gerade verschiedene Städte dieses Landes besuche, um nach guten Standorten für Hotels seiner Firma Ausschau zu halten.

Da es schon spät war, und nur noch wenige Gäste anwesend waren, hatte ich Zeit, mich mit ihm lange zu unterhalten. Ich erzählte ihm von meiner bisherigen Laufbahn, angefangen von meiner Lehre als Koch in Fürstenfeldbruck und am Tegernsee, meiner Arbeit in der Schweiz, dann Hull, Montréal, Nassau/Bahamas und von meinem Wunsch, beruflich vorwärts zu kommen. Schließlich betrachtete ich meine Tätigkeit im Service nur als eine Stufe, um im Hotelfach weiter aufzusteigen. Ich gestand ihm auch, daß ich leider nicht genug Kenntnisse besäße, um in der Administration zu arbeiten. Auch hätte ich noch keine Möglichkeit gehabt, eine Hotelfachschule zu besuchen, um mich zu qualifizieren.

Mr. G. schien nicht ganz meiner Meinung zu sein. ,,Wenn Sie in die Administration eines Hotels wollen'', so erklärte er mir, ,,dann können Sie alles, aber auch wirklich alles, was Sie bisher gemacht haben, total vergessen!'' Eine Ausbildung hielt er zwar auch für wichtig, aber er war zu sehr Amerikaner, um dem praktischen Lernen nicht die gleiche Chance einzuräumen. Er machte mir Mut, als er sagte: ,,Sie müssen einfach jetzt in die Administration! Wenn Sie die richtige Einstellung haben und bereit sind, sehr hart zu arbeiten, dann werden Sie sich die nötigen Kenntnisse durch die Praxis aneignen. Sie müssen aber unbedingt einem großen internationalen Konzern beitreten, der Ihnen diese Chancen auch bieten kann.'' Er sagte mir abschließend noch, daß er nächste Woche im Hotel Tequendama in Bogotá sein werde, einem Intercontinental-Hotel, und daß ich dort nochmals mit ihm Kontakt aufnehmen könne, wenn ich mir die Sache überlegt hätte.

In der darauffolgenden Woche nahm ich mir zwei Tage frei, flog nach Bogotá und besuchte Mr. G. in seiner Suite im Tequendama Hotel. Ich teilte ihm mit, daß ich bereit sei, seinem Rat zu folgen, und bat ihn gleichzeitig um eine Chance in seinem Konzern. Da reichte er mir seine Visitenkarte mit den Worten: ,,Come and see me in New York!'' Ich sollte ihn also in New York aufsuchen. Diese seine Worte sah ich als eine verbindliche Zusage an. Auf dem eineinhalbstündigen Rückflug nach Medellin betrachtete ich immer wieder diese Visitenkarte, die mir zum Einstieg in den Intercontinental-Konzern verhelfen sollte.

Nun war es also dringend notwendig, in die Vereinigten Staaten zu kommen, solange das Angebot von Mr. G. noch stand! Meine große Chance war nun greifbar nahe gerückt. Ich glaubte fest daran, daß es gelingen werde, in die USA zu kommen, hatte sich doch die Tür einen ganz kleinen Spalt weit aufgetan. Mit dieser vagen Hoffnung ging ich zum amerikanischen Konsulat in Medellin und erkundigte mich nach den Einreisemöglichkeiten. Der junge amerikanische Vizekonsul, den ich als Gast vom Hotel her gut kannte, ließ mich eine dreiviertel Stunde warten; er müsse die Angelegenheit überprüfen. Dann eröffnete er mir: Die Quotensperre für Deutsche sei zehn Jahre nach Kriegsende, d. h. also ab Mai 1955, aufgehoben, und zwar für diejenigen Deutschen, die sich in Ländern aufhielten, die nicht am Krieg teilgenommen hätten. Eine weitere Voraussetzung sei der Nachweis einer Beschäftigung in USA. Da in meinem Falle alle Voraussetzungen erfüllt seien, könne der Antrag auf ein Einreisevisum sofort gestellt werden. Aufgrund unserer guten Bekanntschaft werde er meinen Antrag bevorzugt bearbeiten. Den Termin für die obligatorische ärztliche Untersuchung gab er mir gleich mit. Ich glaubte zu träumen, ja, ich konnte es einfach nicht fassen. Mein langgehegter Wunsch sollte nun endlich Wirklichkeit werden.

Am Abend ging ich nach Dienstschluß mit einem jungen Österreicher, Gerhard M., der bei uns im Empfang arbeitete und mit dem ich mich im Laufe der Zeit angefreundet hatte, im Vergnügungsviertel, im südlichen Teil der Stadt gelegen, spazieren, und ich erzählte ihm alles, was sich ereignet hatte. Wir kehrten in einer Bar ein. Bei einem ,,Naranja con Ron'', Orangensaft mit Rum, bat er mich, wenn ich in New York sei, etwas für ihn zu erledigen. Er habe bei seiner vorangegangenen Stelle als Kellner in einem Hotel auf den Bermudas ein Mädchen und dessen Schwester kennengelernt, beide aus New York, und er habe ihnen versprochen, sich einmal zu melden. Er kramte aus seiner Brieftasche einen zerknitterten Zettel mit einer verschmierten Telefonnummer in New York und mit dem Wort: Ginny. „Ruf Ginny an, wenn Du in New York bist", sagte er mir, was ich auch versprach. Daß dieser Anruf mein Leben beeinflussen sollte, konnte ich damals nicht ahnen, zumal sich nun zwei Senoritas, Mulattinnen, zu uns gesetzt hatten und wir uns nicht mehr auf die begonnene Unterhaltung konzentrieren konnten.

Nach genau vier Wochen kam ein Anruf vom amerikanischen Konsulat: Das Visum liege zur Abholung bereit. Nun ging alles sehr schnell. Ich reichte dem Direktor meine Kündigung ein. Die mir vertraglich zugesicherte bezahlte Rückreise nach Europa wurde kulanterweise so angerechnet, daß der Betrag genau für ein one-way-ticket nach New York reichte.

Wie immer, wenn ein Wechsel bevorstand, dachte ich viel an meine Eltern und besonders an die Worte meines Vaters. Er würde mit mir zufrieden sein, denn der Schritt, den ich unternehmen wollte, führte sicher nach vorn, also in die richtige Richtung. So schrieb ich meinen Eltern ausführlich über den neuesten Stand der Dinge. Meine Eltern hatten inzwischen ein Eigenheim in München errichtet.

Die Welt hatte sich politisch stark verändert, Deutschland war geteilt. Der westliche Teil gehörte der westeuropäischen Gemeinschaft und der östliche Teil dem Ostblock an. Der wirtschaftliche Aufschwung, ein neues Selbstbewußtsein hatte sich entwickelt, man konnte sich wieder etwas leisten.

Dem gegenüber erschien mir das, was ich bisher erreicht hatte, bedeutungslos: meine Erlebnisse in Kanada, auf den Bahamas, meine Schwierigkeiten am Anfang, der ständige Wechsel meiner Tätigkeit. Ich hatte kaum Ersparnisse und eine ungewisse Zukunft. Ich fürchtete, daß man mich in der Heimat als eine Art „verkrachte Existenz", zumindest aber als einen Außenseiter, betrachten werde. Auch in den Augen meiner Familie war meine bisherige Tätigkeit ja weniger von beruflichem Erfolg als von Abenteuern geprägt. Also bis jetzt von Karriere keine Spur! All diese Überlegungen bestätigten die Richtigkeit meines Entschlusses, in New York einen neuen, einen richtigen Anfang zu machen, den eigentlichen Anfang zu einer Karriere in der Hotellerie, wozu das Einreisevisum und auch die Zusage der Intercontinental Hotels Corporation Voraussetzungen waren. Ich hatte meinem Vater seinerzeit versprochen, hart, ja sogar sehr hart zu arbeiten. Ich war fest entschlossen, zu diesem Versprechen zu stehen und mich für die Erreichung meines Zieles voll einzusetzen.

Der Tag der Abreise aus Medellin war gekommen, und ich bestieg die Linienmaschine Bogotá-New York, über Medellin, Carthagena. Ein letzter Blick auf die Stadt und die mir durch meine Motorradexkursionen so bekannten Berge und Täler der Umgebung. Nach einer Stunde Flug: Carthagena-Crespo. Ich hatte es so eingerichtet, daß ich hier an der karibischen Küste noch einige Tage Urlaub verbringen konnte, um mich zu stärken für das, was mich in New York erwartete. Und so genoß ich noch einige Tage das Flair dieser alten Festungsstadt, den Charme des Hotels del Caribe, im Kolonialstil, und die tropische Umgebung mit dem herrlich weißen Sandstrand, bei Temperaturen bis 40 Grad. Dann ging es weiter, den gleichen Weg, den ich vor einem Jahr gekommen war, über Kingston, Jamaica, Miami nach New York, wo ich am 20. Mai 1956 in der Frühe, um 2 Uhr, bei strahlendem Vollmond, am Idlewild International Airport eintraf.

Die Einreiseformalitäten nahmen fast zwei Stunden in Anspruch. Dann endlich konnte ich den Bus zum East Side Terminal und das Taxi zum YMCA in der 34. Straße nehmen. Sechs Dollar kostete die Übernachtung, das konnte ich mir gerade noch leisten. Ich war ja nun nicht auf der Durchreise, nicht als Tourist, sondern regulärer Immigrant, mit viel Mut, Hoffnung auf die Zukunft und viel gutem Willen, aber mit wenig Geld. Betrug doch mein gesamtes Vermögen exakt 100 Dollar, und das mußte reichen, bis ich mir mein erstes Geld verdient hatte.

Die Zimmer im YMCA sind zwar sauber und mit dem Notwendigsten ausgestattet, aber ohne Bad, also muß man den öffentlichen Duschraum benutzen. Ein dunkelhaariger Jüngling fragt mich, ob er mir den Rücken einseifen darf. Er darf, und zwar solange, bis ich ihm erklären muß, bis wohin der Rücken geht. Er sieht mich erstaunt an und fragt mich nach meiner Zimmernummer. Natürlich gebe ich ihm die falsche. Zwei Stunden später sehe ich ihn wieder in der Kantine, wo ich eine Tasse Kaffee trinke und zwei Scheiben Toast zum Frühstück esse. Er schaut enttäuscht zu mir herüber.

Es war noch zu früh, um zum Chrysler Building, 42. Straße, Ecke Lexington Avenue, zu fahren, wo ich um 9 Uhr einen Termin mit Mr. G. hatte. So unternahm ich einen Bummel durch die Straßen und beobachtete das Erwachen dieser Stadt und die vielen Menschen, die aus den U-Bahn-Schächten quollen und durch die Straßen eilten, hinein in die Wolkenkratzer, wo ihre Arbeitsplätze lagen. Ich beobachtete den Verkehr, der bereits um diese Zeit sehr stark war. Denn von allen Seiten rollten die Autos heran, vor allem Laster und Lieferfahrzeuge, die diese Stadt mit Waren versorgen. Endlich war es soweit. Kurz vor 9 Uhr betrat ich das Chrysler Building. Mit seinem spitzen Dach, das aussieht wie die Kuppel eines Domes, auf dem sich eine lange Stahlnadel befindet, hebt es sich von den umliegenden Hochhäusern ab. Immerhin ist das Chrysler Building nach dem Empire State Building der zweithöchste Wolkenkratzer New Yorks.

Mit dem Expreßaufzug, an dessen Eingang man Schlange stehen muß, fuhr ich in den 59. Stock, den die Büros der Intercontinental Hotels Corporation einnehmen. Mr. G. empfing mich freundlich. Er freue sich, mich zu sehen, könne mir aber nicht viel helfen, da hier nur die Zentralverwaltung seiner Hotelgruppe sei. Die Hotels selbst befänden sich außerhalb der Vereinigten Staaten. Diese Worte trafen mich wie ein Hammerschlag. Er versuchte mich zu beruhigen und versprach, mich an andere New Yorker Hotels zu empfehlen. Seine Sekretärin tätigte daraufhin einige Telefonate, und dann kam die gute Nachricht: Das Roosevelt Hotel suchte einen Mitarbeiter in der Food and Beverage Kontrollabteilung. Das sei genau das richtige für mich, knüpfte er an unser Gespräch im Tequendama Hotel in Bogotá an. Das Gespräch mit Mr. G. dauerte keine halbe Stunde, und schon hatte ich eine Zusage für eine Stelle, die genau meinen Vorstellungen entsprach. Außerdem gehörte das Roosevelt Hotel früher dem Hilton-Konzern an, dessen System noch praktiziert wurde. Dies war für mich im Hinblick auf meinen geplanten Eintritt in den Hilton-Konzern besonders wichtig.

Das Roosevelt Hotel, ein Haus mit 1800 Zimmern, nimmt den gesamten Häuserblock zwischen der Madison Avenue und der Vanderbild Avenue und der 45. und 46. Straße ein. Ich wurde sogleich Mr. M., dem Food and Beverage Controller, und Mr. V., dem Controller, vorgestellt. Nach kurzem Gespräch, bei dem man sich weder für Zeugnisse noch für sonstige Papiere interessierte, wurde ich als Sachbearbeiter im Food and Beverage Control Büro eingestellt.

Damit war ich nun in der Verwaltung eines großen Hotels gelandet und mußte mich mit der Errechnung des Wareneinsatzes, der Soll-Ist-Vergleiche sowie der Rentabilitätsanalyse des gesamten gastronomischen Bereiches befassen. Mein erstes Gehalt betrug 52 Dollar die Woche, von denen nach Abzügen genau 42 Dollar übrigblieben.

Eine kleine Studiowohnung fand ich in Forest Hills, im Stadtteil Queens, in 45 Minuten mit der U-Bahn zu erreichen, mit einmal Umsteigen vom Local in den Expreß in Jackson Heights. Vermieter war eine Familie Strauss, die Deutschland im Jahre 1938 verlassen hatte. Bereits am nächsten Tag trat ich meinen Dienst an, kämpfte mich durch das Menschengewühl in der U-Bahn, in den überfüllten Stationen und auf den überfüllten Straßen bis hin zum Hotel, wo ich in einem Großraumbüro mit ca. 20 Schreibtischen in der Zeit von 9 bis 17 Uhr meinen Dienst versehen sollte. Der Anfang war gemacht. Wie würde es weitergehen?

Ich empfand das Gefühl einer völligen Verlassenheit inmitten dieser Millionenstadt. Millionen von Menschen, die anonym täglich morgens in die Wolkenkratzerschluchten von Manhattan hinein- und abends wieder hinausfuhren, jeder für sich und mit sich selbst beschäftigt, um seinen kleinen Anteil an dem Reichtum zu erkämpfen, der hier produziert wird.

Und nun war ich mitten unter diesen vielen Menschen, wie ein Sandkorn am Meer, allein und ganz auf mich selbst angewiesen, ohne einen Bekannten, ohne Freunde und Familie. Ich mußte mich durchbeißen. Ich hatte ja keine andere Wahl, denn ich hatte es ja so gewollt. Hier in New York war meine Chance, mein neuer Anfang. Es lag nun an mir, mich zu beweisen, etwas aus mir zu machen. Und wieder fielen mir die Worte meines Vaters ein.

Die Frau fürs Leben

Früher oder später muß wohl jeder im Verlaufe seines Lebens die Erfahrung machen, daß ein Ziel erstrebenswert erscheint, solange man es nicht erreicht hat. Mit Erreichung des Zieles allerdings verliert es seine Attraktivität. Es entsteht eine Leere, die nur dadurch überwunden wird, daß man sich sofort wieder ein neues Ziel sucht und sich darauf ausrichtet. Diese Erfahrung machte ich auch mit meinem Ziel, in die Vereinigten Staaten von Amerika zu kommen. Ich mußte tatsächlich, wie es mir Mr. G. ja schonungslos gesagt hatte, alles vergessen, was ich in den letzten zehn Jahren gemacht hatte, denn erst in New York begann meine Hotelkarriere. Die Erreichung einer Spitzenposition war fortan mein großes Ziel!

Den Sprung in die Hoteladministration hatte ich also geschafft. Ich ging jeden Tag mit Feuereifer an die Arbeit, denn ich wußte, daß ich mehr bringen mußte als die anderen, um mir deren auf Fachschulen erworbenes Wissen aus eigener Kraft bei der praktischen Arbeit anzueignen. Einmal pro Woche besuchte ich eine Abendschule, die New York Central Evening High School, an der ich einen Kurs in General Accounting, also Buchhaltung, belegt hatte, da das Verständnis für buchhalterisch-kaufmännische Zusammenhänge bei meiner jetzigen Tätigkeit Voraussetzung war. Und gerade mit dem gesamten kaufmännischen Bereich war ich bis jetzt kaum direkt in Berührung gekommen.

Meine wichtigste Aufgabe bestand darin, den täglichen Wareneinsatz des gesamten gastronomischen Bereichs des Hotels zu erfassen und zu errechnen, unterteilt nach den verschiedenen Küchen, Restaurants, Bars und Veranstaltungen. Dies basierte auf der Auspreisung der täglichen Warenanforderungen, ins Verhältnis zum erzielten Umsatz gesetzt, unter Berücksichtigung der verschiedenen Gutschriften, der innerbetrieblichen Umbuchungen sowie sonstiger Berichtigungen. Auf der anderen Seite mußte der Warenverbrauch kontrolliert werden, konnte es doch geschehen, daß gerade bei Getränken und speziell bei Spirituosen der eigentliche Verbrauch erheblich über dem vorgeschriebenen Soll lag. In diesem Fall mußten mit den zuständigen Abteilungsleitern Kontrollen durchgeführt werden, um die Ursachen festzustellen, die darauf beruhen konnten, daß die Abgänge aus den Lägern falsch erfaßt oder aber zu große Portionen ausgeschenkt wurden, daß Repräsentationen des Hauses nicht berücksichtigt wurden oder daß es zu Veruntreuungen durch Mitnehmen von Ware oder Kassieren in die eigene Tasche kam.

Der Arbeitstag verlief sehr abwechslungsreich. Die Kollegen waren hilfsbereit und freundlich zu mir. Doch nach der Arbeit, ab 17.00 Uhr, waren diese Kontakte vorbei. Die meisten wohnten weit außerhalb Manhattans, in den Stadtteilen Queens, Brooklyn, Bronx oder New Jersey. Um zusätzlich Geld zu verdienen, hatte ich im Roosevelt Hotel eine Teilzeitbeschäftigung als Aushilfskassierer abends bei Banketten oder in der Bar und in den Restaurants übernommen. An meinen freien Abenden bummelte ich durch die Straßenschluchten von Midtown Manhattan. Doch selbst inmitten des Menschengewühls fühlte ich mich immer allein. Wie der einzelne in der großen Masse unbeachtet bleibt, wurde mir bewußt, als ich einmal beim Umsteigen auf dem U-Bahnhof Times Square auf einer der vielen Treppen einen leblosen menschlichen Körper wie ein Bündel Lumpen nach unten rollen sah, geschoben und gestoßen von Hunderten von Beinen hastig eilender Menschen, die noch ihren Zug erreichen wollten. Keiner achtete auf diese Person, die entweder bewußtlos, total betrunken oder vielleicht sogar schon tot war. Zweifellos kann man sich in dieser Zehnmillionen-Stadt einsam fühlen. Vielleicht lag es aber auch nur an mir, daß ich mich in dieser Umgebung einfach noch zu fremd fühlte und deswegen schwer Kontakt zu den Menschen um mich herum fand.

Um die viele, mir bis dahin ungewohnte Freizeit sinnvoll zu verbringen, wurde ich Mitglied im YMCA (Christlicher Verein Junger Männer) und ging zweimal wöchentlich zum Body Building und anschließend zum Schwimmen. Hierbei kam es mir nicht nur auf die körperliche Fitness an, sondern auch auf die Ausübung einer erbarmungslosen Selbstdisziplin, da ein solches Training nur dann sinnvoll ist, wenn man mit Selbstüberwindung und ohne Rücksicht darauf, wie man sich gerade fühlt, die vorgeschriebene Anzahl Übungen und Bewegungen ausführt. Insofern hat ein solches Training auch einen starken psychologischen Effekt: neben dem körperlichen wird auch ein allgemeines seelisch-geistiges Wohlbefinden erzielt.

Das im Untergeschoß befindliche, großzügig angelegte Schwimmbad war hier ohne Badehose zu benutzen, eine Tatsache, die mich anfangs etwas befremdete, an die ich mich aber mit der Zeit gewöhnte. Denn eigentlich war es recht praktisch, brauchte man doch nichts mitzubringen, da auch die Handtücher gestellt wurden. Erst später merkte ich, daß hier so mancher junge, gut gebaute Narziss Kontakt und Bekanntschaft suchte.

Dies wurde mir besonders deutlich, als mich ein junger Medizinstudent, den ich vom gemeinsamen Training her flüchtig kannte, eines Tages in der Ecke des Schwimmbeckens unverblümt fragte, ob ich eine feste Wohnung hätte. Wenn nicht, würde er sich freuen, wenn ich zu ihm zöge. Der verlangende Blick von Marc — so hieß er — wurde noch durchdringender, als ich ihm sagte, daß ich mit meiner derzeitigen Wohnung zufrieden sei und daß ich nicht die Absicht hätte umzuziehen.

Neben dem Sport gab es noch andere Beschäftigungsmöglichkeiten, z. B. der Besuch von Theater, Musical, Museum oder Zentralbibliothek, der New York Library an der 42. Straße Ecke Fifth Avenue, in deren Lesesaal ich oft verweilte, um Bücher über die USA zu lesen.

Ich befand mich in einem Land mit einer sehr kurzen Geschichte! War doch in wenigen Jahrhunderten auf einem früher von den Ureinwohnern dünn besiedelten Gebiet durch ständige Einwanderung von Menschen, vorwiegend aus Europa, ein inzwischen mächtiges Land entstanden, mit riesigen Städten, wie gerade New York, wo die Drähte der Weltwirtschaft und — am Sitz der Vereinten Nationen — auch die Drähte der Weltpolitik zusammenlaufen.

Wie konnte in so kurzer historischer Zeit so viel geschaffen werden? War es der Fleiß der Einwanderer, die ein freies Betätigungsfeld vorfanden und sich deswegen mit Elan an die Arbeit machten, während sie in der Enge der Heimat, der sie entflohen waren, oft arm und unterdrückt waren und keine Möglichkeit fanden, ihr Können und ihre Erfinderkraft zu entfalten? War es der Mut zum Risiko, den man brauchte, wenn man die Heimat verließ, alles im Stich lassend, um hier, auf der anderen Seite des Ozeans mit wenigen Habseligkeiten wieder neu anzufangen? Vielleicht hat sich die unterschiedliche Herkunft der Einwanderer positiv für die Entwicklung ausgewirkt, da jedes Land gewisse Fähigkeiten besonders entwickelt hatte. Während im alten Europa die Völker in häufigen Kriegen aufeinander losgingen und sich gegenseitig zerstören wollten, herrschte hier ein nationaler Friede, da die Weite des Landes die nationalen Unterschiede und Feindseligkeiten neutralisierte. Man fühlte sich verbunden im gemeinsamen Schicksal, half sich untereinander bei den Schwierigkeiten des Aufbaus, wenn Wirbelstürme die Häuser zerstörten oder wenn feindliche Indianer die Siedlungen niederbrannten.

Dieses Land war groß und mächtig geworden und hatte gerade im Zweiten Weltkrieg bewiesen, daß es in der Lage war, eine führende Rolle in der Welt zu übernehmen. Diese Tatsache schlug sich natürlich in einem gesteigerten Selbstbewußtsein nieder, denn man war hier an Erfolge gewöhnt, sowohl im persönlichen Leben als auch nach außen, was die Politik und die Stellung unter den Völkern betraf.

Das Selbstbewußtsein, das die Menschen dieses Landes besaßen, war für mich, der ich bisher kein einfaches Schicksal gehabt hatte, sehr ermutigend. Das mag wohl auch der Grund dafür gewesen sein, daß ich, nachdem ich eines abends jene Telefonnummer in meinem Notizbuch fand, die mir Gerhard M. in Medellin gegeben hatte, diese Nummer einfach anrief, um dem Mädchen die Grüße von Gerhard, der sie seinerzeit auf den Bermudas kennengelernt hatte, zu übermitteln.

Natürlich hatte ich auch aus einem anderen Grund zum Telefon gegriffen, war es doch ein Versuch, auf diese Weise in dieser Riesenstadt ein Mädchen kennenzulernen, indem ich sie einfach meinem ehemaligen Freund ausspannte.

Es klingelte mehrfach und plötzlich meldete sich eine dunkle Stimme, ein Mann. Ich war überrascht, wußte im ersten Moment nicht, was ich sagen sollte, überlegte kurz, ob ich nicht wieder auflegen sollte. Doch schnell fand ich mein Selbstbewußtsein wieder und fragte nach einer jungen Dame, namens Ginny.

Ein kurzes Räuspern. Ein Moment der Spannung, was nun geschehen würde. Doch da war sie schon am anderen Ende der Leitung. Etwas zurückhaltend, als ich mich dafür entschuldigte, daß ich sie unbekannterweise anrufe. Sie reagierte freundlich und zugleich vorsichtig, als traue sie mir nicht ganz, und stellte Fragen, als ich ihr erklärte, woher ich ihre Telefonnummer hatte. Ich bemühte mich, ihr Vertrauen zu gewinnen, und erzählte ihr von meinem Kontakt zu Gerhard und ihrem Urlaub auf den Bermudas. Vorsichtig fragte ich, wer der Mann am Telefon gewesen sei. Als sich herausstellte, daß es ihr Vater gewesen war, war ich erleichtert. Dann erzählte sie von ihrer Familie und daß sie bei ihren Eltern in Mount Vernon, im Bezirk Westchester, unmittelbar nördlich der Bronx, in einem schönen Villenvorort wohne. Es wurde ein langes Telefongespräch, bis wir endlich ein Treffen vereinbarten: nächstes Wochenende an der Endstation der Hochbahn, im Stadtteil Bronx, an der 242. Straße. Wie ich sie erkennen würde, fragte ich. Sie komme in einem Studebaker Cabriolet älteren Jahrgangs und trage eine Sonnenbrille.

Die nächsten Tage vergingen viel zu langsam, und obwohl ich sehr viel zu tun hatte, wanderten meine Gedanken immer wieder zu Ginny nach Mount Vernon hin. Ob sie wirklich so aussehen werde, wie Gerhard sie mir beschrieben hatte?

Endlich war es Samstag. Ich nahm die IRT-U-Bahn Seventh Avenue Expreß in Richtung 242. Straße. Im Stadtteil Bronx fährt die U-Bahn aus den Tunneln heraus und als Hochbahn weiter bis zur Endstation. Ich ging den langen linken Treppenabgang hinunter in Richtung Straße. Da sah ich auch schon das Cabriolet direkt am Ausgang stehen, darin saß eine junge Frau, dunkle Haare, Sonnenbrille, gestreifte Bluse, ein strahlendes Lächeln: Ginny! Sie winkte mir zu, öffnete die Tür zum Beifahrersitz, und schon saß ich neben ihr. Sie war noch schöner, als ich sie mir vorgestellt hatte, ein freundliches, unbefangenes Wesen, so als würden wir uns schon lange kennen. Und dann fuhr sie los. Ich war beeindruckt von ihrer rasanten Fahrweise und beobachtete sie genau beim Schalten der Gänge, wobei mir plötzlich einfiel, daß ich ja noch nie einen Wagen gesteuert hatte und ja auch keinen Führerschein besaß.

Ich verbrachte einen schönen Nachmittag im Hause der Familie in der Wallace Avenue. Es war nach unseren Begriffen elegant eingerichtet und großzügig ausgestattet. Die Familienmitglieder waren überaus freundlich, stellten kaum Fragen, empfanden meine Anwesenheit als Selbstverständlichkeit. Ganz anders war das doch als bei uns in Deutschland, wo man sich vorher anmelden mußte, seinen Sonntagsanzug anzog, mit Blumen und Konfekt für die Frau des Hauses in der Hand einen Bückling machte und peinlichst darauf bedacht war, die Regeln der gesellschaftlichen Ordnung strikt zu beachten, denn man war ja fremd, und man wurde beobachtet und entsprechend seinem Benehmen eingestuft. Hier war alles frei und ungezwungen und herzlich. Ich fühlte mich sofort aufgenommen und hatte garnicht mehr das Gefühl, allein zu sein, ja ich fühlte mich vom ersten Augenblick an zu Hause bei Ginnys Familie.

Gegen Abend, als ich mich schon zum Weggehen vorbereitete, erklärte man mir, daß ich zum Abendessen eingeladen sei. Bald saßen Familienmitglieder und einige Freunde des Hauses an einer langen Tafel im riesigen Wohnzimmer und begannen mit dem Essen. Mir kam dies wie ein besonderer Festabend vor. Ich saß neben Ginny, die sich rührend um mich kümmerte und mich ständig ermunterte, zuzugreifen, da ich mich aus anerzogener Bescheidenheit nicht so richtig traute. Es gab unter anderem Truthahn, Roastbeef, halbe Hähnchen, Schinken, Lamm, dazu Gemüse und Beilagen, Saucen und Salate. Als ich schüchtern fragte, welches denn der Anlaß zu dem Festessen sei, schaute man mich überrascht an. An Wochenenden esse man immer so, sagte man mir.

Ich mußte an meine eigene Familie denken, an die Armut und Not, die wir während des Krieges und in der Nachkriegszeit durchgemacht hatten. Hier herrschte ein Überfluß, der als normal empfunden wurde. Wie ich später erfuhr, waren die Eltern keineswegs besonders begütert oder gar reich. Sie besaßen in einem anderen Stadtteil ein Geschäft für Lebensmittel und für Haushaltswaren. Die Mutter war Amerikanerin, der Vater war mit 14 Jahren aus Italien eingewandert. So verbrachte ich einen schönen und langen Abend im Kreise dieser Familie, bis Ginny mich wieder zur Hochbahnstation brachte.

Von da an sahen wir uns immer öfter. Ginny arbeitete in einem exklusiven Geschäft für Musikinstrumente und Schallplatten in der Madison Avenue und nahm vom Grand Central Station, wo sie täglich mit dem Vorortzug hinfuhr, den unterirdischen Abkürzungsweg zur Madison Avenue, der durch das Parterre des Roosevelt Hotels führte. So konnten wir uns bequem in der Mittagspause oder wie an den meisten Tagen nach 17.00 Uhr, bei Nedicks, Schraffts, Chock full o'nuts oder einem sonstigen Coffee Shop in der Umgebung von Grand Central Station zum Kaffee treffen.

Natürlich verbrachten wir auch die Wochenenden gemeinsam. Ginny brachte mir das Autofahren bei. Ohne Führerschein fuhr ich bald mühelos durch die Straßen von Mount Vernon bzw. anderen Orten des Westchester Bezirks. Ganz besonders stolz war ich, als sie mir schließlich erlaubte, mich auf die großen Highways zu wagen. Mit diesen privat erworbenen Kenntnissen meldete ich mich bei einer Fahrschule an. Ich bestand die verschiedenen Tests und bekam den Führerschein, so daß ich fortan offiziell den Studebaker fahren konnte.

Es war ein heißer, langer Sommer im Jahr 1957. An den Wochenenden fuhren wir zu den schönen Stränden von Long Island, Jones Beach oder Long Beach mit endlosen, weißen Sandstränden. Sie waren bis zu 500 Meter breit, so daß man trotz der riesigen Menschenmassen immer noch ein abgeschiedenes Plätzchen finden konnte. Ginny war von Strand und Sonne nicht so begeistert wie ich, aber sie hielt tapfer durch, mir zuliebe. So lernten wir uns in relativ kurzer Zeit immer mehr und immer besser kennen. Eines Tages, als wir uns abends wie üblich im Grand Central Station trafen, trug sie unter dem Arm ein Magazin ,,Bride to be'', die zukünftige Braut. Auf meine Frage erhielt ich die Antwort, die ich mir eigentlich schon lange selbst gegeben hatte: Wir beschlossen, im September zu heiraten. Ginny war einer der seltenen Menschen, die zuerst an den anderen und dann an sich selbst denken. Sie würde mich in der Verfolgung meiner weiteren Karriere nicht behindern, sondern war vielmehr gewillt, mit mir gemeinsam den Weg durch dick und dünn zu gehen, komme was wolle. Ich wußte, daß ich so jemanden noch nie zuvor getroffen hatte und wahrscheinlich auch nicht wieder finden würde. Ich hatte das Junggesellendasein satt und sehnte mich nach Familienleben, das ich in diesem Sinne ja nie gekannt hatte. So fand die Hochzeit am 15. September 1957 statt.

Die Eltern der Braut veranstalteten eine große Feier in ihrem Haus in der Wallace Avenue. Ich habe diese Eltern immer bewundert, ihr Verständnis in allem, was die Kinder betraf. Niemals hätten die Eltern versucht, Ginny zu beeinflussen. Sie kannten mich erst kurze Zeit, und ich konnte sicherlich nicht als der ideale Schwiegersohn angesehen werden: Ein Immigrant aus Deutschland, z. Z. kleiner Angestellter in einem großen Hotel, ganz am Anfang seiner Karriere, eine ungewisse Zukunft etc. Aber für sie war eben der Entschluß ihrer Tochter maßgebend. Mit Ausnahme eines Kollegen vom Hilton Konzern, der sich bereiterklärt hatte, mein Trauzeuge zu sein, war von meiner Seite niemand unter den ca. 30 Gästen anwesend.

Mit dem Geschenk meiner Schwiegereltern, einem neuen Chevrolet Convertible fuhren wir zwei Wochen auf Hochzeitsreise, zuerst zu den Niagarafällen, und dann weiter über die Grenze nach Kanada, um meiner Frau die Orte meiner früheren Aufenthalte in Hull, Ottawa und Montréal zu zeigen. Nach meiner Rückkehr ins Hotel erwartete mich eine freudige Überraschung: Der erste berufliche Erfolg hatte sich eingestellt, ich war zum Assistenten und Stellvertreter des Food and Beverage Controllers, Mr. M., befördert worden. Und dazu hatte ich das Glück in meiner Frau gefunden, die gewillt war, den weiteren Lebensweg mit mir gemeinsam zu gehen.

Aufstieg ins Management

Mir war inzwischen klar geworden, daß in meinem Leben eine entscheidende Wende eingetreten war. Beruflich hatte ich mich voll auf Erfolgskurs eingestellt, da es mir endlich gelungen war, in die Hotelverwaltung einzusteigen, so daß es jetzt vor allem von mir selbst abhängen würde, welche Positionen ich auf der Karriereleiter erreichen konnte. Auf jeden Fall ging ich morgens zur Arbeit mit der Absicht, die mir übertragenen Aufgaben bestens zu erledigen und stets bereit zu sein, mich an neue Tätigkeiten heranzuwagen, selbst oder vielleicht gerade dann, wenn meine Vorgesetzten es nicht von mir erwarteten.

Ich weiß, daß es viele Menschen gibt, die eine konsequente Abneigung gegenüber Leistungsdruck haben. Und gerade mit dieser Einstellung muß man sich auseinandersetzen, wenn man Menschen führen muß, denn wenn man erfolgreich arbeiten will, ist man auf die Mitarbeit und die Leistung anderer angewiesen. Wie auch sollte ein Hotel sonst anders funktionieren, wenn die Mitarbeiter, angefangen vom Empfang über Service und Verwaltung bis hin zum Management nicht in der Lage wären, dem Gast zu beweisen, daß sie bereit sind, für ihn Leistungen zu erbringen aus innerer Überzeugung und nicht aus irgendeinem Zwang heraus? Wen die Not und die Lebensumstände in eine harte Schule genommen haben, wie ich es in meiner Kindheit und Jugend unter den Umständen des Krieges und der Nachkriegszeit erfahren mußte, für den bedeutet Wille zur Leistung einfach, daß er sich materiell verbessern und beruflich aufsteigen möchte, denn nur in gehobenen Positionen kann man seinen Lebensstandard und die daraus resultierende Lebensqualität auch wirklich anheben und verbessern.

Natürlich kann man sich nicht immer die Arbeit aussuchen, gerade ich mußte dies erfahren, und trotzdem ist dies kein Grund dafür, daß man eine Aufgabe, die man nun einmal übernommen hat, nicht auch korrekt bis zum Ende durchführt. Darin manifestiert sich das Gefühl der Verantwortung, eine der wichtigsten Voraussetzungen für den beruflichen Erfolg. Und wenn eine Arbeit nicht funktioniert und eine Aufgabe nicht zufriedenstellend gelöst werden kann, dann sollte man den Fehler zunächst bei sich selbst suchen und nicht zuerst bei anderen, so wie viele es tun. Verantwortung heißt somit also, das eigene Handeln ständig zu überprüfen, um so ein optimales Ergebnis seiner Arbeit zu erzielen. Es gibt eine Menge Gründe dafür, warum viele Menschen keinen Erfolg im Leben haben. Doch wenn man diese Gründe kennt, dann läßt sich durchaus etwas dagegen tun.

In dieser Zeit, als ich meinen Aufstieg ins Management begann, beschäftigte ich mich sehr viel mit Fragen des Lebenserfolges, denn ich hatte mir schließlich das Ziel gesteckt, einmal an die Spitze zu gelangen. Der erste Grund für Mißerfolge ist stets, wenn man keine Ziele hat oder die Ziele ständig wechselt. Nur wenn man ein festes Ziel vor Augen hat und dieses Ziel beharrlich verfolgt, bringt man die nötige Kraft und die Energie auf, um ans Ziel zu gelangen. Ein weiterer Grund für Mißerfolge können eine mangelnde Ausbildung oder Labilität sein. Auch dagegen läßt sich viel machen, denn es ist weitgehend eine Frage der Selbstdisziplin. Man muß sich ständig dazu zwingen, lernbereit zu sein und an neue Herausforderungen heranzugehen. Dies erfordert anfangs Mühe und Anstrengung, weil man sich mühsam einarbeiten muß, oft ohne Hilfe anderer. Dennoch hängt es davon ab, wie kooperativ man ist, um mit anderen zusammenzuarbeiten, auf deren Hilfe man selbst angewiesen ist.

Natürlich muß man bereit sein, Risiken einzugehen, und darin hatte ich in meinem bisherigen Leben genug Erfahrung. Wenn ich zurückblicke auf die Zeit in Deutschland, später in der Schweiz und danach in Kanada und in Kolumbien, so waren es meist Zufälle und daraus resultierende schnell gefaßte Entschlüsse, die mich weiterbrachten, jedoch ohne Garantie, daß die neue Tätigkeit von Dauer sein würde.

Auch bei meiner derzeitigen Tätigkeit im Roosevelt Hotel in New York konnte ich mich nicht darauf verlassen, nunmehr eine feste Position zu haben, war doch gerade Amerika das Land, in dem man sich auf einen schnellen Wechsel einstellen mußte. Wenn der Vorgesetzte mit der erbrachten Leistung nicht zufrieden war, hatte er durchaus die Möglichkeit, einen kurzfristig zu entlassen, ohne daß man dagegen etwas unternehmen konnte. Das ganze Arbeitsklima war sehr locker und kollegial. Es wurde erwartet, daß man seine eigene Meinung sagte, die durchaus entgegengesetzt sein konnte. Trotz der demokratischen Regelung etwaiger Meinungsverschiedenheiten wurde auf der absolut korrekten und effizienten Erledigung der Arbeiten bestanden. In dieser Atmosphäre war ich natürlich immer noch befangen, geprägt durch die Erfahrungen meiner Jugend, in der ich während und nach dem Krieg in einer autoritären Umgebung aufgewachsen war, sei es im Elternhaus oder in der Schule, sei es bei der Hitlerjugend oder später während der Lehrzeit: Überall war verlangt worden, daß man gehorchte, daß man Befehle ohne Widerspruch ausführte. Hier in Amerika herrschte nun die Einstellung, daß jeder tun und lassen konnte, was er wollte. Beispielhaft hierfür war das Elternhaus meiner Frau, in dem sich jeder so geben konnte, wie er war.

Bei der Arbeit stand man trotz oder gerade wegen des lockeren Umgangs mit den Vorgesetzten unter hartem Erfolgszwang. Der Einsatz zum Wohle der Firma wurde aber auch honoriert. Verdiente das Unternehmen gut, so konnten die Mitarbeiter durchaus partizipieren. Dies hatte ich inzwischen selbst erfahren, denn mit der Ernennung zum „Assistant Food & Beverage Controller" war auch mein Gehalt erhöht worden.

In einem großen Konzern herrscht ein ständiger Wettbewerb unter den Mitarbeitern, denn viele möchten vorwärtskommen und mehr Geld verdienen. Dabei wird mit allen Mitteln und auch mit unehrlichen Methoden gearbeitet, um einen Konkurrenten auszustechen. Mein Prinzip war und ist es, anderen gegenüber stets ehrlich und offen zu sein. Lüge, Neid und Mißgunst zahlen sich langfristig nicht aus, denn man riskiert, das Vertrauen zu verlieren und nicht mehr anerkannt zu werden. Auch kann man nicht nur fordern und Wünsche äußern, ohne eine entsprechende Gegenleistung zu erbringen. Man muß bereit sein, in Vorlage zu treten, auch wenn man nicht gleich etwas dafür bekommt. Die Praxis, daß man neue Mitarbeiter erst einmal unentgeltlich zur Probe arbeiten ließ, zielt genau in diese Richtung. In meiner neuen Position hatte ich erstmals einige Mitarbeiter unter mir, die ich anleiten, einweisen, überwachen und führen mußte und für deren Leistung ich voll verantwortlich war. Und so lernte ich nach und nach in der Praxis die Grundbegriffe der Technik der Menschenführung, daß der Erfolg des Teams auch die Voraussetzung für den Erfolg des Chefs ist und daß dieser am Erfolg des Teams gemessen und beurteilt wird.

Beruflich schien ich nun auf dem richtigen Weg zu sein, so daß ich mit großer Zuversicht in die Zukunft schauen konnte. Auch privat hatte für mich ein ganz neuer Lebensabschnitt begonnen, denn ich lebte nun nach jahrelangem Alleinsein mit einem Menschen zusammen, der mich liebte und der mich verstand: mit meiner Frau. Wir hatten meine Studiowohnung in Forest Hills, im Stadtteil Queens, beibehalten; die Wochenenden verbrachten wir allerdings bei den Schwiegereltern in Mount Vernon, Westchester

County, unmittelbar an den nördlichen Stadtteil Bronx angrenzend. Ich war voll in das Familienleben integriert. Auch das war für mich eine neue Erfahrung: wie lange war es schon her, daß ich so ein Familienleben genossen hatte?

Von dem Zeitpunkt ab, als meine Mutter mit meinen beiden jüngeren Brüdern nach Mecklenburg auf das Schloß meiner Tante zog, als mein älterer Bruder als Flakhelfer eingezogen wurde, als mein Vater außerhalb Berlins stationiert war und als ich allein die Bombennächte in Berlin verbrachte, war ich auf mich selbst angewiesen gewesen. Mir tat es wohl, daß ich nun nette und freundliche Menschen um mich hatte. Meine Schwiegereltern und meine Schwägerinnen mit ihren Familien waren stets um unser Wohlbefinden bemüht. Sie waren mir gegenüber sehr aufgeschlossen und versuchten, mich in ihr Leben, in den „american way of life", zu integrieren. An den Wochenenden fuhren wir regelmäßig in das Geschäft meiner Schwiegereltern zum „Einkaufen". In aller Bescheidenheit wählten wir nur das Notwendigste an Lebensmitteln und anderen Haushaltsartikeln aus. Aber man überschüttete uns in herzlicher Großzügigkeit mit so vielen anderen Dingen, daß wir die vielen Pakete und Beutel kaum im Kofferraum unseres Wagens unterbringen konnten. So verbrachten wir die ersten Monate nach unserer Hochzeit als biedere Eheleute — zwischen der Arbeit, die geregelt innerhalb der Bürostunden verlief, und den Wochenenden in Mount Vernon. Natürlich gingen wir abends viel aus, denn wir erkundeten nun gemeinsam New York. Viele Sehenswürdigkeiten, die ein Muß für jeden Touristen sind, waren meiner Frau nur wenig oder garnicht bekannt, wie z. B. die Freiheitsstatue, das Empire State Building, China Town, Harlem, Central Park, um nur einige zu nennen.

Wir besuchten die Theater und Musicals am Broadway, die weltberühmten Museen, den Zoo und das Planetarium. Anschließend aßen wir in einem der unzähligen Restaurants mit Spezialitäten aus allen Ländern der Erde. Und dann suchten wir die verschiedenen Coffee Shops und Snack Bars in der Nähe von Grand Central Station auf, in denen wir uns vor der Hochzeit so oft getroffen hatten.

Wenn wir über Zukunftspläne sprachen, war es für mich eine Beruhigung, festzustellen, daß meine Frau tatsächlich gewillt war, mit mir mitzugehen, auch wenn ich versetzt werden sollte, selbst in ein anderes Land. Ich selbst hatte eigentlich nicht die Absicht, gleich wieder ins Ausland zu gehen, hatte ich doch so lange gebraucht, um meinen Wunsch zu erfüllen, nämlich in die Vereinigten Staaten zu kommen, wo ich die besten Chancen für einen beruflichen Erfolg erwarten konnte. Bei meiner Frau lag der Fall insofern anders, als sie, mit Ausnahme der Reise auf die Bermudas — Anlaß unseres Kennenlernens —, noch nicht aus den USA herausgekommen war. Somit wäre für sie eine Versetzung ins Ausland eine willkommene Abwechslung gewesen.

Eines Morgens, als ich wie üblich an der U-Bahn-Station „64th Drive" die Zeitung kaufte und einen Blick hineinwarf, entdeckte ich eine kleine Notiz, die mich aufmerksam machte: Hilton International plante, im nächsten Jahr in Berlin das erste Hotel in Europa zu eröffnen. Der Standort in der geteilten Stadt, an der Nahtstelle zwischen Ost und West, war symbolisch für die Bemühungen von Conrad Hilton um internationale Völkerverständigung innerhalb seines Mottos „Weltfrieden durch Weltreisen". Und während der U-Bahn-Zug durch den kilometerlangen Tunnel unter dem East River und Welfare Island in Richtung Manhattan raste, konzentrierten sich meine Gedanken mehr und mehr auf die Hilton International Corporation. Wenn man in Berlin ein Hotel eröffnete, dann brauchte man doch dort Leute für das Management, natürlich auch Deutsche, wegen der Sprache. Vielleicht war das eine Chance für mich.

Auf dem Rückweg nach der Arbeit machte ich den Umweg zum Waldorf Astoria Hotel, wo sich im 19. Stockwerk die Büros von Hilton International befanden. Hier würde ich mich also bald vorstellen. Erst aber wollte ich das am Abend mit meiner Frau besprechen.

Sie schien von dem Gedanken, nach Berlin zu gehen, sehr angetan und sagte einfach: „Ich möchte gerne Deine Heimat kennenlernen."

Am nächsten Tag fuhr ich mit dem Spezialfahrstuhl des Seitenflügels in den 19. Stock des Waldorf Astoria Hotels und sprach beim Vizepräsidenten Mr. B. vor. Ich schilderte ihm meine bisherige Laufbahn. Doch erst als ich ihm von meiner derzeitigen Tätigkeit im Roosevelt Hotel erzählte, hörte er mir richtig zu. Ich solle mich schriftlich bewerben; die Formulare gab er mir gleich mit. Keine Fragen nach Zeugnissen, Fachschuldiplom etc. Ich war erstaunt und erleichtert zugleich. Hier war offensichtlich die Tatsache, daß das Roosevelt Hotel ehemals zu Hilton gehörte, ausschlaggebend. Man werde von sich hören lassen, sagte Mr. B. beim Abschied. Ich war zufrieden und zuversichtlich. Eine innere Stimme sagte mir, daß es klappen werde. Leichtbeschwingt ging ich die Park Avenue in Richtung Norden, bog in der 53. Straße nach rechts ab bis zur Ecke Lexington Avenue, wo ich die U-Bahn nach Queens nahm.

Als nächstes informierte ich meinen Chef im Roosevelt Hotel, Mr. M., da ich wußte, daß man sich über mich erkundigen werde. Mr. M. hatte großes Verständnis dafür, daß ich wieder nach Deutschland zurückgehen wollte, und versicherte mir, daß er Hilton International gegenüber nur die allerbeste Referenz geben werde.

Der Herbst war vergangen, und es war Winter geworden. Es wurde Weihnachten, und noch immer hatte ich nichts von Mr. B. gehört. Wir feierten Silvester und rutschten beim Knall der Sektkorken in das Jahr 1958 hinein.

Eines Freitagabends, als ich mit meiner Frau bei meinen Schwiegereltern saß, klingelte plötzlich das Telefon. Es war Mr. B. von Hilton International. Er sagte mir im Telegrammstil: Ich solle am kommenden Montag um 9.00 Uhr in Montréal sein, um während der Voreröffnungsphase des Queen Elizabeth Hotels, das im April eröffnet werden solle, mein Training zu beginnen, in Vorbereitung auf meine künftige Position als Food & Beverage Controller in Berlin im Herbst. Meine Frau nahm die Neuigkeit erfreut-gelassen zur Kenntnis; meine Schwiegereltern waren einigermaßen betroffen über den so kurz bevorstehenden Abschied.

Wir hatten nur noch Zeit, unsere Koffer zu packen. Am Samstag mittag fuhren wir mit unserem Wagen los in Richtung Montréal. Zunächst ging es über bekannte Wege, den Riverside-Drive durch Westchester County, dann über die lange Tappan-Zee-Bridge über den Hudson River und auf dem New York State Troughway über Albany nach Lake George, wo wir in einem Motel übernachteten. Es war klirrender Frost, minus 30 Grad! Am nächsten Morgen sprang der Motor nicht mehr an. Wir mußten uns von der nahen Tankstelle mit einem Heißluftgebläse den Motor anwärmen lassen, bis wir endlich weiterfahren konnten. Weiter ging es nach Norden, durch dichtes Schneetreiben, über Plattsburgh, bis an die kanadische Grenze. Die Einreiseformalitäten nach Kanada gestalten sich problematisch, da wir den Grund des vorübergehenden Aufenthalts nachweisen mußten. Dies konnte letztlich telefonisch mit der Verwaltung des Queen Elizabeth geklärt werden. Die letzten 40 Meilen bis nach Longeuil, über die lange Brücke über den Sankt-Lorenz-Strom, und schon waren wir wieder mitten im Zentrum von Montréal, das ich ja so gut kannte. Nur war ich diesmal unter total anderen Voraussetzungen hier, denn erstens hatte ich eine Frau, und zweitens hatte ich eine Position, erstmals als Abteilungsleiter bei Hilton International.

Rückkehr nach Berlin

Nun war es also so weit: Ich war beim großen amerikanischen Hilton Konzern engagiert. Damit hatte ich den Einstieg in die Hotelkarriere gefunden, wie es mir seinerzeit Mr. G. in Kolumbien empfohlen hatte. Ich hatte Mr. B. telefonisch meine Zusage gegeben, daß ich bereit sei, als Food & Beverage Controller das neue Hilton Hotel in Berlin mitzueröffnen, und zwar im Anschluß an ein mehrmonatiges Training im neu zu eröffnenden Queen Elizabeth Hotel in Montréal. Die kurzfristige Kündigung im Roosevelt Hotel war unproblematisch gewesen, zum einen, weil ich meinen Chef, Mr. M., bereits darauf vorbereitet hatte, zum anderen, weil es in Amerika üblich ist, sich kurzfristig zu verändern.

Meine Frau hatte diesen plötzlichen Wechsel spontan akzeptiert. Grundsätzlich waren wir uns schon vor unserer Heirat darüber einig gewesen, daß keine persönlichen Überlegungen meiner Karriere im Weg stehen sollten und daß meine Frau mit mir überall hingehen werde. Es war ja auch für sie interessant, auf diesem Wege die Welt kennenzulernen. Schließlich kam sie aus einem Land, in dem man an schnelle Entschlüsse gewohnt ist, in dem man von einem Tag auf den anderen seinen Arbeitsplatz aufgibt, seine Sachen ins Auto packt und seinen Aufenthaltsort wechselt. Amerika ist eben auch in dieser Beziehung ein freies Land, allerdings muß man selbst zusehen, wie man mit dieser Freiheit zurechtkommt, die oft Mut und persönliches Risiko erfordert.

Nun waren wir also wieder in Montréal. Bei dichtem Schneetreiben waren wir im Januar angekommen. Vom Schneeräumen im eigentlichen Sinne kann hier keine Rede sein; in kürzester Zeit sind Straßen und Bürgersteige mit einer zwanzig bis dreißig Zentimeter hohen Schneeschicht bedeckt. Unser Wagen war über Nacht derart zugeschneit, daß wir ihn am Morgen nicht mehr erkennen konnten und ihn zwischen den vielen Schneebuckeln der anderen geparkten Wagen erst mühsam suchen mußten. In den ersten Tagen fanden wir eine Studiowohnung in der Dorchester Street, nicht weit von dem Haus gegenüber dem Bus-Terminal, in dem ich früher einmal, während meiner Kellnerzeit im Ritz Carlton Hotel, gewohnt hatte. Während für mich alles vertraut war, mußte sich meine Frau erst einmal an die Stadt und die ganze Umgebung gewöhnen.

Beruflich begann für mich nun die harte Zeit des totalen Einsatzes in meiner neuen Tätigkeit im Queen Elizabeth Hotel, in dem ich meine Generalprobe für Berlin bestehen sollte. Das Hotel mit seinen 1100 Zimmern befand sich über dem Zentralbahnhof und war im Besitz einiger kanadischer Gesellschaften, an denen u. a. auch die Canadian National Railroad beteiligt war. Hilton hatte per Vertrag das Management übernommen, ein Verfahren, das von den großen internationalen Hotelkonzernen häufig angewandt wurde. Anstatt Hotels selbst zu bauen oder einzurichten, übernahmen sie gegen eine Gebühr und eine prozentuale Gewinnbeteiligung das Management und gaben dabei dem Haus gleichzeitig ihren zugkräftigen Namen, der für Qualität und Service stand und der allein oft schon den Erfolg garantierte. Und der Hilton Konzern war bekannt für seine perfekte Management-Organisation, die von qualifizierten Leuten in allen Abteilungen bis in die untersten Chargen hinein praktiziert wurde.

Dies erlebte ich nun voll mit, die Phase der Planung, das Entwerfen von Formularen, Rastern, Plänen, Listen und Speisekarten, alles zweisprachig, französisch und englisch, den beiden offiziellen Landessprachen, wobei das Französisch in der Provinz Quebec immer den Vorrang genoß. Der Aufbau des Kontrollsystems für die Erfassung des Einkaufs, des Umsatzes und des Verbrauchs an Speisen und Getränken war für mich besonders wichtig, da ich all dies in Berlin — auf deutsch — nachvollziehen mußte.

Mein derzeitiger Chef war Maurice R., Franzose und naturalisierter Amerikaner, der solche Vorbereitungsarbeiten anläßlich von Hoteleröffnungen schon mitgemacht hatte. Er war als chronisch arbeitswütig bekannt, arbeitete oft halbe oder sogar ganze Nächte und verlangte den gleichen Einsatz von all seinen Mitarbeitern und somit auch von mir. Hierbei übersah er, daß ich jung verheiratet war, während er von seiner Frau quasi getrennt lebte, und leider übersah ich das auch. Meine Frau verfolgte meine Arbeitsweise mit gemischten Gefühlen; glaubte mir aber, daß ich nachts mit Monsieur R. wirklich dienstlich und nicht etwa anderweitig tätig war. Immerhin sagt man den Franzosen in dieser Beziehung so einiges nach, und gerade eine Stadt wie Montréal bietet das geeignete Umfeld hierfür.

Sicher hoffte und erwartete meine Frau, daß ich mir etwas mehr Zeit für sie nehmen würde und daß sie in einer neuen und ungewohnten Umgebung nicht die meisten Abende allein verbringen würde. Ihre Enttäuschung blieb mir nicht verborgen, und ich bemühte mich umsomehr, ein guter Ehemann zu sein. Ich nahm sie, so oft es sich einrichten ließ, zu gesellschaftlichen Veranstaltungen wie Parties oder Empfängen und auch zu sogenannten Probe-Essen bzw. Besuchen von künftigen Konkurrenzbetrieben mit. Trotzdem wurde meiner Frau der Tag lang, so daß sie sich eine Teilzeitstelle in einem Büro besorgte, was ihr nicht nur den Kontakt zu anderen Menschen verschaffte, sondern uns auch noch finanziell unterstützte.

Mir war klar, daß ich mich voll ins Zeug legen mußte, um meine künftige Aufgabe in Berlin zu meistern. Vor allem mußte ich mich an den Führungsstil bei Hilton gewöhnen, der leicht und locker war und den ich bereits bei meiner Tätigkeit in New York kennengelernt hatte. Hier allerdings ging es härter zu; man stand unter Leistungsdruck und Erfolgszwang, vor allem weil man einen festen Termin vor Augen hatte, denn am 1. April 1958 sollte die große Eröffnung stattfinden. Und hier war Hilton voll im Obligo, bei diesem Pilotprojekt in Kanada die eigene Leistungsfähigkeit zu demonstrieren. Dieses Obligo wurde schonungslos auf den gesamten Führungsstab weitergegeben. Und so mußte ich in der harten Praxis zwei wichtige Managementprinzipien lernen: Man sagt nie, daß eine Sache nicht geht, sondern es gibt immer einen Weg, es hat immer einen Weg zu geben! Und zweitens, alles was delegiert wird, muß kontrolliert werden; das heißt, Delegieren entbindet nicht von der Verantwortung. Diese beiden Prinzipien darf man nicht nur für sich selbst anwenden, sondern man muß auch von seinen Mitarbeitern verlangen, daß sie sich genauso verhalten.

Bei der Führung von Mitarbeitern wurde im Konzern Wert darauf gelegt, daß man durch Erklären überzeugte, nicht einfach Anweisungen erteilte, sondern stets versuchte, dem Mitarbeiter Sinn und Zweck klarzumachen, und auch bereit war, sich etwaiger Kritik zu stellen und diese positiv aufzunehmen. Schließlich sollte jeder mitdenken und sich für die Arbeit mitverantwortlich fühlen. Trotz aller Erklärungen und Kritik wurde jedoch hier von den Mitarbeitern erwartet, daß die Anweisungen ausgeführt werden mußten, da es sich um Entscheidungen der Führungsspitze handelte.

Während dieser Zeit als Management Trainee im Queen Elizabeth Hotel in Montréal bekam ich jedenfalls eine gute praktische Einführung in die Arbeitsverfahren eines großen Hotelkonzerns, wo man bestrebt war, die Komplexität des Verwaltungsvorganges durch Standardisierung in den Griff zu bekommen. Das fing an bei der Auswahl der Speisen in den Restaurants bis hin zu den Sortiments in den Bars, wobei alle Zutaten bei den Speisen und die Flascheninhalte bei den Getränken genau ermittelt wurden. So konnte im vorhinein eine fundierte Bedarfsplanung durchgeführt werden, als Grundlage und Maßstab für die nachher erfolgte Verbrauchsermittlung und letztendlich die detaillierte Gewinn- und Verlustrechnung.

Ein Hotel wird stets nach und nach eröffnet, so wie man bei einer großen Maschine nach und nach erst den einen Hebel und danach die anderen in Bewegung setzt, bis schließlich sämtliche Motoren voll im Laufen sind. So wird in der Regel zuerst die Personalkantine in Betrieb genommen, denn alle bereits Anwesenden müssen ohnehin verpflegt werden. Dann wird der Coffee Shop eröffnet. Anschließend wird die erste Hoteletage betrieben. Hier wohnen, abgesehen von den auswärtigen Führungskräften, schon einige Gäste vor dem Zeitpunkt der offiziellen Eröffnung.

Unter diesen Sondergästen befand sich eine ältere Dame, die leider eine Woche vor dem Eröffnungstermin verstarb. Es herrschte große Aufregung und Bestürzung, weil selbst in unserem Zeitalter auch die nüchternsten Manager darin ein schlechtes Omen für die Entwicklung des Hotels sehen. Nichts durfte über diesen Vorfall an die Öffentlichkeit dringen. Da stellte sich das Problem des Abtransportes. Ein Leichenwagen vor einem noch nicht eröffneten Hotel hätte sehr negative Auswirkungen auf die öffentliche Meinung haben können. Ein Brainstroming im Kreise eines Krisenstabes brachte die Lösung: Anstelle eines Leichenwagens wurde der Lieferwagen des Fleischlieferanten benutzt!

Endlich war der Tag der großen Eröffnung gekommen. Allerdings konnte die englische Königin nicht — wie ursprünglich geplant — anwesend sein. Sie schickte in ihrer Vertretung Prinzessin Margaret Rose. Die persönlichen Gäste Conrad Hiltons, darunter auch viele Filmstars aus Hollywood, trafen per eigens gechartertem Flugzeug ein. Die Festivitäten mit zahllosen Empfängen, Festessen, Banketten, Veranstaltungen und Rahmenprogrammen erstreckten sich über mehrere Tage. Alle Mitarbeiter und insbesondere die Abteilungsleiter und Führungskräfte erlebten nun ihre Bewährungsprobe.

Es wurde buchstäblich rund um die Uhr gearbeitet; jeder einzelne war darauf bedacht, daß alles möglichst reibungslos funktionierte. Für mich bedeutete dies, zusammen mit unserer Abteilung alles an Speisen und Getränken bis ins kleinste Detail zu erfassen und kostenmäßig auszuwerten. Dies war deswegen so wichtig, da die Eröffnungsfeierlichkeiten laut Vertrag Teil der Voreröffnungskosten waren und somit vom Eigentümer übernommen werden mußten. Alles, was unter diesen Kosten nicht erfaßt wurde, ging schon in den Hotelbetrieb über und mußte von dem Betreiber getragen werden. Wir waren alle total übermüdet, hatten wir doch die vorangegangenen Nächte mit Kontrollen und Inventuren zugebracht. Und so kam es, daß ich am Morgen des letzten Tages der Feierlichkeiten in der Frühe um 4.30 Uhr im Rotweinlager kurz einschlief und erst einige Stunden später vom Kellerpersonal unsanft geweckt wurde. Ich hatte einige Mühe, Monsieur R. davon zu überzeugen, daß dies aus Übermüdung heraus geschehen war und nicht, wie er als Franzose natürlich annahm, weil ich zu tief in die Weingläser geschaut hatte.

Eine Woche nach dem offiziellen Eröffnungstermin gab der General Manager, Mr. M., eine große Party für alle 900 Mitarbeiter. Außer den vielen Lobes- und Dankesworten erhielt ich wie die anderen Abteilungsleiter vergoldete Manschettenknöpfe mit dem Symbol Kanadas eingraviert, dem Ahornblatt.

Wir blieben noch bis Juli in Montréal. Allerdings hatten wir es nun, da das Hotel eröffnet war, etwas leichter. Das normale Ge-

Auf der Aussichtsterrasse des Empire State Building in New York (1956 noch das höchste Gebäude der Welt).

Mit Ginny in unserem neuen Chevrolet Convertible irgendwo in New York State.

Das Food & Beverage Control Office im Hilton Hotel, Berlin.

schäft lief langsam an, und nach und nach kristallisierte sich eine gewisse Routine in den Arbeitsabläufen heraus. Da ich nicht zum festen Personal des Hauses gehörte, konnte ich mir jetzt etwas mehr freie Zeit gönnen, was besonders meine Frau sehr begrüßte.

Der kanadische Sommer stellte sich plötzlich und mit Ungestüm ein. Er ist mitunter genauso extrem wie der Winter. Die heißen Tage verbrachten wir beim Baden an den vielen umliegenden Seen, vor allem in den nördlich gelegenen Hügeln der Laurentides. Dann kam der Tag, an dem wir Abschied nehmen mußten. Wir fuhren mit dem Auto die gleiche Strecke, die wir damals gekommen waren, über Plattsburgh, Lake George, Albany und den New York State Throughway, den sechsspurigen Superhighway, in Richtung New York. Daß man dort nur 60 Meilen schnell fahren durfte, merkten wir erst, als eine Polizeikontrolle meiner Frau, die gerade den Wagen fuhr, einen Strafzettel wegen schnellen Fahrens verpaßte.

Wir verbrachten noch einige Tage bei meinen Schwiegereltern in Mount Vernon und planten unsere Reise so, daß wir noch den ganzen August für Urlaub in Deutschland verwenden konnten. Am 1. September mußte ich meinen Dienst in Berlin beginnen. Da wir unseren Chevrolet nicht mitnehmen wollten, verkauften wir ihn und bestellten uns einen Kleinwagen, Auslieferung in Paris. Wir überquerten den Atlantik, diesmal mit einer DC-6, die für die Strecke New York-Paris 14 Stunden brauchte, mit Zwischenlandung in Gander und Shannon. Bei der Landung in Orly betrat meine Frau zum ersten Mal europäischen Boden. Ich war zum zweiten Mal in Paris. Wir bewohnten das Dachzimmer einer Pension in der Rue Vaugirard in Montparnasse, mit romantischem Blick über die Dächer von Paris, so wie es in vielen Chansons besungen wird. Wir nutzten die Zeit, um Paris gemeinsam zu erkunden, diese einmalige Stadt mit ihren Museen und Galerien, mit ihren Künstlervierteln und historischen Bauwerken, mit den Straßencafés und Vergnügungsvierteln. Paris ist wirklich die Stadt, die für jeden Geschmack etwas bietet. Wir bestaunten die berühmten Skulpturen Rodins „Die Liebenden", die in Stein gemeißelt das ausdrückten, was wir füreinander empfanden: Liebe,

Zuneigung, die uns frei machten, um zusammen an jeden Ort der Welt zu gehen, um dort neu anzufangen.

Mit unserem neuen Kleinwagen fuhren wir über Soisson und Lille nach Brüssel, wo wir die Weltausstellung besuchten und natürlich auch im berühmten Atomium herumstiegen, um uns das Ausstellungsgelände von oben anzusehen. Dann ging es weiter über Lüttich nach Aachen und Duisburg, wo wir in der Frühe um 2 Uhr ankamen. Beim Überqueren der deutschen Grenze mußte ich unwillkürlich an die letzten Kriegswochen denken, in denen gerade in dieser Gegend noch die letzten schweren Kämpfe stattfanden. Doch von all dem war nichts mehr zu spüren. Die Dörfer und Städte schliefen friedlich beim Schein der Straßenlaternen. Als wir, angezogen durch die große Lichtreklame, im ,,Duisburger Hof'' übernachteten, konnte ich nicht ahnen, welche Bedeutung der Konzern, zu dem dieses Haus gehörte, eines Tages für mich haben werde. Am nächsten Tag ging es weiter in Richtung München; wir wollten vor meinem Antritt in Berlin noch meine Eltern besuchen. Wir kamen durch Frankfurt, wo ich kurz den ,,Frankfurter Hof'' besuchte, von dem ich schon so viel gehört hatte. Ich stellte mich kurz vor, auch bei der Direktion, und erzählte, daß ich für Hilton arbeitete und auf dem Weg nach Berlin sei, um dort im Herbst das neue Hotel zu eröffnen. Nach meinen Bezügen befragt, erwiderte man mir, daß diese Summen in Deutschland nicht üblich seien. Diese Feststellung erfüllte mich mit Stolz und stärkte mein Selbstbewußtsein.

Auf der Romantischen Straße fuhren wir über Rothenburg und Dinkelsbühl in Richtung Süden; ich wollte meiner Frau so viel wie möglich von Deutschland und seinen Sehenswürdigkeiten zeigen. Da hatte ich in ihr eine aufgeschlossene und begeisterungsfähige Touristin. Spät am Abend kamen wir bei meinen Eltern in München an.

Nachdem die erste Wiedersehensfreude abgeklungen war, spürte ich die volle Problematik nicht nur der sprachlichen sondern auch der inneren Verständigung zwischen meiner Frau und meiner Familie. Sie konnte kein Wort Deutsch, und meine Eltern sprachen kein Englisch, mit Ausnahme einiger weniger Worte. Da wurde mir der Unterschied bewußt zwischen dem ersten Besuch meiner Frau in unserem Hause und meinem ersten Besuch im Hause meiner Schwiegereltern. Und dann stand auch wieder ungewollt die Vergangenheit im Raum, das Kriegsende, der Einmarsch der Amerikaner, die Besatzungszeit und die daraus resultierende Reserviertheit allem Amerikanischen gegenüber. Für meine Eltern waren die Gegensätze schwer zu verstehen, da sie dieses Land nie kennengelernt hatten, ein Land, das viele Gegensätze in sich vereinigte, das Menschen aus vielen Herkunftsländern ein friedliches Zusammenleben und Religionen und Glaubensrichtungen Schutz bot und allen das Recht gab, sich frei zu entfalten. Ich bemühte mich, meiner Frau den Aufenthalt in München so angenehm wie möglich zu machen. Wir besuchten die Sehenswürdigkeiten der Stadt, das Deutsche Museum, die Pinakothek, Schloß Nymphenburg, den Botanischen Garten und selbstverständlich das Hofbräuhaus. Der August ging zu Ende, es hieß, Abschied zu nehmen von zu Hause. Die Fahrt durch die „Ostzone" war für uns beide ein erstmaliges Erlebnis. Wir erlebten ein Stück deutscher Geschichte: Die deutsche Teilung. Endlich erreichten wir Berlin, unser Ziel.

Nun waren wir also in Berlin, das heißt in Westberlin, denn der östliche Stadtbereich gehört zum anderen Teil Deutschlands. Für mich war es ein eigenartiges, fast wehmütiges Gefühl, nach über dreizehn Jahren wieder in der Stadt zu sein, in der ich meine Kindheit verbracht hatte. Und was hatte sich inzwischen hier alles geändert! Aus dem Westteil der ehemaligen Reichshauptstadt war eine Insel geworden, umgeben von einem fremden Staat, der zwar auch die deutsche Tradition fortführen wollte, jedoch ein anderes Verständnis dafür hatte als der westliche Teil, wo gleichfalls ein neuer Staat entstanden war, die Bundesrepublik Deutschland. In Erinnerung war noch die Berliner Blockade in den Jahren 1948/49, als die Amerikaner Westberlin aus der Luft versorgten und somit dem sowjetischen Machtanspruch Einhalt geboten.

Auf jeden Fall freuten wir uns, in Berlin zu sein. Wir wohnten in einer Pension am Kurfürstendamm, Ecke Uhlandstraße, bis wir eine kleine Wohnung im Obergeschoß eines Zweifamilienhauses in Nikolassee bezogen. Auch hier zeigte sich erstaunlicherweise wieder eine Parallele, befand sich doch mein Elternhaus seinerzeit ebenfalls in Nikolassee, allerdings in der Nähe des S-Bahnhofes.

Bei Hilton in Berlin wurde ich bereits erwartet. Ich lernte Mr. St., den Generaldirektor, kennen. Er stellte mich den anderen Abteilungsleitern vor, die bereits alle eingetroffen waren. In seiner Villa in Dahlem fanden gleich darauf einige Parties statt. Von Führungskräften und deren Ehefrauen wurde erwartet, daß sie sich auf dem gesellschaftlichen Parkett bewegen und den Konzern auch in der Öffentlichkeit, das heißt im Umgang mit Kunden und Gästen, repräsentieren konnten. Dies bedeutete auch, daß wir an den Empfängen, die von den politischen Institutionen der Stadt veranstaltet wurden, als Vertreter des Hiltonkonzerns teilnehmen mußten. Immerhin war die Stadt Berlin Eigentümerin des Hotels. Ebenso besuchten wir Veranstaltungen in anderen Hotels, mit der Absicht, die zukünftige Konkurrenz zu testen und unter die Lupe zu nehmen. Die Ausrede, man habe zu viel zu tun, war verpönt. Ich mußte lernen, und das fiel mir sehr schwer, daß man bei Hilton keinesfalls nach der Arbeitsleistung oder gar nach der Arbeitszeit beurteilt wurde. Im Gegenteil, derjenige, der sich in seiner Arbeit vergrub und nie Zeit hatte, wurde von vorneherein negativ beurteilt. Viel wichtiger war es, im gesellschaftlichen Rahmen, mit dem Cocktailglas in der Hand, im richtigen Moment mit der richtigen Person das richtige Wort zu wechseln. Nur so konnte man auf sich aufmerksam machen. Hierbei spielten die Ehefrauen eine entscheidende Rolle. Entsprechend groß waren Eifersucht, Neid und Mißgunst, nicht nur unter den Kollegen Abteilungsleitern, sondern auch unter deren Frauen. Jeder versuchte, wenn irgend möglich, den anderen oder die andere auszustechen. Die Cocktailkleider konnten nicht extravagant genug sein, und um beim Dinner neben dem Generaldirektor zu sitzen oder gar mit ihm zu tanzen, dafür lohnte es sich schon, die Ellbogen zu gebrauchen oder zu jeder, auch der absurdesten Verleumdung zu greifen. Natürlich tat ich mich hier sehr schwer, besonders am Anfang, weil ich ja das gesellschaftliche Leben in dieser Form nicht kannte. Hinzu kam, daß ich keinen Alkohol vertrug und nicht in der Lage war, beim Trinken mitzuhalten.

Das Hotel war mit seinen 350 Zimmern kein allzu großes Haus. Trotzdem nahm mich meine neue Tätigkeit als ,,Wirtschaftsstatistiker'' — so lautete die deutsche Bezeichnung für ,,Food & Beverage Controller'' — voll in Anspruch. Schwierigkeiten bereitete die deutsche Übersetzung der Terminologien aus dem Hilton Kontrollsystem, das Erstellen der vielen Formulare, Listen, Statistiken und sonstiger Unterlagen.

Am 28. November 1958 fand dann endlich die große Eröffnung statt. Die Festivitäten dauerten drei volle Tage, waren allerdings nicht ganz so aufwendig wie in Montréal. Die Ehrengäste von Herrn Hilton reisten wieder per Charterflugzeug an, und der Höhepunkt der Galaveranstaltungen war das sogenannte ,,Spiel im Schloß'', ein exklusives Bankett im großen Ballsaal, der von den Städtischen Bühnen wie das Innere eines Schlosses hergerichtet worden war. Die Amerikaner identifizierten die typisch deutsche Atmosphäre offensichtlich mit dem ,,German castle'', und so hatte man dem speziellen Wunsch der Konzernleitung entsprochen. Als Bedienung beim Gala-Essen fungierten Edelpagen, allerdings keine männlichen, sondern Damen des Städtischen Balletts in hautengen Trikots, zur großen Freude einiger Gäste, für die sich nämlich das Spiel im Schloß nach dem Dessert in ein ,,Spiel mit den Edelpagen'' fortsetzte. Einige Monate waren vergangen und nach den üblichen Anlaufschwierigkeiten begann der Hotelbetrieb zu funktionieren. Mein Büro war inzwischen gut eingearbeitet. Ich war stolz und zufrieden mit mir selbst und meiner Arbeit, hatte ich doch die Feuertaufe und die Anfangsphase meiner ersten selbständigen Position als verantwortlicher Abteilungsleiter gut überstanden.

In der Zwischenzeit zeigte ich Ginny, meiner Frau, die Stadt meiner Kindheit. Auch für mich war vieles, sehr vieles neu und unbekannt. Wir durchstreiften die verschiedenen Stadtteile, von der Glienicker Brücke bis zum Checkpoint Charlie in der Friedrichstraße. Unser Kleinwagen trug immer noch die französische Zollnummer seit der Abholung in Paris und war nicht offiziell angemeldet. Eines Tages wurden wir bei der Rückfahrt aus dem Ostsektor nach Westberlin am Kontrollpunkt Brandenburger Tor von der Westberliner Polizei kontrolliert, die uns auf französisch ansprach. Als sie feststellten, daß ich Deutscher war, nahmen sie sofort Anstoß am französischen Zollkennzeichen, witterten Steuerhinterziehung und Betrug und beschlagnahmten kurzerhand den Wagen bis zur Regelung der Dinge. Ich mußte ein deutsches Zollkennzeichen beantragen, da ich für einen ausländischen Konzern arbeitete und damit rechnete, über kurz oder lang wieder ins Ausland versetzt zu werden, mußte Steuern nachzahlen sowie Bußgeld und sonstige Gebühren zahlen, damit ich nach einer Woche, und mit Hilfe eines Rechtsanwaltes, endlich unseren Wagen wieder zurückbekam.

Als ich den Einkaufsleiter in dessen Urlaub vertrat, mußte ich erfahren, daß Vertreter unserer Lieferanten versuchten, mich durch private Geschenke zu beeinflussen, größere Mengen abzunehmen als benötigt. Bei meiner weiteren Arbeit im Hotel merkte ich bald, daß die Arbeitsweise, wie ich sie in Amerika kennengelernt hatte, nämlich der lockere Umgang mit den Mitarbeitern, hier nicht am Platze war. Distanz wurde zu den Vorgesetzten gehalten. Die Arbeitsabläufe mußten genau geregelt sein. Für alles gab es Formulare und Stempel. Zwar wurde auch in Amerika erwartet, daß eine Arbeit genau durchgeführt wurde, jedoch hielt man sich nicht mit Kleinigkeiten auf. Hier dagegen herrschte Perfektionismus, und das war nun ganz und gar nicht meine Art, wo ich doch geprägt war durch den Amerika-Aufenthalt. Ich hatte zu lange in anderen Ländern gelebt, in denen man in anderen Größenordnungen dachte und sich nicht mit unwichtigen Dingen aufhielt.

Als die Zeit verging, wurde ich wieder unruhig, denn ich wollte ja weiter. Ich sprach darüber mit meinem Chef, dem Wirtschaftsdirektor, und dem Generaldirektor. Man gab mir nach dem Einkauf die Chance, einige Monate als Küchensteward zu arbeiten. Dann wurde ich zum Coffee Shop Manager ernannt und somit in den Coffee Shop versetzt. Diese Rotation innerhalb des Hauses zielte darauf ab, das Organisationstalent und das Improvisationsvermögen zu entwickeln und zu festigen, bei gleichzeitiger Einblicknahme in möglichst viele andere Abteilungen, zum besseren Verständnis der Gesamtzusammenhänge innerhalb der Hotelorganisation.

Im Coffee Shop hatte ich erstmals weibliches Personal zu beaufsichtigen: 15 Bedienungen. Das stellte mich natürlich wieder vor neue, bis dahin ungekannte Probleme. Manche versuchten ihre weiblichen Reize ins Spiel zu bringen, um dadurch Vorteile zu erlangen, und sei es nur die Verschiebung eines freien Tages oder einen zusätzlichen Tag Ausgang. Einmal kam ich in arge Bedrängnis, als eine meiner Damen, die früher einmal Ballettänzerin war, mich unter dem Vorwand, mir etwas zeigen zu wollen, in den Keller lockte und mich hinter eine Tür zog, die zu einem Luftschacht führte. Plötzlich machte sie Annäherungsversuche. Sie schlang die Arme um mich und machte mit ihrem schlanken Körper verführerische Bewegungen. In solchen Augenblicken kann sich ein Mann leicht vergessen. Um so mehr war sie enttäuscht, als ich mich energisch losriß und ihr mit sehr präzisen Worten erklärte, daß sie mich offensichtlich falsch eingeschätzt habe.

Bei unseren häufigen Besuchen im Ostsektor der Stadt machten wir Bekanntschaft mit dem Russischen, z. B. durch Filme, Bücher, Ausstellungen, ebenso wie ja Angehörige der Russischen Besatzungsmacht ständig präsent waren. Als Hobby belegte ich in der Volkshochschule Kurse in Russisch. Ich hatte viel Spaß am Erlernen der Sprache im Lesen und Schreiben, zumal ich ja die Kenntnisse im Ostteil der Stadt praktisch unter Beweis stellen konnte.

Eindrücke in Polen

Über die Volkshochschule ergab sich die Gelegenheit, an einer Polenreise teilzunehmen, was mich besonders interessierte, da ich die Absicht hatte, damit einen Besuch meiner Geburtsstadt Breslau zu verbinden, die heute Wroclaw heißt. Nach knapp einstündiger Bahnfahrt durch die märkische Landschaft erreichten wir Frankfurt/Oder, die Grenzstadt zu Polen. Nach längerem Aufenthalt und erneutem Stop auf der polnischen Seite ging die Fahrt weiter über Kunowice, das ehemalige Kunersdorf, wobei ich unwillkürlich an die Schlachten Friedrichs des Großen denken mußte.

Unterwegs rollten auf Nebengleisen russische Panzer auf Flachwagen in Richtung Westen an uns vorbei, wohl zur Verstärkung der Grenztruppen. Als wir uns am frühen Morgen den Außenbezirken von Warschau näherten, fielen die vielen herrlichen Blumenfelder ins Auge, die dort angelegt sind. Nach der Ankunft am „Gdanska"-Bahnhof, dessen Hallen, vom Krieg zerstört, noch nicht wieder aufgebaut waren, reihte ich mich am Ausgang in die Schlange derer ein, die auf ein Taxi warteten. Zum Glück dauerte es nicht allzu lange, und ich fuhr über breite Straßen, auf denen wenig Verkehr war, zur Marszalkowska Avenue, einer der Hauptstraßen, am Kulturpalast vorbei, von russischen Architekten im Zuckerbäckerstil erbaut, wohl ein Geschenk Stalins an das neue Polen.

Das Taxi erreichte das Grand Hotel, einen imposanten zwölfstöckigen Bau, speziell für westliche Gäste eingerichtet. Das konnte man schon in der Hotelhalle erkennen, wo Gruppen von Amerikanern, Engländern und Franzosen auf ihre Zimmer warteten. Am Nachmittag schloß ich mich einer Stadtrundfahrt an. Sie führte vorbei am Landwirtschaftsministerium, am Nationalmuseum und an einer Kirche. In ihr wird angeblich das Herz von Chopin aufbewahrt, das nach seinem Tod von Paris nach Warschau gebracht worden sein soll. Über den Platz des Sieges mit dem Grabmahl des Unbekannten Soldaten gelangen wir zu einer

Barockkirche, die den Krieg fast unbeschädigt überstanden hatte. Wie die Reiseleiterin erklärte, war Warschau zu 85 Prozent zerstört worden; nur ein kleiner Teil rechts der Weichsel blieb erhalten. Um so mehr muß man die Menschen bewundern, die sich mit Zähigkeit und Lebensmut an den Aufbau gemacht haben, unter schwierigsten Bedingungen, da es unmittelbar nach dem Krieg weder Baustoffe noch Maschinen gab. Wenn man dies bedenkt, sieht man den von vielen Häusern bereits wieder abbröckelnden Verputz und die verrosteten Balkongeländer der großen Wohnblocks mit weniger kritischen Augen an. Die breiten Straßen und die riesigen Plätze entstanden nach dem Kriege, als man den Schutt wegräumte und die Gelegenheit nutzte, großzügiger zu planen. Die Altstadt ist teilweise noch von Ziegelmauern aus dem 13. und 14. Jahrhundert umgeben. Das Geburtshaus von Madame Curie ist als Museum eingerichtet. Am Marktplatz mit den vielen alten Giebelfassaden wurden die zerstörten Häuser zum großen Teil mit viel Mühe und Hingabe im ursprünglichen Stil restauriert. Dies sahen wir in einem Film über die Zerstörung und den Wiederaufbau Warschaus, der uns nach der Rundfahrt gezeigt wurde.

Über breite Alleen, an neuen, nach dem Baukastensystem errichteten Wohnblocks vorbei, kamen wir zu einem Denkmal. Eine Inschrift in polnischer und hebräischer Sprache erinnerte daran, daß sich hier das berüchtigte Warschauer Getto befand, das am Ende des Krieges fast völlig zerstört worden war. Es folgte ein Spaziergang im Lazienskowski-Park, in dem sich, umgeben von Rosenbeeten, das Chopindenkmal befindet. Bei schönem Wetter werden hier zu Ehren des großen Meisters Klavierkonzerte gegeben. Weiter unterhalb liegt das malerische Schloß des letzten Polenkönigs, quer über einen künstlich angelegten Weiher gebaut. In der zum Schloß gehörenden Orangerie finden täglich bei Kerzenschein Konzerte statt.

Gegen Abend kehrte ich ins Hotel zurück. Da ich nicht gleich schlafen gehen mochte, besuchte ich die Diskothek im Souterrain des Hotels. Der Raum war stilvoll eingerichtet, mit weichen bequemen Sesseln. Eine Kapelle spielte vorwiegend polnische Tanzmusik, begleitet von einer jungen Sängerin. Am Nebentisch wurde Deutsch gesprochen. Ich forderte eine der gutaussehenden Frauen zum Tanz auf und befand mich bald in bester Laune, da sich meine Partnerin als sehr gesprächig und amüsant erwies. Sie kam aus Leipzig und hielt sich mit einer Reisegruppe in Warschau auf, wo sie jedoch in einem billigen Hotel in einem Außenbezirk logierte. Nur aus Neugierde war sie in dieses Nobelhotel gekommen. Ich war erfreut, jemand aus dem anderen Teil Deutschlands kennenzulernen, noch dazu eine junge attraktive Frau. Sie bat mich an ihren Tisch und machte mich mit den Mitgliedern der Gruppe bekannt. So verbrachten wir einen sehr angenehmen Abend zusammen. Als wir beide schon in weinseliger Stimmung waren und sie vorschlug, das letzte Glas noch bei ihr auf dem Zimmer zu nehmen, wurde sie plötzlich von einem recht stämmig aussehenden Herrn in die Hotelhalle gerufen. Ich sah von weitem, wie sie heftig gestikulierten, und merkte sofort, daß der Aufpasser der Gruppe verhinderte, daß sich mitten in der polnischen Hauptstadt eine private deutsch-deutsche Wiedervereinigung vollzog.

Am nächsten Morgen ging es mit der Bahn weiter nach Wroclaw, wo ich gegen Mittag ankam. Über die Reiseagentur Orbis hatte ich ein Zimmer im Metropol Hotel bekommen. Ich war entsetzt über den Zustand des Hauses, der Zimmer, der Möbel, über alles, was man als Gast zu sehen bekam. Offensichtlich war man außer in der Hauptstadt nicht auf Auslandstourismus eingestellt. Der zweite Direktor des Hauses sprach gut Deutsch, und ich erzählte ihm, daß ich vor dreißig Jahren hier geboren worden sei. Er fuhr mich mit einem antiquierten Volkswagen durch die Stadt, zeigte mir den Rathausring mit dem berühmten Rathaus, das kaum unter der Kriegseinwirkung gelitten hatte, die Kanisiuskirche und die Jahrhunderthalle. Anschließend begleitete er mich durch den Park entlang dem Stadtgraben und erklärte mir alles, was ich wissen wollte. Ich würde mich gerne revanchieren für seine Freundlichkeit, sagte ich ihm. Ob ich ihm einen Posten im Westen verschaffen könne, fragte er. Wie gern hätte ich das tun wollen! Er mußte aber zugeben, daß es für ihn z. Z. unmöglich sei, auszureisen.

Der Eindruck, den mir das Wiedersehen mit meiner Geburtsstadt vermittelte, war zwiespältig. Es war wirklich keine deutsche Stadt mehr, sondern hundertprozentig eine polnische. Nichts mehr wiederzuerkennen, keinerlei Bindungen mehr.

Am nächsten Morgen reiste ich zurück nach Berlin. Am Bahnhof Zoo holte mich Ginny ab, die inzwischen ein Baby erwartete. Diese Reise nach Polen war für mich eine Reise in die Vergangenheit. Nun hieß es, sich wieder voll auf die Gegenwart zu konzentrieren.

Familienfreuden

Die Rückkehr nach Berlin machte mir klar, daß ich mich wieder in einer anderen Welt befand, im Vergleich zu dem, was ich gerade in Polen erlebt hatte. Hier im Westen herrschte ein aktiver wirtschaftlicher Aufschwung, Hochhäuser wurden gebaut, überall wurden Arbeitskräfte gesucht, alles stand zur Verfügung: Geld, Material, Maschinen. Dazu kam, daß die politischen Kräfte alles taten, um diese wirtschaftliche Entwicklung zu fördern, wobei man bestrebt war, dem einzelnen möglichst viel Freiraum zu lassen. Man baute auf die Eigeninitiative, auf das freie Unternehmertum. Dabei waren vor allem die Wirtschaftsprinzipien, die aus den USA herüberkamen, Vorbild, denn man ging davon aus, daß das, was dort erfolgreich war, auch hier funktionieren mußte. Die Kehrseite war allerdings, daß sich dadurch in Deutschland eine immer tiefere Spaltung vollzog, von der Politik über die Wirtschaft bis hin zu weltanschaulichen Fragen. Gerade in Berlin dokumentierte sich dieser Gegensatz, da wohl beide Seiten versuchten, ihren Teil der Stadt zum Aushängeschild zu machen. Als die Gegensätze zwischen den beiden Systemen immer stärker wurden und nicht zu überbrücken waren, führte dies schließlich zum Bau einer Mauer mitten durch die Stadt, so daß die Spaltung auch äußerlich dokumentiert war.

Aber die politischen Ereignisse und Probleme beschäftigten uns zu diesem Zeitpunkt kaum, sahen doch Ginny und ich einem freudigen Ereignis entgegen, laut Berechnung des Arztes so gegen Ende Mai. Im Grunde eine natürliche Sache, die man auch schon in anderen Familien beobachtet hatte. Anders ist es, wenn man selbst davon betroffen ist. Und es ist ein erhabenes Gefühl, wenn man miterleben darf, wie sich ein neues Leben entwickelt, wenn man am unerforschlichen Schöpfungsprozeß der Natur teilnimmt, wenn man realisiert, daß nur durch ein Kind aus der Verbindung zwischen Mann und Frau eine Familie wird, die Urzelle jeglicher menschlicher Gesellschaft. Besonders beim ersten Mal macht man sich Sorgen und Gedanken, ob auch alles gut verlaufen wird. Auch bei der Arbeit ertappte ich mich oft, daß ich an das Kind dachte. Sehnlichst wünschte ich mir, daß es gesund sein würde, ganz gleich ob es nun ein Junge oder ein Mädchen werde.

Es war am Abend eines großen Banketts. Ich sorgte im Hotel dafür, daß im Coffee Shop alles klappte, da ein Teil der Gäste innerhalb des vereinbarten Arrangements nach der offiziellen Veranstaltung im Ballsaal noch im Coffee Shop essen sollte. Wir waren an diesem Abend knapp mit Personal, zwei der Damen fehlten, und ich mußte zum Teil mitservieren. Da klingelte gegen 22.00 Uhr das Telefon. Ginny sagte mir, daß es wohl soweit sei. Ich fuhr, so schnell es ging, nach Hause. Zum Glück hatte ich den Wagen bei mir, was nicht immer der Fall war, da ich in der Regel mit den öffentlichen Verkehrsmitteln zur Arbeit fuhr.

Ich holte Ginny ab. Mit ihrem kleinen Koffer, den sie schon seit Wochen griffbereit stehen hatte, fuhren wir zur Klinik nach Nikolassee an der Potsdamer Chaussee, nicht allzu weit von unserer Wohnung. Es war schon fast Mitternacht, alles menschenleer, nicht mal ein Pförtner. Wir irrten durch lange Gänge, bis wir endlich eine Nachtschwester fanden, die Ginny sofort in den Kreißsaal führte. Kein Wunder, daß ich in dieser Nacht kaum schlafen konnte! Am nächsten Morgen erfuhr ich telefonisch, daß wir eine Tochter bekommen hatten. Es war der 25. Mai 1960. Am Nachmittag durfte ich im Krankenhaus durch die Glasscheibe meine neugeborene Tochter ansehen. Ginny und ich waren uns schnell einig, daß wir sie Erika nennen würden, wobei Ginny an das Heideblümlein dachte, ich jedoch an meinen in Kolumbien seinerzeit gefaßten Vorsatz. Die nächsten Wochen verbrachten wir damit, uns an das neue Familienmitglied zu gewöhnen bzw. uns auf unsere kleine Tochter einzustellen. Dies war ja besonders für Ginny eine starke Belastung. Und auch ich mußte mich erst mit dem Babygeschrei vertraut machen, das einen nachts aus dem Schlaf riß. Aber durch die langjährige Hotelarbeit war ich es gewöhnt, mit relativ wenig Schlaf auszukommen.

In der Zwischenzeit war die Expansion von Hilton International weiter vorangeschritten. Zum Jahresbeginn hatte man von Western Hotels die „Hawaiian Village" am Strand von Waikiki in Honolulu auf Hawaii übernommen. Mein Chef, der Wirtschaftsdirektor, Herr B., war dort zum Resident Manager ernannt worden und befand sich schon seit einigen Monaten auf Hawaii. Ich selbst war nun schon über zwei Jahre in Berlin, hatte im Berlin Hilton die Eröffnung mitgemacht, das Food & Beverage Kontrollsystem erfolgreich eingeführt, Erfahrungen im Einkauf und in der Steward Abteilung erworben und war im Rahmen der mir vorgeschriebenen weiteren Ausbildung schon seit geraumer Zeit Manager im Coffee Shop. Alles in allem erschien es mir an der Zeit, daß sich beruflich nun bald etwas tun müßte, da ich auf der Managementlaufbahn weiterkommen wollte. Mein Wunsch war bei der Zentralverwaltung in New York bekannt. Doch in Berlin war die Position des Wirtschaftsdirektors anderweitig besetzt worden, so daß sich für mich hier keine Möglichkeit einer Beförderung bot. Aus Erfahrung wußte ich, daß sich in solchen Fällen Beförderungen ausschließlich im Rahmen von Versetzungen in neue Häuser ergaben. Unser Generaldirektor, Herr St., war inzwischen nach Holland versetzt worden, wo zwei weitere Hotels in Amsterdam und Rotterdam eröffnet werden sollten.

Es wurde wieder Herbst und Winter, und Silvester feierten wir zum ersten Male zu dritt. Ende Januar 1961 kam ein langes Telegramm aus New York: Herr B. hatte mich zu sich nach Hawaii angefordert, und sein Antrag war genehmigt worden. Ich mußte spätestens in 14 Tagen meine neue Position als ,,General Purchasing Agent'' in Honolulu antreten. Dies bedeutete, daß ich für die Abteilungen Food & Beverage Kontrolle, Magazine sowie für den gesamten Einkauf, d. h. für das Beschaffungswesen generell verantwortlich war. Es galt, die Hawaiian Village, einen Komplex aus vielen Gebäuden, mit insgesamt 1100 Zimmern, auf das Hilton-System umzupolen, und dies in allerkürzester Zeit, da das Haus während der Übernahmephase nicht geschlossen, sondern voll in Betrieb war. Und auf Hawaii ist im Winter Hochsaison! Natürlich nahm ich das Angebot erfreut an, bedeutete es doch für mich eine weitere Beförderung und beruflich einen großen Schritt nach vorn. Ginny nahm die Neuigkeit mit Gelassenheit auf, obwohl sie sich bewußt war, welche Probleme und Schwierigkeiten ein Umzug von Berlin nach Honolulu mit sich bringen würde. Hinzu kam, daß sie bereits das zweite Kind erwartete.

Ich fuhr mit unserem Wagen nach Hamburg, um ihn direkt auf dem nächsten Frachter nach Hawaii einzuschiffen. Eine solche Reise dauert vier Monate, da die Route über die amerikanische Ostküste, die Karibik, durch den Panamakanal und die amerikanische Westküste geht. Wir mußten uns mit unserer Vermieterin arrangieren, einen Nachmieter für unsere Wohnung suchen und eine Reihe sonstiger Formalitäten erledigen. Die wichtigste war für mich die Erneuerung meiner Wiedereinreisegenehmigung nach USA, zu denen die Inselgruppe von Hawaii als 50. Staat gehört. Aufgrund meiner sehr kurzfristigen Versetzung war es notwendig, daß ich zunächst allein nach Hawaii vorausflog. Meine Familie begleitete mich bis New York und reiste von dort vier Wochen später nach.

Von Berlin, wo ich beruflich wie privat einen entscheidenden Lebensabschnitt verbracht hatte, flogen wir mit der Pan American Airways, über Frankfurt und London, nach New York. Das Wiedersehen mit meinen Schwiegereltern war herzlich, und die Freude über die neue Enkelin war natürlich groß. Ich blieb einige Tage in New York, um mir bei der Hilton-Zentrale die letzten Anweisungen für meinen neuen Posten einzuholen. Als ich beiläufig erwähnte, daß wir unser zweites Kind erwarteten, empfahl man mir, mit weiterem Nachwuchs etwas zurückzuhalten, da dies meine Beweglichkeit innerhalb des Konzerns beeinträchtigen würde. Die Versetzung einer großen Familie kommt den Konzern teuer zu stehen, da die Umzugskosten von der Firma übernommen werden. Ich versprach, den Rat zu beherzigen.

Am nächsten Tag flog ich nach Los Angeles, wo ich zwei Tage im Beverly Hilton wohnte, um mir die Stadt einmal anzusehen. Was kann man in dieser kurzen Zeit schon sehen? Hollywood und Sunset Boulevard sind ein Muß für jeden Touristen, dann das Zentrum, das es eigentlich gar nicht gibt, Long Beach und Santa Monica, und dann ist gerade noch Zeit, zum Hotel zurück und zum Flughafen zu fahren. Die United Airlines, die das Monopol auf der Strecke Los Angeles-Honolulu haben, bewältigen die Distanz in etwas mehr als fünf Stunden. Während des Fluges spielt der Lautsprecher schmalzige Hawaii-Melodien; die Stewardessen tragen den polynesischen Mumu, ein langes Kleid bis auf die Schuhe, verteilen Sonnenöl und warnen die Touristen vor den Strahlen der tropischen Sonne.

Wir überflogen den Wendekreis des Krebses, drangen sozusagen geographisch in die Tropen ein.

Da, ein Hinweis des Flugkapitäns: ,,Auf der linken Seite am Horizont die Silhouette des Big Island, der großen Insel von Hawaii mit dem Mauna Loa Vulkan, über 4000 Meter hoch und noch heute aktiv!'' Nach einer Weile tauchte rechts die Insel Maui auf, und dann sahen wir endlich, ebenfalls rechts, die Silhouette der Insel Oahu mit ihrem Wahrzeichen, dem Diamont Head, dem Strand von Waikiki und der Skyline von Honolulu. In einem großen Halbkreis schwenkte die Maschine ein und landete auf dem International Airport von Honolulu.

Herr B. holte mich ab mit einem riesigen Lincoln Cabriolet, einem der vielen Geschäftswagen. Langsam fuhren wir den A la Moana Boulevard hinunter, links das A la Moana Shopping Center, rechts das Kayser Hospital und der Yacht-Hafen. Dann lag vor uns das riesige Areal der Hilton Hawaiian Village mit dem halbkugelförmigen Aluminium Dom, einer großen Bankethalle.

Herr B. sagte mit einer weit ausladenden Handbewegung: „Alles, was Sie hier vor sich sehen, wird Ihr Problem sein." Meine Begeisterung war etwas gedämpft. So riesig groß hatte ich mir das nicht vorgestellt.

Die Hilton Hawaiian Village bestand aus drei Hauptgebäuden, dem Beach Tower, dem Ocean Tower und dem Village Tower sowie einigen Flachbauten, den Lanai Buildings, und links davon, entlang einer künstlich entstandenen Lagune mit aufgeschüttetem Privatstrand, einer Anzahl Bungalows im polynesischen Stil, mit Palmblättern eingedeckt, ansonsten jedoch modern und komfortabel ausgestattet, mit Küche, Bad, zwei Schlafzimmern und einer großen Terrasse. Mir wurde der Bungalow Nr. 104 zugewiesen, im Hinblick darauf, daß meine Familie ja in vier Wochen nachkommen werde. Die 104 lag am äußersten Ende des Grundstücks, direkt neben einer polynesischen Bar, dem „Tahatian Lanai".

Am Abend meiner Ankunft fand das wöchentlich einmal angesetzte Luau statt, ein polynesisches Festessen. Man sitzt auf dem Boden auf Bambusmatten in einer großen Halle, dem Long House, und ißt mit den Fingern das Schweinefleisch, das in einer Sandgrube — in die das ganze Schwein, mit heißen Lavasteinen gefüllt und in Palmblätter gewickelt, gelegt worden ist — in 13 bis 15 Stunden gegart wird. Als Beilage gibt es Poi, einen Maniokbrei, und Kokosnußpudding, in Holzschüsseln und auf Palmblättern angerichtet. Bei Mai Tai, in der ausgehöhlten Ananas serviert, und Kokosnußschnaps wird die Stimmung gelockerter. Nach dem Nachtisch tanzen verführerisch schöne Mädchen, nur mit Grasrock und zwei halben Kokosnußschalen bekleidet, den Hula-Hula und den Tamuré. Nach polynesischer Sitte werden Männer, die, aus was für Gründen auch immer, ohne ihre Frauen anwesend sind, besonders aufmerksam von eigens hierfür ausersehenen Mädchen betreut.

Der Hotelfotograf hielt dies im Bild fest, und Herr B. versicherte mir, er werde dieses Bild an Ginny schicken, damit sie sich keine Sorgen um mich zu machen brauchte, da ich ja — wie ersichtlich — in besten Händen sei, was wörtlich zu nehmen war.

Der Hauptbahnhof in Breslau heute.

Berlin-Wannsee, an der Glienicker Brücke.

Schon am ersten Abend in Honolulu auf Hawaii in festen Händen!

Paradies Hawaii

Die ersten vier Wochen in der Hilton Hawaiian Village waren ausschließlich von der Arbeit geprägt. Es galt, das gesamte interne Kontrollsystem von Western International auf das Hilton-System umzustellen. Das war eine enorme Arbeit — aufgrund der Größe dieses Hauses. Die gesamten Warenbestände mußten nach den Hilton-Spezifikationen neu zusammengestellt, ergänzt und aussortiert werden. Es folgten die inventarmäßige Erfassung und die vielen notwendigen Neubestellungen. Der gesamte Einkauf wurde reorganisiert. Neue Karteien und Lagerkarten wurden angefertigt. Endlose Verhandlungen mit Lieferanten und Vertretern wurden geführt. Warenproben mußten analysiert werden. Kurzum — es blieb kaum Freizeit, und ich kam in der ersten Zeit nicht einmal dazu, während des Tages an den Strand zu gehen. Dies gelang mir allenfalls am späten Abend, was natürlich einer gewissen Romantik nicht entbehrte.

Das erste große Ereignis, das das ganze Hotel und — man kann sagen — ganz Honolulu in Aufregung versetzte, war die Ankunft von Elvis Presley, dessen Lieder damals um die Welt gingen. Er wohnte eine Zeitlang bei uns im Hotel, um den Film „Blue Hawaii" zu drehen, in dem er die Hauptrolle spielte. Während seiner Anwesenheit war das Hotel ständig von seinen Fans umlagert und belagert. Sie kamen zu jeder Tages- und Nachtzeit, um ihr Idol einmal aus der Nähe zu sehen. Oft stand Elvis auf dem Balkon seiner Suite im Ocean Tower mit Blick auf den überfüllten Strand, um seinen Fans zuzuwinken. Die brachen dann in ein ohrenbetäubendes Geschrei aus, worauf Presley Hemden und andere Kleidungsstücke, ja sogar einmal eine Unterhose in die Menge warf. Dabei gab es jedesmal eine große Rangelei, denn jeder wollte ein Stück davon als Souvenir ergattern, und bald waren die Kleidungsstücke in viele einzelne Teile zerfetzt. Bei besagter Unterhose stritten sich die weiblichen Teenager buchstäblich um jeden Faden.

Die Arbeit im Hotel brachte für mich viele neue Eindrücke. Vor allem an den Umgang mit dem einheimischen Personal mußte ich mich erst gewöhnen. Die Bevölkerung bestand aus einer Mischung von Chinesen, Japanern und Polynesiern. Alle waren von einer umwerfenden Freundlichkeit. Ihre Arbeitseinstellung machte mir Probleme, denn sie gingen mit Ruhe an die Dinge heran, ohne sich hetzen zu lassen. Wenn wir uns einmal in Zeitdruck befanden, was ja laufend der Fall war, und wenn dann schneller gearbeitet werden mußte, kostete es mich viel Überredungskunst, meine einheimischen Mitarbeiter dazu anzuhalten, aus ihrer Ruhe aufzuwachen und sich etwas schneller zu bewegen.

Trotzdem fühlte ich mich hier sehr wohl, was auch mit dem angenehmen Klima und den milden Temperaturen zusammenhing. Gegenüber dem kalten Winter in Montréal konnte man sich hier fast wie im Paradies fühlen.

Nach vier Wochen kam meine Familie aus New York nach. Ginny und unsere kleine Tochter Erika waren vom ersten Tag an begeistert von unserem Bungalow und von unserem Privatstrand mit der kleinen Lagune, mit der Insel und den drei Palmen in der Mitte. Allerdings mußten sie sich auch erst an die Nachtbar nebenan, den ,,Tahitian Lanai'', gewöhnen. Abends begleiteten uns die Südseerhythmen, wenn wir uns zur Ruhe legen wollten, und früh am Morgen war die Musik immer noch zu hören.

Im Juli 1961 wurde unser Sohn Andrew geboren. Natürlich war die Freude riesengroß. Stolz betrachtete ich unseren neuen Sprößling im Kayser Hospital gleich neben dem Yachthafen, als ihn mir eine Schwester durch die Glasscheibe zum ersten Mal zeigte. Auf der Geburtsurkunde stand unter Staatsbürgerschaft ,,american''. Immerhin war er ja im 50. Bundesstaat der USA auf die Welt gekommen. Nun waren wir also eine richtige Familie: Vater, Mutter, Tochter und Sohn. Erika gewöhnte sich schnell an ihr Brüderchen. Bald begann er herumzukrabbeln, natürlich sofort zum Strand und in Richtung Lagune. Kleider oder Schuhe brauchte er in den ersten Monaten nicht, und bevor er laufen lernte, machte er schon seine ersten Schwimmversuche im warmen türkisfarbenen Wasser. Da setzte auch Erika ihren Ehrgeiz daran, um schwimmen zu lernen. Für die Kinder war dies wahrhaftig ein paradiesisches Leben.

Inzwischen war meine Arbeit auch soweit organisiert, daß ich mir die Abende mehr oder weniger regelmäßig freinehmen konnte. Da wir nun auch wieder motorisiert waren — das taubenblaue Cabriolet war eines Tages mit einem Frachter nach viermonatiger Reise aus Hamburg eingetroffen — fuhren wir meist durch den Paali-Tunnel, unter dem bizarren Bergmassiv aus Lavagestein, auf die andere Seite der Insel Oahu an einen der vielen einsamen Strände zum Picknick. Die untergehende Sonne hinter dem Riff tauchte die Weiten des Pazifik bis zum Horizont in einen glutroten Farbton. Die leicht kühle Abendbrise ließ die Palmblätter rascheln und fachte das Lagerfeuer an. Eine unbeschreibliche Stimmung: Hawaii, wie man sich es vorstellt, wie aus dem Prospekt oder aus dem Bilderbuch!

Um meine Freizeit sinnvoll auszunützen, erfüllte ich mir nebenbei einen langgehegten Wunsch: Ich schrieb mich auf der University of Hawaii ein, um das sogenannte „College-entrance-examination" zu absolvieren, das man mit dem Abitur gleichsetzen kann. Da ich in den Nachkriegswirren und durch meine Auslandsaufenthalte bedingt, nie das Abitur hatte machen können, hatte ich fast so etwas wie Minderwertigkeitskomplexe, obwohl ich für meine Laufbahn bei Hilton International das Abitur nie gebraucht hätte. Mir ging es um eine Selbstbestätigung, die ich dann auch wirklich voll genießen konnte, als ich das begehrte Zertifikat in Händen hatte.

An den Wochenenden fuhren wir zur äußersten Südwestspitze der Insel, nach Kaena Point, wo man bei günstiger Witterung am Horizont die Umrisse der Nachbarinsel Kawaii sehen konnte. Weil hier das schützende Korallenriff fehlte, war der Wellengang besonders stark. Die haushohen Wellen waren das Eldorado für geübte Surfer. Ich selbst habe das Surfen zu dieser Zeit nur mäßig erlernt. Bei niedrigem Wellengang gelang es mir schon hin und wieder einmal, für kurze Zeit auf dem Brett zu stehen, bevor ich wieder kopfüber ins Wasser fiel. So legte ich mir ein ganz neues Hobby zu: das Tauchen. Mit Brille und Schnorchel erkundete ich die Unterwasserwelt und erlebte die riesigen Langusten, die ich sonst nur aus der Küche kannte, hier in den Höhlen der Lavasteine in ihrem natürlichen Element.

Oft fuhren wir auch an Pearl Harbour vorbei, dem berühmten Kriegsschauplatz aus dem Zweiten Weltkrieg, wo ein japanisches Bomberkommando in einem Überraschungsangriff einen großen Teil der amerikanischen Flotte vernichtet und damit den Krieg gegen die USA ausgelöst hatte.

Von den damaligen Kriegsereignissen war nichts mehr zu spüren. Hawaii lag in Ruhe und Frieden, und es hätte auch für mich so bleiben können, wenn nicht wieder die bekannte innere Unruhe gekommen wäre, die mich an mein berufliches Fortkommen erinnerte. Vielleicht war es auch der berüchtigte ,,Insel-Koller", der jeden, der auf einer Insel lebt, früher oder später einmal befällt, den einen mehr, den anderen weniger. Das ist ein gewisses Gefühl von Melancholie und Schwermut, das auch mich befiel, wenn ich mit Ginny abends bei sternklarem Tropenhimmel weit draußen am Riff saß, auf die Weiten des Pazifiks hinaussah und den Flugzeugen oder Schiffen nachschaute. Wie lange würden wir noch auf Hawaii bleiben? Wann würde ich wieder befördert werden? Herr B., der mich ja nach Hawaii gebracht hatte, war längst nach Tokio versetzt worden, als Generaldirektor des neu zu eröffnenden Tokio Hilton Hotels. Eine weitere Beförderung würde diesmal problematisch werden, auch weil Ginny unser drittes Kind erwartete; ich mußte immer wieder an die Worte von Mr. B. in New York denken.

So vergingen das Frühjahr und der Sommer 1962. Mit Ausnahme einer Dienstreise nach Chicago, wo ich als Einkäufer für Hilton eine Fachausstellung besuchte, ereignete sich nichts Nennenswertes. Für den Fall, daß wir längere Zeit auf Hawaii bleiben würden, erkundigten wir uns nach der Möglichkeit, ein Grundstück oder ein Haus zu erwerben. Aussichtslos für Fremde oder gar Ausländer! Land kann nur von Einheimischen erworben werden.

Es war September. Sturmwarnung, graue Wolken bedeckten den Himmel. Der Strand war wegen der hohen Wellen gesperrt. Meine Stimmung war wie das Wetter, und der Insel-Koller hatte mich wieder einmal gefaßt. Ginny sagte mir, sie wünsche sich, es käme wieder ein Anruf aus New York, wie damals in Berlin. Ihr Wunsch ging in Erfüllung, denn der Anruf aus New York kam wirklich: Ich solle umgehend nach Teheran kommen, um bei der Voreröffnungsphase des Royal Tehran Hilton (in der Landessprache: Tehran) mitzuhelfen, vorher aber in New York Instruktionen und Direktiven entgegennehmen. Ich war überglücklich, konnte es kaum fassen, Teheran, Persien, ein völlig neues Land! Der Orient, den ich ja noch nicht kannte!

Leise Zweifel überkamen mich. War ich dieser neuen Aufgabe auch gewachsen? Doch was soll's, hatte ich doch bisher in meinem Leben schon so viele unterschiedliche Aufgaben gemeistert, warum sollte ich es also diesmal nicht schaffen? Es war klar, daß die Familie bis zur Geburt des dritten Kindes und bis zur Klärung meines weiteren Berufsweges, nach der Eröffnung in Teheran, weiterhin auf Hawaii bleiben würde. Das Management der Hawaiian Village hatte meiner Familie großzügigerweise auch während meiner Abwesenheit freien Unterhalt bis auf weiteres zugesichert. Ginny brachte mich zum Flugplatz. Nach dem Abflug noch ein letzter Blick auf Honolulu und Diamond Head. Dann durchstieß die Maschine der Unites Airlines die Wolkendecke. Aloha Hawaii, ein neuer Lebensabschnitt lag vor mir.

Royal Teheran Hilton

Über San Francisco ging es zunächst nach New York. Ich verbrachte einige Tage in der Hilton-Zentrale im Waldorf Astoria Hotel, um eine Dokumentation über das neue Hotel in Teheran zusammenzustellen, die hauptsächlich aus Kopien sämtlicher Kaufaufträge für dieses Haus bestand. Dann ging es weiter nach München, wo ich nach langer Zeit wieder einmal meine Eltern besuchte. Meinem Vater ging es gesundheitlich nicht allzu gut, meine beiden jüngeren Brüder studierten in München, mein älterer Bruder war bereits in leitender Stellung im Ruhrkohlebergbau. Meine Familie hatte ihr Haus und ihr Auskommen, wenn auch die Maßstäbe bescheiden gesetzt waren, verglichen mit dem großzügigen Leben der internationalen Luxushotellerie, das ich bisher gewohnt war. Zwangsläufig war ich ein Außenseiter der Familie auf kurzem Besuch.

Nach zwei Tagen ging es weiter, über Rom nach Beirut. Von hier starteten wir gegen Mitternacht. Sternklare Nacht. Der Flug ging über Wüste und Ödland. Nur ganz selten ein kleines Licht am Boden, ein Dorf oder eine Oase. Fast lautlos flogen wir dahin, so daß ich unwillkürlich an den fliegenden persischen Teppich denken mußte. In der Frühe, um 2.00 Uhr, Landung in Mehrabad, dem Flughafen von Teheran. Mr. C., künftiger General Manager des neuen Hotels, holte mich ab. Da das Hotel noch nicht bezugsfertig war, wurden wir in einem kleinen Hotel der Mittelklasse im Zentrum der Stadt untergebracht. Ich schlief mich erst einmal richtig aus.

Teheran, mit einigen Millionen Einwohnern, liegt auf einer Hochebene, ca. 1500 Meter hoch, am Südhang der Alborz-Berge, die im Norden zum Kaspischen Meer hin abfallen. Ultramoderne Hochhäuser in den Hauptgeschäftsstraßen des Zentrums wechseln mit endlosen Straßenzügen mit einstöckigen Häusern oder Lehmhütten. Es gibt keine Kanalisation, sondern — selbst im Zentrum, neben den Bürgersteigen — nur kleinere und größere Gräben, in denen das Schmutzwasser abfließt. Buntes orientalisches Treiben, verschleierte Frauen, Ochsen- und Eselskarren, Scharen von Kindern, zerlumpte Bettler, Straßenhändler, die alles, aber auch alles feilbieten, Gaukler, Schlangenbeschwörer, Marktschreier, dazwischen der ohrenbetäubende Lärm der Autos aller Jahrgänge und Modelle, auch russischer Herkunft. Über allem ein stahlblauer Himmel und eine trockene Luft, nachts sehr kühl, am Tage heiß, aber wegen der Trockenheit nicht unangenehm.

Es war nun Anfang Oktober 1962. Die Eröffnung des Royal Teheran Hilton war für den 21. Januar 1963 geplant. Wir hatten also etwas mehr als drei Monate Zeit. Als ich in den folgenden Tagen in meiner Funktion als Management Trainee begann, die vorhandenen Bestände zu erfassen und das bereits eingetroffene Material zu kontrollieren, stieß ich bald auf scheinbar unüberwindbare Schwierigkeiten. Der Landessprache Farsi weder in Wort noch in Schrift mächtig, war ich auf Gedeih und Verderb auf einen Dolmetscher angewiesen, dessen Englisch nur schwer verständlich war. Bei dem künftigen Einkaufsleiter Hassan war das Englisch schon besser, und meine Sekretärin, Miss F., hatte sogar in Oxford studiert.

Schon bei den ersten Bestandsaufnahmen stellte ich fest, daß ein großer Teil der Ware und des Materials noch nicht da war. Ich begab mich also auf das Postamt, mit der Absicht, ein langes Telex nach New York zu schicken, um das Fehlende anzufordern. Diese Aktion allein nahm Stunden in Anspruch, da es sich als ein kompliziertes Unterfangen erwies, ein solches Fernschreiben durchzubekommen, vor allem, wenn man auf Antwort warten wollte. Mit dem Telefonieren war es auch nicht viel besser; ständig war die Verbindung gestört, oder aber sie war so schlecht, daß man sich kaum verständigen konnte. Viele Sendungen, die für uns bestimmt waren, lagen beim Zoll am Flughafen und wurden uns aus mir anfangs unverständlichen Gründen nicht ausgeliefert. Ich beauftragte nun Hassan, mich als Kommissionär zum Zoll zu begleiten, um so an die Lieferungen heranzukommen. Da Hassan bereits im London Hilton gearbeitet hatte, verstand er wenigstens die europäische Mentalität und kannte solche Begriffe wie Dringlichkeit oder Zeitknappheit. Er machte mir klar, daß in diesem Lande ohne Bestechung nichts lief. Als ich schließlich vorsichtig begann, Geldscheine zu verteilen, erhielten wir plötzlich Papiere und Stempel und damit auch unsere Waren. Noch schwieriger war es an Freitagen, den mohammedanischen Sonntagen, an denen kaum jemand ansprechbar war und nur das Doppelte an Scheinen einen Zollbeamten dazu bewegen konnte, uns die nötigen Papiere auszustellen.

Da es in Persien als streng islamischem Land keine Alkoholika gab, forderte ich die Spirituosen per Fernschreiben bei den Lieferanten in Europa an. Die meisten Lieferungen kamen per Flugzeug, und so verbrachte ich mit Hassan zusammen ganze Nächte am Flugplatz, um auf die Maschinen zu warten und bei ihrer Ankunft sofort festzustellen, ob die Waren an Bord waren, oder — wie dies oft geschah — auf dunklen Wegen auf dem Schwarzmarkt gelandet waren.

Schwierigkeiten ergaben sich auch mit dem Personal. Die jungen Perser waren sehr ehrgeizig, aber die meisten hatten keine richtige Schulbildung, stammten aus ärmsten Verhältnissen, so daß sie bei ihren Vorstellungsbesuchen nicht einmal Schuhe vorweisen konnten. Meine Sekretärin, die aus der Oberschicht kam, betätigte sich bei solchen Personalgesprächen als Dolmetscherin. Dabei hatte ich oft den Eindruck, daß sie mit Verachtung auf ihre Landsleute aus den Unterschichten herabsah. Als ich bei einer Einkaufsfahrt in der Stadt einmal verschleierte Frauen sah, die große Wasserkrüge auf ihren Köpfen balancierten, und ich meine Chauffeuse fragte, ob sie das auch könne, wurde sie sehr böse und fühlte sich beleidigt. Sie erklärte mir, daß sie aus besseren Kreisen stamme, die in Häusern mit fließendem Wasser wohnten. Die Klassenunterschiede waren in diesem Lande tief verwurzelt. Unsere einheimischen Kollegen, die bei Hilton Führungspositionen innehatten, wollten uns bei Festen, die sie in ihren Häusern gaben und zu denen sie uns einluden, immer wieder beweisen, daß sie einen entsprechenden Standard hätten. Sie wiesen auf ihre wertvollen Möbel und Einrichtungsgegenstände hin, die sie im westlichen Ausland für teures Geld erstanden hätten. Meist waren die Einladungen mit einem großen Essen verbunden, das sich über Stunden hinzog, weil zwischendurch viel geredet oder besser gesagt palavert wurde.

Eine besondere Delikatesse, die man uns Ausländern gern servierte, war das ungeborene Schaf, kurz vor der Geburt, im Ganzen gebraten. Zuerst war mir nicht klar, um welche Art Fleisch es sich handelte. Als ich es erfuhr, gab ich nur vor, etwas davon zu essen.

Denn es zählt zu den größten Unhöflichkeiten, einem Gastgeber das Essen abzuschlagen; so etwas wird nie verziehen.

Am 26. Oktober erhielt ich ein Telegramm aus Hawaii: Unser drittes Kind, eine Tochter, war geboren. Schon vor meiner Abreise hatten wir uns für den Fall, daß es ein Mädchen werden sollte, auf den Namen Monika geeinigt. Voller Freude fuhr ich gegen Mitternacht ins zentrale Post- und Telegrafenamt der Stadt, um ein Ferngespräch nach Honolulu anzumelden. Es herrschte daraufhin große Verwirrung, da die diensttuende Dame nicht wußte, wo Honolulu lag. Als ich ihr auf der großen Weltkarte am Eingang des Gebäudes die Inseln von Hawaii zeigte, stand sie vor einem neuen Problem: Alle Leitungen in Richtung Osten und auch der Funkverkehr in diese Richtung seien blockiert. Ich mußte der Dame mühsam mit Händen und Füßen klarmachen, daß die Erde ja rund sei und daß sie die Verbindung doch in Richtung Westen versuchen solle. Mehr per Zufall bekam sie nach über einer Stunde Wartezeit per Funk London, und das dortige Fernamt stellte dann über New York die Verbindung nach Hawaii her. Sie war dann zwar so schlecht, daß ich Ginny nicht verstehen konnte und sie mich sicher auch nicht, aber ich gratulierte ihr umso herzlicher zur gut verlaufenen Geburt. Was dann allerdings perfekt klappte, war die Ausstellung der Rechnung. Aus lauter Müdigkeit und Frustration zahlte ich den geforderten Preis, obwohl ich genau wußte, daß man mich erheblich übers Ohr gehauen hatte.

Der Termin der Eröffnung rückte näher, und Monsieur R., mit dem ich schon das Queen Elizabeth in Montréal eröffnet hatte, reiste an, um die Eröffnung mit zu koordinieren. Ich holte ihn mit Hassan in unserem Geschäftswagen vom Flugplatz ab. Auf dem Weg vom Flughafen ins Hotel bestand er darauf, sich die berüchtigten Vergnügungsviertel von Teheran anzusehen, die „Sha-Reh-Noh". Hassan schien sich hier auszukennen; mir wurde jetzt klar, daß er sich sein Zubrot als Zuhälter verdiente. Das „Etablissement" bestand aus einem großen Vorraum, ganz mit Teppichen ausgelegt, auf denen Kissen und Wasserpfeifen und sonstiges Kupfergeschirr herumstanden, und einigen Nebenräumen, die vom Vorraum nur durch einen Vorhang abgetrennt waren. Während ich mich im Vorraum mit Hassan bei süßem Honiggebäck und starkem schwarzem Tee unterhielt, wurde Monsieur R. von zwei Mädchen im durchsichtigen Schleier in einen Kaftan gekleidet. Sie wuschen ihm Hände und Füße und salbten ihn mit Rosenöl. Dann verschwand er hinter einem der Vorhänge für die nächste halbe Stunde. Hassan erklärte mir, daß es sich um „seine Mädchen" handele und daß somit auch nichts zu bezahlen sei. Als Gegenleistung erwarte man von uns nur, daß nach der Eröffnung den ausländischen Gästen das „Etablissement" empfohlen werde.

Die Eröffnung kam immer näher. Monsieur R. hielt uns genauso auf Trab wie damals in Montréal. Alle Speisen für die vielen Gala-Essen wurden ausprobiert, jedes Bankett generalstabsmäßig vorbereitet. Beim Kontrollieren der Speisekarten des Coffee Shops fiel kurz vor der Eröffnung zum Glück noch jemandem auf, daß unter vielen orientalischen Gefäßen, die zur Verzierung auf den Umschlag gedruckt waren, auch ein Gefäß war, das keinesfalls auf einer Speisekarte erscheinen durfte: die bekannte Toilettenkanne mit dem langen Schnabel, ein Requisit, das zu jeder orientalischen Toilette gehört. Es dient in Verbindung mit einem Wedel zum Reinigen des betreffenden Körperteils, da ja kein Papier benutzt wird. Große Panik. Was war zu tun? An ein Neudrucken der Umschläge war zeitlich nicht mehr zu denken. Da hatte jemand eine rettende Idee: Der lange Schnabel dieser Kanne sollte mit einem Schaschlikspieß überdruckt werden; durch Wegfall des Schnabels sei die Kanne nicht mehr als Toilettenutensil zu erkennen. Dieses Überdrucken ließ sich gerade noch zeitlich bewerkstelligen. Monsieur R. mußte sich einen massiven Vorwurf gefallen lassen: Immerhin war er für den Druck der Speisekarten in New York verantwortlich gewesen, wo natürlich niemand mit den orientalischen Gepflogenheiten vertraut war.

Das Zeremoniell der Eröffnung eines Hilton-Hotels war mir schon einigermaßen vertraut. Wieder reisten Ehrengäste, Persönlichkeiten des öffentlichen Lebens und Stars aus Hollywood per Charterflugzeug an. Seine Majestät der Shah mit seiner Gattin Farah Dibah war ebenfalls geladen. Immerhin war das Hotel aus Geldern der Pahlehvi-Foundation, also dem Privatvermögen des Shahs, finanziert worden.

In den letzten Tagen vor der Eröffnung, also zu dem Zeitpunkt, zu dem auch wir endlich ins Hotel zogen, war das gesamte Gebäude vom Keller bis zum Dach von Sicherheitsbeamten gründlich durchsucht worden. Eine Stunde vor Eintreffen der Ehrengäste beschloß man, auf besonderen Wunsch, am Eingang ein Kamel zu postieren. Da ich für das Beschaffungswesen verantwortlich war, wurde ich mit dieser Angelegenheit beauftragt. Dank der guten Beziehungen von Hassan und gegen ein erhebliches Bakschisch gelang es uns, ein solches zweihöckeriges Tier aus einer der Vorstädte, per Laster, noch gerade rechtzeitig anzuliefern. In seiner Aufregung hinterließ das arme Tier seine Spuren ausgerechnet neben dem roten Teppich am Eingang, zum Glück erst, nachdem die Majestäten das Haus betreten hatten. Das Staatsbankett verlief generalstabsmäßig. An den verschiedenen Türen zwischen Küche und Ballsaal standen Posten mit aufgepflanztem Bajonett und hoben die Clochen von jeder Platte, bevor sie zum Servieren in den Saal getragen werden durften.

So verlief der erste Abend reibungslos und nach Plan. Wir waren schon seit einiger Zeit Tag und Nacht auf den Beinen und hielten uns nachts nur mit riesigen Mengen von schwarzem Kaffee aus großen Thermoskannen wach. Am nächsten Abend war ein spektakuläres Essen im Golestan-Palast, dem Palast des Shahs, im Zentrum der Stadt, geplant. Dieses Essen wurde von uns, d. h. von der Küchen- und Servicebrigade des Hotels, ausgerichtet und serviert. Ich war zusammen mit Monsieur R. für den organisatorischen Ablauf verantwortlich. Die Kellner waren in einer altertümlichen Tracht angezogen und servierten aus altem, zisiliertem Kupfer- und Zinngeschirr. Der Clou dabei war ein riesiger Becher, ca. 1,50 Meter hoch, der auf einer Trage von vier Pagen hereingebracht wurde. Dann wurde der Becher von vier weiteren

Pagen leicht am Henkel gekippt, so daß der Inhalt in die Zinnbecher einzeln eingeschenkt werden konnte. Auch die Fleisch- und Fischstücke wurden auf solchen Tragen hereingebracht. Das Gala-Essen im Golestan-Palast war gegen 2.00 Uhr früh beendet. Gegen 3.00 Uhr kamen wir ins Hotel zurück.

Am selben Morgen mußten wir nach Isfahan fliegen, 400 km südlich von Teheran, um im Palast der 40 Säulen ein original persisches Essen für die Eröffnungs-Ehrengäste auszurichten. Für die gesamte Organisation dieses Unternehmens war ich verantwortlich. Ich hatte sämtliche Vorbereitungen bereits vor Ort während zweier vorangegangener Besuche getroffen, z. B. Dekoration, Personal, Material. Leider vergaß ich, der Telefonistin zu sagen, mich um 6.00 Uhr zu wecken. So wachte ich nach kurzem, bleiernem Schlaf erst gegen 7.00 Uhr auf. Das war der Zeitpunkt, zu dem das einzige Linienflugzeug, das täglich von Teheran nach Isfahan verkehrte, abflog. Ich bekam einen gewaltigen Schreck. Die Katastrophe schien vorprogrammiert zu sein. Ich zog mich schnell an, nahm ein Taxi zum Flughafen Mehrabad, in der vagen Hoffnung, das Flugzeug könne sich vielleicht verspätet haben. Natürlich war es pünktlich abgeflogen.

In der Abflugshalle traf ich Herrn M., unseren Steward, der wie ich das Flugzeug verpaßt hatte. Was tun? Jetzt aufgeben und davonlaufen hieße, daß meine Karriere bei Hilton beendet wäre. Also mußte ein Flugzeug her. Ich ging ins Büro der Flughafenkommandantur und bestellte ein Charterflugzeug nach Isfahan. Obwohl ich nicht damit gerechnet hatte, daß dies überhaupt möglich sei, war tatsächlich nach einer halben Stunde eine kleine DC-3 startklar. Die einzigen Passagiere: Herr M. und ich. Kosten des Flugs: 600 Dollar, gegen meine Unterschrift und auf den Namen der Firma Hilton. Sicher hatte beim Kommandanten von Mehrabad auch der Hinweis auf die Anwesenheit des Shahs beim Essen in Isfahan einen nachhaltigen Eindruck gemacht, obwohl dies nur eine Notlüge war.

Die kleine DC-3 flog etwas langsamer als die große DC-6 und dicht über den Bergspitzen dahin, über Wüste und Berge bis nach

Isfahan, das über 2000 Meter hoch liegt. Als die Maschine auf dem kleinen Rollfeld zum Stehen kam, stand das anwesende Militär stramm. Mit einer Sondermaschine kommen gewöhnlich nur hochstehende Persönlichkeiten. Man rollte vorsichtshalber einen roten Teppich aus. Sicherlich war man etwas enttäuscht, als nur wir beide ausstiegen und sonst niemand.

Dank den guten Vorbereitungen fiel unser Zuspätkommen gar nicht auf. Nun mußte ich mich noch um die Zubereitung des persischen Nationalgerichts Abgouscht kümmern. Mangels einer Küche machte ich ein Holzfeuer auf dem hinteren Hof. In einem großen zerbeulten Aluminiumkessel, der auf drei Steinen über dem Feuer stand, rührte ich mit einem improvisierten Stab Lammeintopf mit Reis. Es mundete allen köstlich. Wein, Schnaps und Bauchtänzerinnen verhalfen zu einer ausgelassenen Stimmung. Gott sei Dank, es hatte doch noch alles geklappt! Niemand hatte von der Panne von heute morgen etwas erfahren. Langsam löste sich der Streß von mir.

Am Abend flogen wir mit dem Charterflugzeug der Party nach Teheran zurück. Mr. B. aus New York, der mich seinerzeit engagiert hatte, war unter den Gästen. Er gratulierte mir. Es war alles zur vollsten Zufriedenheit von Herrn Hilton und seinen Gästen verlaufen. Ich fragte zögernd, wie lange ich noch in Teheran bleiben solle und was anschließend mit mir passiere. „Sie werden nach Hongkong gehen, als Food and Beverage Manager. Wir eröffnen dort ein großes Haus im April." Ich hörte diese Worte wie im Traum, dann wurde mir leicht schwindlig. Die Übermüdung nach den durchgearbeiteten Nächten, der Streß, die Aufregung des heutigen Tages, all das war etwas viel. Und dann fiel ich wieder in einen bleiernen Schlaf, aus dem ich erst aufwachte, als die Maschine zur Landung in Mehrabad aufsetzte.

Wirtschaftsdirektor in Hongkong

Nach einigen Tagen des Ausruhens von den Strapazen der Eröffnung hieß es Abschied nehmen von Teheran. Es war Februar 1963. Meine Sekretärin, Nasrin F., begleitete mich zum Flugplatz. Ein letztes Mal fuhr ich die breite Chaussee nach dem südlich der Stadt gelegenen Flugplatz von Mehrabad. Wie gut kannte ich diesen Weg, den Flugplatz und seine Lagerhallen und Verwaltungsgebäude, hatte ich doch manche Nacht dort mit Hassan zugebracht. Als der Aufruf der Passagiere zum Abflug der Pan American-Maschine nach London und New York erfolgte, schlang Miss F. plötzlich ihre Arme um meinen Hals und rief mit weinender Stimme: „You have been the best boss ever." Noch nie hatte mir jemand zuvor gesagt, daß ich der beste Chef sei. Ich war gerührt.

Zwischenlandung in Beirut und Athen. Weiter ging's nordwestlich über Jugoslawien. Je weiter nördlich wir kamen, desto mehr war das Land mit Schnee bedeckt. Landung in München-Riem. Ich blieb einige Tage in München bei meiner Familie. Der Gesundheitszustand meines Vaters hatte sich nicht gebessert. Ich ahnte nicht, daß es das letzte Mal sein sollte, daß wir uns sahen. Nach einigen Tagen, die mit Besorgungen und Besuchen ausgefüllt waren, ging es weiter nach New York, wo mich Ginny am Flugplatz abholte. Sie hielt sich seit einiger Zeit mit den Kindern bei meinen Schwiegereltern auf. Das Wiedersehen mit meiner Familie machte Freude. Ich konnte nun unsere jüngste Tochter bewundern, die ich ja noch nicht gesehen hatte.

Wir blieben etwa zwei Wochen in New York. Hier ergab sich die Gelegenheit, uns einen lange gehegten Wunsch zu erfüllen. Wir kauften uns in Chenango County im Staat New York, ca. 200 Meilen nordwestlich von New York City, ein großes Stück Land durch die Vermittlung eines dortigen Maklers. Im Gegensatz zu Europa sind die Formalitäten beim Grundstückskauf minimal: eine Unterschrift beim Notar und die finanzielle Regelung genügen. Eine Kapitalanlage in Immobilien ist bekanntlich nie verkehrt, obschon wir zu dem Zeitpunkt noch keinerlei Vorstellung davon hatten, was wir mit dem Land einmal anfangen würden.

Am letzten Tag vor unserer Weiterreise mußte ich nochmals zur Hilton-Zentrale ins Waldorf Astoria. Beim Gespräch mit dem Vize-Präsidenten Mr. St. stellte dessen Sekretärin ein Gespräch für mich in sein Büro. So erfuhr ich, daß mein Vater vor einigen Tagen verstorben war. Man wünschte mir — routinemäßig — herzliches Beileid. An eine Rückkehr nach München war nicht zu denken, da ich meine Reise nach Hongkong terminlich genau geplant hatte. Außerdem hatte die Beerdigung bereits stattgefunden. Meine Mutter schrieb mir, daß sie dafür Verständnis habe und daß sie auch nicht mit meiner Rückkehr nach München gerechnet habe.

So flogen wir nun zu fünft die bereits bekannte Strecke von New York über San Francisco nach Honolulu, wo wir noch ein letztes Mal in der Hawaiian Village übernachteten. Am nächsten Tag ging es weiter mit der Japan Airlines über Wake Island und die Internationale Datumsgrenze nach Tokio. Auf dem endlos langen Flug über den Pazifik und während Ginny mit den Kindern beschäftigt war, fand ich in meinem Sitznachbarn einen interessanten Gesprächspartner. Er hieß John, war Journalist, kannte den Fernen Osten sehr gut und war auch schon oft in Hongkong gewesen. Nun befand er sich auf dem Flug nach Süd-Vietnam, wo er sich zwei Wochen aufhalten wollte, um einen Bericht über die politische Situation in diesem Land zu schreiben.

Zu dieser Zeit wurde das amerikanische Engagement in diesem Lande immer größer. Ein unerklärter Krieg war bereits im Gange, von dem niemand wußte, wie er ausgehen würde. John war gegen das militärische Eingreifen der USA in Süd-Vietnam. „Die Russen und die Chinesen machen es viel geschickter", meinte er, „sie bilden die Vietnamesen aus und schicken ihnen dann Waffen, damit sie selber damit kämpfen können. Die amerikanischen Truppen sind ein Fremdkörper und werden die Vietnamesen an die Kolonialzeit erinnern." Schließlich hatten 1954 die französischen Kolonialtruppen nach einem langen und grausamen Krieg das Land verlassen, und nun kamen die Amerikaner. „Aber bei den Amerikanern ist die Voraussetzung eine andere", erwiderte ich, „wollen sie doch den Kommunismus in Südostasien zurückdrängen, denn wenn Süd-Vietnam fällt, was geschieht dann mit den anderen asiatischen Ländern?" — „Man muß andere Wege finden, diesen Ländern zu helfen. Man muß die Armut bekämpfen, die der Nährboden für den Kommunismus ist, die großen sozialen Unterschiede, die Trennung der Gesellschaft in Klassen, die im scharfen Gegensatz zueinander stehen!"

John hatte wohl recht, war es doch fraglich, ob Amerika den richtigen Weg finden würde, um Süd-Vietnam zu helfen, zumal dort ein weiteres Problem im Hintergrund stand, nämlich das Nationalgefühl eines Volkes, das wiedervereinigt werden wollte und bereit war, dafür bis zum Äußersten zu kämpfen. Vietnam war durch das Genfer Abkommen im Jahre 1954 in zwei Staaten geteilt worden. Allerdings sollte später eine Volksabstimmung stattfinden, die den Vietnamesen die Entscheidung darüber geben sollte, ob sie wieder in einem gemeinsamen Staat leben wollten. Diese Abstimmung fand jedoch nie statt. So konnte der Norden die Rolle des Vorkämpfers für die Wiedervereinigung übernehmen.

Ankunft auf dem Flughafen Haneda in Tokio am späten Abend des darauffolgenden Tages. Durch die Internationale Datumsgrenze hatten wir einen ganzen Tag verloren. Herr B., Generaldirektor des Tokio Hilton, ließ uns mit der Hotel-Limousine abholen. Da wir darin nicht alle samt unserem Gepäck Platz fanden, mußten wir ein Taxi zusätzlich nehmen. Bald hatte das Taxi, in dem ich mich mit dem Gepäck befand, die Limousine mit meiner Familie im atemberaubenden Verkehr und im Lichtermeer der Millionenstadt verloren. Der Taxifahrer sprach kein Englisch. Aus seinen Gebärden entnahm ich, daß er mir andeuten wolle, ein Hilton-Hotel gebe es noch nicht. Damit hatte er natürlich recht, denn das Hotel war ja noch nicht eröffnet. Was tun? Wir fuhren nun schon mindestens eine halbe Stunde in den von Lichtreklamen erleuchteten Straßen des Vergnügungsviertels Shinjuku hin und her.

Ich konnte verständlicherweise diese unfreiwillige nächtliche Stadtrundfahrt kaum genießen, weil ich mir Sorgen machte, wie ich wohl meine Familie wiederfinden solle. Endlich kam die rettende Idee: Ich fand in meiner Brieftasche eine Visitenkarte von Herrn B., auf deren Rückseite der Text und somit auch die Adresse des Hotels auf Japanisch geschrieben stand. Jetzt verstand mein Chauffeur und bestätigte dies durch ein fortwährendes Kopfnicken. Endlich kamen wir im Hotel an, wo die Familie schon in der Halle auf mich wartete. Wir blieben einige Tage in Tokio, als Gäste von Herrn B., und ließen uns bei grünem Tee, Sashimi und Teryaki-Steak verwöhnen. Dann ging es weiter auf die letzte Etappe mit Ziel Hongkong.

Beim Anflug auf Kai Tak Airport streifte die Maschine, von Norden einschwenkend, mit den ausgefahrenen Rädern fast die Dächer der Hochhäuser von Kowloon, bevor sie auf der, in die Bucht hineingebauten aufgeschütteten Landepiste zum Stehen kam. Der Vizepräsident Far East, Mr. D. T., holte uns ab und brachte uns ins Merlin Hotel in Kowloon, unserem vorübergehenden Quartier, solange das Hongkong Hilton Hotel noch nicht beziehbar war.

Hongkong, die britische Kronkolonie, eine der letzten Überreste des Britischen Weltreiches, war Mitte des vorigen Jahrhunderts im Vertrag von Nanking von England übernommen worden. Hongkong selbst ist eine Insel; die Halbinsel Kowloon auf dem gegenüberliegenden Festland kam zusammen mit den „New Territories" später dazu. Fast hundert Jahre lang dauert die britische Präsenz inzwischen, nur unterbrochen durch eine vorübergehende japanische Besetzung im Zweiten Weltkrieg. Die Ereignisse in China am Ende des Zweiten Weltkrieges sowie die spätere Machtübernahme durch die dortige kommunistische Partei griffen zwar nicht auf Hongkong über und lösten dort auch keine Revolution aus. Dennoch wirkten sich die Ereignisse im Mutterland dahingehend aus, daß Millionen von Flüchtlingen in der britischen Kronkolonie Zuflucht suchten, was dazu führte, daß die Bevölkerung in der Zeit von 1945 bis 1950 von etwa 600.000 auf über 4 Millionen anwuchs. Dies alles auf einem eng begrenzten Raum, für den es keine Ausdehnungsmöglichkeiten mehr gab.

Über der Stadt brütet eine schwüle Hitze, verbunden mit einer extrem hohen Luftfeuchtigkeit, so daß man im Handumdrehen durchgeschwitzt ist, sobald man die klimatisierten Hotelräume verläßt. Hongkong, das ist Faszination und Alptraum, Touristenparadies und Ameisenhaufen, Eldorado der Käufer und Verkäufer, überschwenglicher Luxus und unvorstellbare Armut, Slums nie geahnten Ausmaßes und Prachtbauten, die alles andere in den Schatten stellen. Hongkong, wörtlich übersetzt, ,,der duftende Hafen'', duftet weniger faszinierend aus den riesigen Kloaken der verschiedenen Hafenbecken, in denen Hunderte, ja Tausende von Hausbooten liegen. Hier wohnen die Menschen, die auf dem Land keinen Platz fanden oder die illegal von der chinesischen Küste herübergekommen sind.

Hongkong, das ist auch unvorstellbares Verkehrschaos, verursacht von zweistöckigen Straßenbahnen und Bussen, Autos jeglicher Marken und jeglichen Alters, Dreirädern, Rikschas, Fahrrädern und Fußgängern, die sich alle unter ohrenbetäubendem Lärm im Linksverkehr ihren Weg durch die engen Schluchten der Hochhäuser bahnen. Die Verbindung zwischen Hongkong Island und dem Stadtteil Kowloon wird vom Fährbetrieb der Star-Ferries wahrgenommen, die mit ihren zweistöckigen Booten in kontinuierlichem Verkehr, fast rund um die Uhr, hin und her pendeln.

Da sich das neue Hilton-Hotel auf der Insel Hongkong befand, mußte auch ich jeden Morgen die Star-Ferry benutzen, um zur Arbeit zu gelangen. Die Aufgabenstellung in der Voreröffnungsphase war mir schon hinreichend bekannt durch meine vorangegangenen Hoteleröffnungen. So wurden die Speisekarten entworfen, das Personal eingestellt, Restaurant- und Gästeartikel bestellt, Muster durchgesehen und mit Lieferanten verhandelt. Um einen günstigen Preis zu erzielen, ließ ich mich zu einer Bestellung von einer Million Wäschebeuteln überreden. Diese Bestellung hat bei Hilton Geschichte gemacht.

Das Hotelgebäude selbst war noch von einem Gerüst umgeben, das bis zum 25. Stockwerk hinauf lediglich aus Bambusstangen bestand, die mit Bambusfasern zusammengebunden waren, das heißt ohne Nägel oder irgendein Stück Metall. Als vor der Eröffnung dieses Gerüst an einem einzigen Tag von Tausenden von Arbeitern, Männern, Frauen und Kindern, abgebaut wurde, lernte ich die Macht der Masse kennen. Solche Arbeiten werden ohne den Einsatz von Kränen oder sonstigen Maschinen erledigt. Billige Arbeitskräfte stehen ja in unbeschränkter Anzahl zur Verfügung.

Das neue Hilton-Hotel mit seinen 900 Zimmern, zwölf Restaurants und Bars, seiner dreistöckigen Ladengalerie mit über 100 Geschäften aller Art war zu der Zeit das größte und modernste Hotel der Stadt. Entsprechend groß und vielseitig war auch mein neuer Aufgabenbereich als Wirtschaftsdirektor. Fast das gesamte Personal, mit Ausnahme einiger Abteilungsleiter, bestand aus Chinesen, für die eine eigene chinesische Personalküche geführt werden mußte, da sie westliche Verpflegung weder gewohnt waren, noch diese akzeptiert hätten. Unter den 1400 Angestellten gab es keine Zimmermädchen sondern nur Room-Boys, da nach chinesischer Sitte keine Frau, die etwas auf sich hält, das Schlafzimmer eines Fremden betreten darf. Da dies in einem Hotel nicht zu vermeiden wäre, werden sämtliche Putz- und Reinigungsarbeiten auf den Zimmern ausschließlich von Männern ausgeführt.

So mußte ich aus der Praxis heraus viel über die einheimischen Sitten und Gebräuche lernen, auf die sich ein ausländisches Management einstellen muß. So gilt auch als oberstes Gebot, einen Chinesen niemals sein Gesicht verlieren zu lassen. Das heißt, daß man ihn nie in der Öffentlichkeit oder vor anderen tadeln oder schelten darf, sondern immer nur unter vier Augen. Beachtet man diese Regeln, so wird man in den Chinesen treu ergebene Mitarbeiter haben, die sich bis zum letzten für einen einsetzen und die in der Geschlossenheit ihrer Massen Berge versetzen können.

Das Hongkong Hilton wurde, wie dies so üblich ist, sukzessive eröffnet. Zuerst zogen die ausländischen Abteilungsleiter ins Hotel.

Ich bezog mit meiner Familie die Suite 1002/4 im 10. Stock, bestehend aus zwei Schlafzimmern, zwei Bädern, und einem großen Wohnzimmer mit Blick über den Hafen nach Kowloon. Sicherlich war das Wohnen am Arbeitsplatz recht bequem, andererseits bedeutete es die völlige Aufgabe des Privatlebens. Auch für Ginny und die Kinder war es beschwerlich, da wir keine eigene Küche hatten und wegen jedem Tee den Etagenservice in Anspruch nehmen mußten. Die Chinesen, die bekanntlich sehr kinderlieb sind, verwöhnten unsere Kinder geradezu abgöttisch. Sie servierten ihnen Leckereien, ohne daß wir sie bestellt hatten, und vertrieben sich ihre Zeit damit, mit ihnen zu spielen. Unsere Kinderfrau, die Amah, hielt unsere jüngste Tochter Monika beständig im Arm, so daß Ginny befürchtete, sie würde verspätet das Laufen lernen.

Das Wohnen im Hotel führte ferner dazu, daß man sehr engen, oft zu engen Kontakt mit den anderen Abteilungsleitern bzw. dem Management des Hotels hatte, da alle Führungskräfte mit ihren Familien im Hause wohnten. Die Verpflichtung zur Teilnahme an gesellschaftlichen Veranstaltungen, Parties, gemeinsamen Essen und Cocktails wurde schon fast zur Belastung für mich. Problematisch wurde es, als die ehrgeizigen Frauen einiger Führungskräfte die Karriere ihrer Männer dadurch fördern wollten, daß sie sich um die Gunst des General Managers oder des Vize-Präsidenten bemühten und dabei ihre weiblichen Reize ins Spiel brachten. So mußte auch ich die Erfahrung machen, daß Karrieren nicht durch das Maß an geleisteter Arbeit gemacht werden, sondern nur durch den entsprechenden gesellschaftlichen Kontakt, mit dem Cocktailglas in der Hand, vorausgesetzt man wußte, wann mit wem das richtige Wort zu sprechen war. Wenn nun rivalisierende Abteilungsleiter noch gerade miteinander auskamen, so war dies bei den Ehefrauen noch lange nicht der Fall. Das Intrigenspiel lief auf vollen Touren; ausschlaggebend war hier nur, daß man die Oberhand gewann und behielt, und das ging ausschließlich auf Kosten des Nächsten.

An diese Machtkämpfe innerhalb der Führungsmannschaft mußte ich mich erst gewöhnen. Diesen für mich völlig neuen Aspekt der Hotellerie mußte ich erst erlernen, auch unter manchen bitteren Erfahrungen und Enttäuschungen. All dies zehrte an den Nerven. Hinzu kamen das mörderische Klima und der allgemeine Streß der Voreröffnungsphase. Diese Spannungen übertrugen sich auch auf die Familie, zumal auch Ginny nervlich angespannt war, weil die Kinder aufgrund der Klimaanlage oft erkältet waren.

Endlich war es soweit: Ostern 1963 wurde das Hongkong Hilton offiziell eröffnet. Wieder erschien eine große Anzahl von Ehrengästen, um an dem reichhaltigen Programm der Eröffnungsfeierlichkeiten teilzunehmen. Festreden, Gala-Essen, Cocktail-Empfänge und Modeschauen für die Damen lösten sich ab. Der Höhepunkt war ein chinesisches Festessen im berühmten Sea-Palace von Aberdeen, an einer der südlichen Buchten von Hongkong Island. Als Einlage wurde eine authentische chinesische Oper aufgeführt. Ein Feuerwerk beendete den Abend. Bei der Vorbereitung und Koordinierung derartiger Veranstaltungen waren wir auf die konsequente und rückhaltlose Unterstützung unserer einheimischen Führungskräfte angewiesen, nicht zuletzt aus sprachlichen Gründen. Da diese Leute für uns unaussprechliche mehrsilbige Namen hatten, tauften wir sie der Einfachheit halber um. So hieß der Oberkellner des Jade-Lotus Restaurants Luigi, der Oberkellner des ,,Eagles Nest'' Night-Club Pierre und so fort. Gerade diese Leute waren von einem fanatischen Ehrgeiz besessen, zu lernen und es den Europäern und Amerikanern gleichzutun.

Den Abschluß der Feierlichkeiten bildete eine Kreuzfahrt im Südchinesischen Meer, auf der hoteleigenen Yacht ,,Wan Fu'', bei der für einen kleinen, dafür aber um so erleseneren Kreis eine exklusive Cocktail-Party an Bord gegeben wurde. Diese Motoryacht war die Nachbildung eines Schoners mit Segeln und Takelage und hatte eine ständige Besatzung von 12 Mann. Als Koordinator mußte ich an dieser Fahrt teilnehmen. Ich befürchtete schon, ich würde wieder seekrank werden; doch einer der chinesischen Köche verriet mir ein uraltes Mittel gegen Seekrankheit:

Eine besondere Art von Schlange, mariniert in einer dicken, grünlichen Sauce aus allerlei undefinierbaren Kräutern und Öl. Beherzt nahm ich einige kleine Stücke zu mir und siehe da: von Seekrankheit keine Spur.

Die Eröffnungsfeierlichkeiten waren gut verlaufen,und der General Manager, Mr. M., gab für seinen Führungsstab eine Cocktail-Party. Dabei ging es sehr ausgelassen zu, bis spät in die Nacht hinein. Jeder wollte und mußte den angestauten Streß abreagieren. Nun war es also geschafft, nun mußten nur noch die Gäste kommen. Eine Dame, die auch auf der Yacht mit dabei war, torkelte mit ihrem Whiskyglas und murmelte etwas von hohem Seegang, bis man ihr schonend beibrachte, daß sie sich nicht mehr auf der Yacht befinde. Sie insistierte dennoch, daß alles um sie herum schwanke.

Das Leben nahm nun seinen gewohnten Gang. Ich konnte jetzt etwas mehr Zeit der Familie widmen. Wir unternahmen auch Ausflüge zu den verschiedenen Stränden von Hongkong Island. So führte uns der Weg oft nach Repulse Bay, wo sich das gleichnamige kleine Hotel im Kolonialstil befand. Durch die Nähe der Großstadt ist das Wasser verunreinigt. Bis man sich daran gewöhnt hatte und der Körper entsprechend mit Abwehrstoffen reagierte, konnte man beim Baden einen leichten Hautausschlag bekommen. Gegenüber von Repulse Bay liegen in Sichtweite einige unbewohnte Inseln, die als Mülldeponie genutzt werden. Je nach Windstärke und Wellengang treibt der Unrat oft bis an den Strand heran: Plastiktüten mit Abfall, Flaschen, Dosen und auch tote Katzen und Ratten. Ein ideales Fressen für Riesenquallen von ca. zwei Meter Durchmesser, die sich in Ufernähe aufhalten. Wehe dem, der eine solche Qualle übersieht und von den abertausend giftigen Stacheln berührt wird.

Das Hotel begann sich langsam zu füllen. Es war zunächst der Reiz der Neuheit, der die Gäste in das neue Hotel zog, denn die Auswahl an Hotels und somit die Konkurrenz sind groß. Mit Hilfe der konzerneigenen Verkaufsabteilungen werden Reisegruppen umworben. An Silvester 1963 ist eine große Gruppe aus Deutschland zu Gast. Die Jahreszahlen „63" und „64", aus Hunderten von Wunderkerzen gesteckt, werden abgebrannt. Man singt heimatliche Lieder und wünscht sich gegenseitig alles Gute.

Im neuen Jahr kamen zunehmend Soldaten aus Vietnam auf Urlaub nach Hongkong, im Rahmen eines speziellen „Recreation-Programms" der amerikanischen Regierung. Sie bevölkerten die Bars, brachten leichte Mädchen mit und mit diesen auch eine Atmosphäre, die nicht der eines Luxushotels entspricht. Aber es galt, mit allen Mitteln, Gäste zu werben. Die Reservierungsabteilung mußte daher verstärkt werden. Ginny nahm eine Teilzeitstelle in der Reservierungsabteilung an, um Abwechslung in das Einerlei des Alltags zu bringen. Die Arbeit machte ihr großen Spaß, und Mr. M. war mit ihr überaus zufrieden. Als wir wieder einmal gemeinsam abends im „Eagles Nest" im 25. Stock aßen um nicht nur die feine Küche sondern auch den zauberhaft schönen Blick über den Hafen von Hongkong zu genießen, erfaßte Ginny meine Hand, während wir zu den romantischen Klängen der Kapelle tanzten, und flüsterte mir ins Ohr: „Du wirst wieder Vater werden." Wir waren überglücklich!

Im Frühjahr 1964 veranstaltete die US Army für die Kantinenleiter der im ostasiatischen Raum befindlichen Armee-Luftwaffen- und Marinestützpunkte ein Seminar im inzwischen auch eröffneten Tokio Hilton Hotel zum Thema „Food & Beverage Kontrolle". Die Referenten in diesen Fachgebieten wurden von Hilton International zur Verfügung gestellt. Ich wurde aufgrund meiner Tätigkeit in Berlin und Hawaii als Referent zu diesem Seminar nach Tokio eingeladen und hatte somit Gelegenheit, Tokio nach relativ kurzer Zeit wiederzusehen. Herr B., der Generaldirektor, zeigte mir das neue Tokio Hilton Hotel, das ich ja nur aus der Bauphase her kannte. Die Aufgabe als Referent in diesem Seminar war für mich besonders interessant, war es doch das erste Mal, daß ich hierzu Gelegenheit hatte. Ich wurde mir bewußt, wie schwer es ist, sein Wissen, auch wenn man es perfekt beherrscht, an andere weiterzugeben, und zwar so, daß alle es möglichst gut verstehen.

Zum Abschluß des Seminars, nach Verlauf einer Woche, lud einer der kommandierenden Generäle alle Referenten zu einem typisch japanischen Essen in ein exklusives Restaurant im Stadtteil Ghinza ein. Wir wurden nach uraltem japanischem Ritual von weißgeschminkten Geisha-Mädchen ganz individuell und persönlich bedient. Das ging vom Waschen der Finger bis zum Umbinden der Serviette und dem Erklären sämtlicher Speisen des Acht-Gang-Menüs. Es gab unter anderem das berühmte Kobe-Beef, bekannt dadurch, daß das Rind liebevoll gepflegt und täglich mit Bier massiert wird, um dem Fleisch seine ganz besonders zarte und feine Textur zu geben. Heißer Sake beendete das Mahl, und die Mädchen teilten uns verschämt lächelnd mit, daß Geishas zwar normalerweise nicht mit den Gästen ausgehen, daß man sie aber für den heutigen Abend pauschal dafür bezahlt habe, uns alle Wünsche, was auch immer, zu erfüllen. Ich dachte einerseits an meine Erlebnisse in Montréal, andererseits an meine Familie in Hongkong. Als mir dann meine Begleiterin von der Armut in ihrer Familie erzählte und um eine Extrabezahlung bat, verabschiedete ich mich kurzerhand, und nach einem kurzen Bummel durch das nächtliche Ghinza fuhr ich ins Hotel zurück.

Zurück in Hongkong hatte mich der Alltag bald wieder. Angeregt durch das Kobe-Beef befaßten wir uns mit der Möglichkeit, in Hongkong selbst Vieh zu züchten, um dem extrem schwierigen und kostspieligen Fleischimport aus USA aus dem Weg zu gehen. Westlich der New Territories, dem chinesischen Festland vorgelagert, liegt eine große Insel, Lantao Island, die zu Hongkong gehört und die nur landwirtschaftlich genutzt wird. Außer einigen Dörfern befindet sich dort ein katholisches Mönchskloster, in dem man sich vorwiegend mit Landwirtschaft und neuerdings auch mit Viehzucht befaßt. Die Hilton-Gesellschaft hatte diesem Kloster als Good-Will-Aktion einen Zuchtbullen der Charolais-Rasse geschenkt, mit der Maßgabe, daß wir dafür bevorzugt mit Fleisch beliefert werden.

Da es noch einiges zu verhandeln gab, mußte ich für zwei Tage dienstlich auf diese Insel und betrat so erstmals in meinem Leben ein Kloster. Die Ruhe, die Gelassenheit und die Abgeschiedenheit dieses Ortes machten auf mich einen großen Eindruck. Ich schlief in einer der Zellen, nahm am Morgengebet teil und teilte das karge Frühstück der Mönche. Ich durfte den Zuchtbullen bestaunen, sogar bei seiner spezifischen Tätigkeit, wobei die Kuh eingekeilt in einem Eisengerüst stand, in dem sie sich nicht bewegen konnte. Die Mönche waren alle Chinesen. Einer von ihnen sprach gebrochen deutsch; er hatte eine Zeitlang im Mutterhaus des Ordens in Bayern gedient.

Nicht weit von Hongkong liegt am chinesischen Festland die kleine portugiesische Enklave Macao, seit jeher bekannt als Spielhölle und Freihafen, Eldorado der Spieler und Schmuggler. Mit dem regulären Kabinenschiff, auf dem man auch übernachten kann, fährt man in ca. sechs Stunden von Hongkong nach Macao; mit dem neuen Tragflügelboot dauert es nur knapp eine Stunde. Wir beschlossen, uns am nächsten freien Tag Macao anzusehen, natürlich per Tragflügelboot. Das alte Casinogebäude aus der Kolonialzeit macht auf den ersten Blick, wie übrigens alle anderen Gebäude, einen verwahrlosten und verkommenen Eindruck und erinnert an vergangene und verblichene Pracht. Stuck und Putz bröckeln von der Decke, die Fassaden haben durch jahrzehntelange Einwirkung der tropischen Witterung gelitten, Holzteile sind zerfallen, und auf den Bürgersteigen, die schief und ausgetreten sind, wuchert das Unkraut. Die gleiche Hitze und Feuchtigkeit wie in Hongkong. Es scheint alles in allem etwas trostlos! Und beim obligaten Spiel am Automaten hatten wir — wie erwartet — auch kein Glück. So hatten wir also einmal Macao gesehen, und wir waren eigentlich froh, als unser Boot gegen Abend wieder im Hafen von Hongkong einfuhr.

Bei einer anderen Gelegenheit ergab es sich, daß ich einige Tage hintereinander freinehmen konnte. Wir benutzten diese Zeit, um uns die New Territories anzusehen. Mit unserem Leihwagen fuhren wir kreuz und quer innerhalb der eingeschränkten Bewegungsmöglichkeiten, aber immer wieder stießen wir an den Bambusvorhang. „Halt, Grenzgebiet, Weiterfahren streng verboten." Wie vertraut klingt dies für uns Deutsche! Wir wohnten im

„Dragon Inn", einem kleinen Hotel mit eigenem Strand. Aber es war eben nicht das Hilton-Hotel sondern mehr als primitiv. Die Kinder allerdings hatten großen Spaß; sie konnten nach Herzenslust herumtollen und am Wasser spielen. Ginny lebte jedoch in beständiger Angst und Sorge um die Kinder — wegen der katastrophalen hygienischen Verhältnisse. Das Wasser an diesem Strand war verunreinigt, Leitungswasser, sofern es welches gab, war nicht ohne weiteres trinkbar, selbst Flaschen und Gläser der Erfrischungsgetränke waren nicht immer einwandfrei sauber. So waren wir froh, als wir wieder in unsere Hotelsuite zurückkehrten.

In Hongkong herrschte seit eh und je Wasserknappheit. Auch das Leitungssystem der neuen Gebäude ist so beschaffen, daß die Toilettenspülung mit Seewasser erfolgt. Trinkwasser ist kontingentiert und zu gewissen Zeiten nicht aus der Leitung zu beziehen.

Das Hotel erhielt daher die Genehmigung, auf unserem Grundstück im Wirtschaftshof einen eigenen Brunnen zu bohren. Zusätzlich wurde Wasser aus der Mündung des Pearl Rivers vor der chinesischen Küste mit Tankschiffen geholt; das Wasser wurde in eigens hierfür vorgesehene Reservoirs gepumpt.

Während das Trinkwasser knapp ist, gibt es bei einem Taifun Regenwasser im Überfluß. Diese tropischen Wirbelstürme, die stets weibliche Vornamen tragen, treten in bestimmten Jahreszeiten auf. Die Kronkolonie hat seit Jahrzehnten ein erprobtes Warnsystem. Wenn die roten Taifunfahnen auf den Gebäuden hochgezogen werden, weiß jeder, daß es wieder einmal soweit ist. In einem großen Gebäude wie dem Hotel ist man relativ sicher, wenn der Sturmwind bei Windstärke 12 den Regen gegen Fenster und Mauern bläst. Schlimm dran sind die Armen, die in Slums und in Hausbooten wohnen, da viele dieser Boote dann kentern. Bei solchen Taifunen sind leider immer Todesopfer zu beklagen.

So verging der Sommer, und der Herbst kündigte sich an durch tiefhängende Nebel über dem Peak, dem höchsten Punkt von Hongkong Island. Ginny wußte, daß ihre Zeit nun bald gekommen sei. Alles war vorbereitet. Am 11. Oktober 1964 wurde unsere Tochter Claudia im Canossa Hospital, nicht weit vom Hotel entfernt, geboren. Richard H., der Resident Manager, ein Schweizer, war Taufpate. Es gab eine große Feier mit unseren Abteilungsleitern. Die Geburt eines Kindes ist bei den kinderfreundlichen Chinesen immer ein besonderes Ereignis.

Nun waren wir also schon zu sechst. Unsere Hotelsuite wurde zu klein. Außerdem wurde sie aufgrund des ansteigenden Gästeaufkommens auch anderweitig benötigt. Wir mußten uns zu Beginn des Jahres 1965 nach einer Wohnung außerhalb des Hotels umsehen. Da vorauszusehen war, daß wir nicht unbegrenzt im Hotel wohnen bleiben könnten, hatten wir uns schon vorsorglich umgesehen. Wir fanden bald etwas Passendes in einem großen Gebäude südwestlich der Innenstadt, mit Blick über die westlichen Stadtteile und mit einem kleinen Garten. Das Hotel stellte uns das Mobiliar, bis wir uns nach und nach selbst einrichten konnten.

Im Frühjahr 1965 unternahm ich eine Dienstreise nach Deutschland, um Personal zu engagieren, Verhandlungen zu führen und Verträge auszuarbeiten, wie dies bei amerikanischen Konzernen innerhalb der mittel- und langfristigen Personalplanung üblich ist. Auf der Hinreise verbrachte ich einige Tage in Karatschi, Pakistan, im Intercontinental Hotel, als Gast von Mr. Jussuf A. Das Haus besticht durch seine außergewöhnliche Fassade in Form einer zweiten vor die eigentliche Wand gesetzten Außenwand, bestehend aus großen offenen Quadern. Das Gebäude scheint, von außen betrachtet, keine Fenster zu haben. Durch das Muster der Quader entsteht ein landestypisches orientalisches Filigranmuster. In den Gängen und den Zimmern mit Steinfliesen ist es angenehm schattig und kühl. Es umgibt einen ein Flair aus 1001 Nacht. Ich besuchte unter anderem eine Krokodilfarm im Landesinneren und fuhr dann mit einem Leihwagen zum Strand von Mauripur durch flaches, wüstenähnliches Land, das weiß gefärbt ist von den Salzkuhlen. In Mauripur wird das Salz noch wie zu biblischen Zeiten durch Verdunsten des Meerwassers gewonnen. Bei Flut überschwemmt das Wasser des nahen Meeres das Flachland, und die Kuhlen füllen sich mit Salzwasser. Bei

Ebbe zieht sich das Wasser zurück. Bis zur nächsten Flut hat die heiße Tropensonne das Wasser längst verdunstet; eine grobe weißlich-graue Salzkruste bleibt zurück. Das Salz wird dann mit Kellen und Löffeln herausgenommen, gesiebt und gereinigt und in Säcke zum Verkauf abgefüllt.

Der Strand selbst ist menschenleer; man kann stundenlang herumlaufen, ohne einen Menschen zu sehen. Ab und zu begegnet man jedoch Kamelen mit oder ohne Führer, die mit majestätischem Gang den Strand entlangziehen. Der Anblick eines Europäers in Badehose ist für die Einheimischen völlig ungewohnt und versetzt die bis auf die Nasenspitze eingehüllten Pakistanis in Aufregung, deren wahre Ursache mir erst später klar wurde. Die Zuneigung der Männer zu anderen Männern wird in diesen Ländern aufgrund der strikten Trennung der Geschlechter akzeptiert.

In Frankfurt angekommen, wohnte ich — zum ersten Mal — im Frankfurter Hof, wo ich Generaldirektor C. W. P. kennenlernte. Ich konnte zu diesem Zeitpunkt noch nicht ahnen, welche Bedeutung dieses Hotel einmal in meinem Leben spielen würde. Nach Erledigung der geschäftlichen Dinge und kurzem Besuch zu Hause in München flog ich, mit Zwischenaufenthalten in Beirut, als Gast von Herrn E. im Intercontinental Hotel, und in Kairo, wo ich im Nil Hilton einige Tage verbrachte, wieder nach Hongkong zurück.

Reise nach China

Mein lang ersehnter Wunsch, einmal den Bambusvorhang, die hermetisch abgeschlossene Grenze nach Rot-China, zu passieren, ging eines Tages plötzlich und unerwartet in Erfüllung. Da man in zunehmendem Maße bestrebt war, preiswerte, lokale Waren anstelle der sehr teuren importierten zu verwenden, war eine Orientierungsreise zur Frühjahrsmesse nach Guangzhou, dem ehemaligen Canton, vorgesehen. Ich wurde beauftragt, dorthin zu fahren, um mich auf der Messe einmal umzusehen. Mit einer Einladung und einem Messe-Sonderausweis hatte man die Chance, das begehrte offizielle Einreisevisum nach der Volksrepublik China zu bekommen. Da es weder Flug- noch Schiffsverbindungen gab, war die einzige Möglichkeit, auf dem Landweg per Bahn zu reisen. Beim China Travel Service in der Peking Road konnte ich gegen Vorlage der Einladung das Visum sowie die Hin- und Rückfahrkarte nebst Coupon für das Essen während der Fahrt erhalten. Pünktlich um 8.38 Uhr verließ der Zug den Bahnhof von Kowloon. Meinen Koffer mußte ich aufgeben, wobei man mir sagte, daß ich ihn erst im Hotelzimmer in Guangzhou wiederfinden würde, was mich natürlich mit großer Skepsis erfüllte.

Ich saß im Wagen der 1. Klasse, der für die Messebesucher reserviert ist, in internationaler Gesellschaft: Engländer, Deutsche, Amerikaner, Inder, Ägypter, Israelis sowie Angehörige verschiedener afrikanischer Staaten. Tee- und Zigarettenverkäufer gingen durch die Wagen und priesen lautstark ihre Waren an. Wir fuhren durch die New Territories; leise begleitete uns das gleichmäßige Rattern der Räder. Ich beobachtete die Landschaft, in der sich Fotomotive für Touristen anboten: Wasserbüffel, träge in der Sonne verharrend, Frauen mit breitkrempigen konischen Strohhüten, die im Reisfeld arbeiteten. Hinter Sheung-Shui kündete ein Schild an: „Restricted area", wir waren im Grenz-Sperrgebiet. Nach weiteren fünf Minuten Fahrt erreichten wir die Grenzstation Lo Wu, den Endpunkt der britischen Sektion der „Kowloon-Canton-Railways".

Ein abgegrenzter Gang führte rechts am Bahnhof vorbei zur überdachten Grenzbrücke über den schmutzig-gelben Shum-Shun-River. Am anderen Ende der Brücke wurden wir von chinesischen Militärposten empfangen, die in Khaki-Uniformen und mit rotem Stern an der Schildmütze einen sympathischen Eindruck machten, auch wenn sie uns als erstes die Pässe wegnahmen, mit dem Hinweis, daß uns diese erst am Vorabend der Rückreise im Hotel wieder ausgehändigt würden. Kein angenehmes Gefühl, die nächsten Tage ohne Ausweis herumlaufen zu müssen. Dann begann die Wartezeit am Grenzbahnhof Shum-Shun. An den Wänden Sprüche von Mao Tse-tung in verschiedenen europäischen Sprachen.

Die historische Bedeutung dieses Landes kann man vergleichen mit der Rolle Griechenlands und Roms in der Geschichte des Mittelmeerraumes und Europas. Völker wie Japaner, Vietnamesen, Koreaner, die zwar ihre eigene Kultur entwickelt haben, wurden dennoch stark von China beeinflußt. So verwendet Japan heute noch in der Schrift viele Zeichen aus der chinesischen Schrift, obwohl man inzwischen sein eigenes Silbenalphabet entwickelt hat. Im Gebiet des Gelben Flusses beginnt die frühe Geschichte, wo später die Han-Dynastie, etwa 200 Jahre vor unserer Zeitrechnung, die Geschicke der Han, wie sich die Chinesen heute noch nennen, lenkte. Aus dieser Zeit wurden auch die Lehren des Konfuzius übernommen, die bis heute noch ihre Nachwirkungen haben. Lange Zeit später, im 13. Jahrhundert, wurde China von den Mongolen unter Dschingis-Khan beherrscht, die später von der chinesischen Ming-Dynastie abgelöst wurden. In der neueren Zeit ergab sich eine entscheidende Wende im Jahre 1911, die mit dem Namen des großen Lehrmeisters Sun Yat Sen eng verbunden ist. Danach stritten sich Kuomingtang und die KP Chinas um die Macht im Lande, ein Kampf, der erst nach Beendigung des Zweiten Weltkrieges entschieden wurde, wo die kommunistische Partei unter Leitung von Mao Tse-tung die Geschicke Chinas in die Hand nahm. Dies bedeutete einen totalen Bruch mit der Vergangenheit, eine Umerziehung des ganzen Volkes.

Die Sprüche, die wir bereits in dieser Bahnstation am Eingang zu diesem großen Land lesen konnten, gingen in diese Richtung, nämlich ein Volk zu motivieren, durch konsequentes Bemühen, durch Arbeit, durch ständiges Lernen, durch Ausdauer und Opfermut den Sprung raus aus der Vergangenheit in eine Zukunft zu wagen, in der Industrie und Technik das materielle Leben der Menschen grundlegend ändern würden. Jeder sollte zu essen haben, sollte in die Lage versetzt werden, ein menschenwürdiges Leben zu führen. Im Grunde ein gigantisches Vorhaben, in einem

Lande, wo damals bereits mehr als 700 Millionen Einwohner lebten, die bis dahin Armut, Hungersnöte, Klassenunterschiede mit Unterdrückung und Einschränkung der persönlichen Freiheit als Alltag empfunden hatten.

Die Wartezeit auf dem Bahnhof ging zu Ende. Wir passierten die Zollkontrolle, wechselten chinesisches Geld ein und gelangten durch einen langen Gang in einen weiteren Warteraum, wo wieder Tee angeboten wurde. Nun empfing uns dieses große Land endlich offiziell. In einem großen Restaurant wurde uns ein reichhaltiges chinesisches Essen serviert, dessen Geschmack alles übertraf, was in den vielen chinesischen Restaurants im Ausland geboten wird. Wir bestiegen nun den Zug nach Guangzhou, in dem uns unerwarteter Komfort begegnete: mit Spitzenkissen versehene, verstellbare Sitze, Klimaanlage sowie Musik. Während der Fahrt wurde Tee serviert, so daß man sich wirklich wohlfühlen konnte.

Nachdem wir die Berge der New Territories, die weit nach China hineinreichen, durchquert hatten, kamen wir ins Flachland des Pearl Rivers. Wieder das gleiche Bild: Dörfer, Wasserbüffel, Menschen, die in den Reisfeldern arbeiteten. Dann Hunderte oder vielleicht sogar Tausende von Menschen, Männer, Frauen, Kinder, Greise, die Schulter an Schulter mit ihren Händen einen Damm bauten, um das Wasser daran zu hindern, die Reisfelder zu überfluten. Man wird sehr nachdenklich, wenn man sieht, welche Kraft von der Geschlossenheit der Masse ausgeht. Nach weiteren zwei Stunden Fahrt erreichten wir Guangzhou. Wir wurden von einer Hotellimousine chinesischer Bauart ins Tung Fang Hotel gebracht. Auf der Fahrt durch die Stadt fiel, im Gegensatz zu Hongkong, der europäische Rechtsverkehr auf. Die Hauptverkehrsstraßen tragen Namensschilder in regulärer Schrift mit phonetischer Übersetzung der chinesischen Silben. Verkehrsmittel sind zum überwiegenden Teil Fahrräder, Lastwagen und Busse, nur vereinzelt Personenautos. Ich ließ mir sagen, daß es in ganz China keine Privatwagen gibt, sondern nur Wagen der öffentlichen Instanzen. Das Tung Fang (Osten) Hotel war von Russen erbaut worden — in dem bekannten Zuckerbäckerstil. Ich bekam ein Zimmer zugewiesen, das ich mit einem anderen Messebesucher, einem Spanier, teilen mußte. Ich wollte ein Bad nehmen, aber das Wasser war am Nachmittag gesperrt, es lief erst wieder am Abend. Im Obergeschoß des Hotels war eine Art Night Club, ein Geheimtip der Messebesucher, nur für Hotelgäste benutzbar. Es gab eine Bar und auch Musik.

Am nächsten Morgen weckte mich ein ohrenbetäubender Lärm um 6.00 Uhr. Der Nebenflügel des Hotels wurde neu erstellt, und die Hunderte von Bauarbeitern, Männer und Frauen, trieben zum Kommando der Lautsprecher ihre Morgengymnastik, eine Art Lockerungsübungen, die dazu verhelfen sollte, das Tagessoll zu erfüllen und möglichst zu überschreiten. Wieder beeindruckte die geballte Macht der Masse.

Neben den geschäftlichen Erledigungen in der großen Messehalle blieb mir an den Nachmittagen noch Zeit, die Stadt zu erkunden. Sie ist großzügig angelegt mit breiten Straßen und großen Plätzen. Überall Denkmäler von Sun Yat Sen mit riesigen roten Spruchtafeln.

Am Abend waren wir in ein chinesisches Restaurant eingeladen. Die Speisen erschienen mir auch hier viel schmackhafter als in Hongkong, weil sie authentischer zubereitet waren und die Zutaten frisch aus dem riesigen Hinterland kamen. Den Abschluß der Reise bildete eine Busfahrt in eine Kommune, die natürlich für die Fremden absolut mustergültig hergerichtet war und ca. 60 km außerhalb der Stadt lag. Am Abend erhielten wir tatsächlich im Hotel unsere Pässe wieder, versehen mit dem Ausreisestempel. Am nächsten Tag ging es auf dem gleichen Weg zurück nach Shum-Shun, über die Grenzbrücke und durch die New Territories nach Kowloon.

Eine der vielen Moscheen in Isfahan.

Das Hilton Hotel in Hongkong. Rechts: das Gebäude der Hongkong & Shanghai Bank; im Hintergrund der Peak, die höchste Erhebung auf Hongkong Island.

Traumhaftes Thailand

Im Rahmen der Expansion im fernöstlichen Raum war Hilton seit langem in Verhandlungen wegen eines Hotels in Bangkok. Im Spätfrühjahr erfuhren wir, daß diese Verhandlungen abgeschlossen seien, und daß Hilton ab 1. Juli 1965 das Rama Hotel in Bangkok übernehmen werde. Unser Resident Manager, Herr H., war zum Generaldirektor dieses neuen Hauses ernannt worden. Herr H. war in Hongkong mein direkter Chef gewesen, und wir hatten — nicht zuletzt wegen der deutschen Sprache — einen engen Kontakt zueinander. Als er vom Area-Vizepräsidenten Mr. D. T. beauftragt wurde, sich seinen zweiten Mann, also den Executive Assistant Manager, für Bangkok auszusuchen, schlug er mich vor, und dieser Vorschlag wurde auch von New York akzeptiert.

Als ich diese Nachricht meiner Familie mitteilte, war die Freude groß. Wir hatten wirklich lange genug in Hongkong zugebracht und brauchten nun die neue Wohnung gar nicht erst einzurichten. Die Firma erlaubte Ginny und mir sogar eine Inspektionsreise nach Bangkok, um uns die Stadt und das Rama Hotel anzusehen. Wir waren begeistert. So flog ich am 1. Juli 1965 mit Herrn H. und Mr. D. T. nach Bangkok, um die offizielle Übernahme abzuwickeln. Die Familie sollte in vier Wochen nachkommen.

Thailand ist eines der Länder in Asien, die bis heute ihre Tradition weitestgehend bewahren konnten, ohne daß ihnen durch eine lange Kolonialzeit eine andere Lebensform aufgezwungen worden wäre.

Das Volk der Thais kam aus dem heutigen Yünnan in China, wo es von den Mongolen unter Kublai Khan vertrieben worden war. Im 14. Jahrhundert gab es ein großes Reich der Thai, welches sich bis Burma, Kambodscha und bis zur Malaiischen Halbinsel erstreckte.

In späteren Jahrhunderten waren es die Burmesen, die zeitweise über das Gebiet der Thai herrschten, bis schließlich im 18. Jahrhundert durch einen Thai-General die heutige Dynastie begründet wurde, die ihre Herrschaft in der Hauptstadt Bangkok etablierte. 1860 begannen die Auseinandersetzungen mit Frankreich, das sich als Kolonialmacht in Kambodscha und Laos festsetzte und diese Gebiete dem Einfluß der Thai entzog. Trotzdem konnte dieses Land seine Unabhängigkeit bewahren.

Im Jahre 1932 wurde nach einer unblutigen Revolution die konstitutionelle Monarchie eingerichtet; in der Folgezeit gab es häufig politische Wirren. Vor allem während des Zweiten Weltkrieges geriet Thailand unter den Einfluß der Japaner, die ihm vorübergehend wieder die Herrschaft über Teile von Laos und Kambodscha verschafften. Trotzdem überstand man die Zeit, ohne in die Wirren des Krieges mit den Alliierten hineingezogen zu werden. Diese ignorierten sogar die von Thailand während des Krieges im Pazifik ausgesprochene Kriegserklärung — wohl hauptsächlich deshalb, weil man dem friedlichen Volk der Thai gar keine kriegerischen Absichten zutraute.

* * *

19.00 Uhr Ankunft auf dem Don Muang Flughafen in Bangkok. Großer Bahnhof für die Delegation, bestehend aus Mr. D. T., Herrn H. und mir. Cocktail-Empfang in der VIP-Lounge. Wir sind geblendet von den Blitzen der vielen Pressefotografen. Nach einer improvisierten Pressekonferenz erwartet uns die Hotellimousine, ein großer, schwarzer Cadillac mit Chauffeur. Ich war sicher, daß wir nun zum Hotel fahren würden. Aber da hatte ich mich getäuscht. Wir fuhren durch hell erleuchtete, breite Straßen der Innenstadt, bogen verschiedene Male nach rechts und links ab, fuhren durch endlose Vorstädte mit kleinen, ärmlichen Hütten und folgten einem der ungepflasterten Sandwege bis ans Ende, in der Nähe eines Flußarmes. Ich fragte etwas ungehalten, wohin wir denn eigentlich fahren, aber der Chauffeur blieb eisern und verzog keine Miene. Ich bedrängte Herrn H., mir doch endlich zu erklären, was sich hier abspielte, und da lüftete er das Geheimnis. Man hatte sich für unsere Ankunft etwas Besonderes einfallen lassen. Da Bangkok ja hinreichend bekannt war als das Paradies der Junggesellen, als die Stadt der leichten Mädchen, wollte man uns gleich zu Beginn, noch bevor man ins Hotel fuhr, eine Kostprobe hiervon servieren.

Herr H. hatte in einem exklusiven „Etablissement" außerhalb der Stadt alles vorbestellen lassen. Und da war es auch schon, ein großzügig anmutendes Landhaus mit tropischem Garten, Swimming-Pool und Terrasse. Eine Thailänderin in den mittleren Jahren, elegant gekleidet, empfing uns lächelnd, begrüßte uns in perfektem Englisch und legte uns betörend riechende Blumenkränze um den Hals. Dann führte sie uns in eine Art Wartezimmer, wo wir zu dritt auf einer überdimensionalen Liege Platz nahmen. Und dann kamen sie, die Mädchen, noch Kinder, verschüchtert und lächelnd, sich bis zum Boden verneigend. Ich fühlte mich zutiefst beschämt, ein Europäer zu sein. Ich dachte an meine eigenen drei Töchter, die in zehn bis zwölf Jahren auch einmal so alt sein würden. Und diese armen Geschöpfe wurden nun gegen ihren Willen verkuppelt. Ich war empört und schockiert, und mit der Bemerkung, mir sei nicht besonders gut nach dem langen Flug, nahm ich draußen auf der Terrasse Platz.

Madame kam und teilte mir mit, es sei bereits alles bezahlt, und ob ich vielleicht ein noch jüngeres Mädchen möchte, oder ob ich sonst etwas wolle, sie habe auch Knaben, für alle Fälle. Mir schauderte. Unfaßlich. Noch vor einer halben Stunde waren wir die großen Manager eines Weltkonzerns bei der Ankunft in dieser Stadt, um hier ein Hotel zu übernehmen, und nun waren wir es eigentlich, die sich erniedrigend benahmen. Ich wartete eine Stunde auf die anderen beiden Herren, die mich einerseits wegen meiner für sie unverständlichen Skrupel auslachten, mir andererseits aber unmißverständlich zu verstehen gaben, daß ich mir durch eine solche Haltung eventuell die Gunst des Top Managements verscherzen könne.

Das Rama Hotel gehört der Familie S., einer der reichen Familiendynastien des Landes, die während der Zeit der japanischen Besetzung im Zweiten Weltkrieg Kontakte zur obersten japanischen Führungsspitze hatte. Das Gebäude selbst ist für ein Hilton-Hotel zu klein; daher war der Pachtvertrag nur mit der Maßgabe zustande gekommen, daß der geplante Rama-Tower möglichst bald angebaut werden solle, um dem Haus die nötige Zimmerkapazität zu geben. Madame S., eine zierliche, ältere Dame, bewohnte die Dachgarten-Suite im Hause. Ihre verschiedenen Söhne waren als Geschäftsleute in der Stadt tätig. So führte der eine das neu eröffnete ,,Café de Paris'', einen Night Club der gehobenen Klasse.

Aufgrund der beschränkten Zimmerkapazität war es nicht möglich, im Hause zu wohnen, und so stellte uns die Firma, als die Familie nach vier Wochen nachreiste, im südlich gelegenen Prominenten-Vorort Bangkapi ein schönes Einfamilienhaus zur Verfügung, einen Neubau, der die modernen mit den einheimischen Elementen harmonisch verband. Das Haus lag in einem großen, tropischen Garten, hatte riesige Glaswände, die bei Bedarf nach allen Seiten hin aufzuschieben waren. Hinter dem Haus befand sich das kleine Gesindehaus, wir hatten drei Hausangestellte, die zum Haus dazugehörten, einen Gärtner/Chauffeur, eine Köchin und ein Hausmädchen. Die Familie war von dieser neuen Umgebung sehr angetan, zumal die Weite des Raumes und die großzügige Ausdehnung der Stadt nach der bedrückenden Enge von Hongkong wohltaten.

Im Gegensatz zu den bisherigen Neueröffnungen hatten wir diesmal ein bereits bestehendes und voll in Betrieb befindliches Hotel übernommen. Entsprechend unterschiedlich war auch meine erste große Aufgabe, für die ich voll verantwortlich war. Es galt, sämtliche Zimmer umzubauen und zugleich zu renovieren, um sie dem Hilton-Standard anzugleichen. Unsere New Yorker Innenarchitekten entwarfen fünf verschiedene Musterzimmer, die genehmigt wurden; auch das benötigte Budget wurde bewilligt. Dann war es meine Aufgabe, mit den verschiedenen Subunternehmern das komplette Renovierungsprogramm durchzuführen und zeitlich so zu koordinieren, daß trotz Belegungsspitzen der Hotelbetrieb ungehindert weiterlaufen konnte. Da waren laufende, ja sogar tägliche Verhandlungen und Absprachen mit Malern, Tapezierern, Polsterern, Schreinern, Elektrikern, Haushandwerkern, Hausdame und Empfang notwendig. Die Schwierigkeit lag einerseits im Zeitdruck, da wir bestimmte zeitliche Vorgaben zu erfüllen hatten; andererseits mußte man der einheimischen Mentalität Rechnung tragen. Die Thailänder sind von einer umwerfenden und entwaffnenden Freundlichkeit, liebevoll und charmant; aber sie sind den Streß, die Hektik und die Termingebundenheit, wie wir sie kennen, nicht gewohnt. Da braucht man viel Geduld und Fingerspitzengefühl, um niemanden zu verletzen. Denn auch in Thailand gilt das „Gesicht verlieren" als Schlimmstes, was einem passieren kann. Niemals darf man einen Thailänder vor anderen tadeln oder gar schelten. Das würden die Betroffenen einem niemals verzeihen.

Stellt man sich jedoch andererseits auf die Mentalität der Leute ein und richtet sich danach, so sind diese einem treu ergeben und gehen für einen durchs Feuer. Gerade bei diesen menschlichen Problemen halfen mir die Hausdame und unser Personalchef; auf seine Abteilungsleiter war man schon wegen der Sprache angewiesen. Auch meine Sekretärin unterstützte mich bei dieser Aufgabe und fungierte oft als Dolmetscherin oder half Mißverständnisse aufzuklären oder in Streitfällen zu schlichten. Miss P. kam aus allerbesten Kreisen, hatte ihre Erziehung in Oxford und an der Sorbonne genossen, war nach der letzten Mode gekleidet, war eine richtige Dame und war darüberhinaus nicht nur blutjung, sondern auch noch bildhübsch. Jeden Morgen kam sie ganz dicht an mich heran und fragte mit leiser, fast flüsternder Stimme, was sie denn wohl heute für mich tun dürfe. Dann spitzte sie die Bleistifte, versorgte mich mit allen Büroutensilien, kümmerte sich um die Blumen und brachte mir kühle Erfrischungsgetränke. Sie war eine perfekte Kraft, nahm Stenogramme in Englisch und Französisch auf und verrichtete geschickt und gewandt alle Vorzimmerarbeiten.

Ginny und die Kinder hatten sich schnell in dieser traumhaften Umgebung eingelebt. Wie in Hongkong ist es in Bangkok zwar auch sehr heiß, aber die Luftfeuchtigkeit ist geringer; was die Hitze erträglicher macht. So kamen wir in unserem Haus ohne Airconditioning aus, und die Kinder erkälteten sich nicht mehr so oft. Ginny war dagegen ständig besorgt wegen der mangelnden Hygiene. Leitungswasser ist für Europäer nicht trinkbar; es kommt warm und bräunlich aus der Leitung. Man trinkt daher Wasser, das in großen Glasballons angeliefert wird. Unsere beiden Thai-Frauen sahen das anders. Sie wuschen das Geschirr mit Leitungswasser, trockneten es mit ihren schmutzigen Schürzen ab und hatten auch eine andere Vorstellung von Sauberkeit als wir. Als unser Sohn Andrew, zu der Zeit vier Jahre alt, einmal im Garten eine Schlange von fast zwei Meter Länge sah und sie anfassen wollte, standen die Frauen dabei und lachten und fanden das absolut normal. Ginny konnte zum Glück noch gerade eingreifen und unseren Sohn mit einem kräftigen Ruck am Arm zurückziehen.

Wie es in diesen Ländern üblich ist, waren wir beide, Ginny und ich, von dem sehr ausgeprägten gesellschaftlichen Leben stark in Anspruch genommen. Da war ein Lady's Lunch bei uns im Hotel oder in irgendeinem Club, oder es war abends ein Empfang oder ein Essen im Hotel oder bei einer der im selben Vorort lebenden Prominenz, beim Botschafter irgendeines Landes, beim General Manager einer Fluglinie oder eines großen europäischen oder amerikanischen Unternehmens. Die Damen kamen in Cocktail- oder Abendkleidern, meistens aus Thai-Seide, die Herren im weißen Dinner-Jacket. So lernte man eine Menge Leute kennen, die einen wiederum schnell über Land und Leute unterrichteten. Auch für das Hotel waren diese Kontakte sehr wichtig, und so machte ich mich erstmals mit den Grundbegriffen von Public Relation, Werbung und Verkauf, vertraut.

Im Rahmen von Konkurrenzbesuchen gingen mein Chef, Herr H., und ich oft abends in andere Restaurants und Hotels und anschließend in einen der unzähligen Night Clubs. Natürlich genossen wir Sonderrechte im „Café de Paris"; der Sohn von Madame S. gab sich alle Mühe, uns besonders gut zu betreuen.

Beim Betreten dieses Night Clubs kam man hinter der Garderobe an einer langen Glaswand vorbei, hinter der 25 Mädchen saßen, eine schöner als die andere, jede mit einer Nummer um den Hals. Nach dem Dessert fragte der Oberkellner diskret, welche Nummer man haben möchte. Die Tätigkeit als Animierdame war im Preis der Speisen und Getränke einbegriffen; für weitere Dienstleistungen war separat zu zahlen.

Der Tropicana Night Club im Hotel, der vor der Übernahme aus Rentabilitätsgründen geschlossen worden war, sollte wieder eröffnet werden, und zwar völlig neu aufgezogen. Dies war meine zweite große Aufgabe nach Abschluß des Renovierungsprogramms. Aus Kostengründen wurden die Gastspiele der namhaften internationalen Künstler mit anderen Hilton-Häusern in Fernost, wie Hongkong oder Tokio, so koordiniert, daß sich u. a. die Flugkosten stark verbilligten. Auch das Café de Paris beteiligte sich daran.

Der Clubraum wurde renoviert, neues Silber und Porzellan wurden angeschafft, ein Schweizer Maitre d'Hotel wurde engagiert, und mit einer großen Party für die Prominenz von Bangkok wurde das Tropicana glanzvoll eröffnet. Ganz gleich wie gut ein Night Club in einem Hotel geführt wird, wegen der hohen Künstlergagen und der Kosten für die Kapelle ist man schon froh, wenn kostendeckend gearbeitet wird. Das war nach längerer Einlaufphase auch der Fall. Der Club fand großen Anklang, nicht zuletzt dadurch, daß wir auch sehr viele prominente und für uns wichtige Leute einfach einladen mußten. Der Schweizer Restaurantchef war allerdings eine Kapazität in seinem Fach. Seine Spezialität bestand u. a. darin, zum Takt der Musik am Tisch des Gastes mit dem Schneebesen den Sabayon frisch aufzuschlagen, wofür er jedesmal einen stürmischen Applaus erntete.

So verging das Jahr 1965, und wieder war es Silvester. Es wurde ein riesiger Ball gefeiert. Als Künstler hatten wir vier berühmte deutsche Schwestern verpflichtet, die großen Erfolg hatten, worauf ihr Engagement verlängert wurde. So manchen Abend fragte ich mich bei der schmissigen Melodie des ,,Gartenzwerg'', ob es nicht an der Zeit sei, nach Europa oder nach Deutschland zurückzukehren. Wir waren nun schon im sechsten Jahr in den Tropen; auf lange Sicht war das der Gesundheit nicht zuträglich. Hinzu kam, daß unsere älteste Tochter Erika schon bald ins schulpflichtige Alter kam und wir uns spätestens dann entscheiden mußten, was wir machen wollten. Ferner war das Verhältnis mit Herrn H. nicht immer erfreulich; gerade in letzter Zeit waren gewisse Spannungen entstanden. Zu diesem Zeitpunkt wurde bekannt, daß Hilton in Mainz ein Hotel eröffnen werde, und ich begann, mich über die Zentrale in New York zu bewerben.

Wie so oft in meinem Leben, spielte auch hier der Zufall mit. Im Frühjahr 1966 befand sich die Konzernspitze einer deutschen Hotelgesellschaft auf dem Weg zur Asta Convention in Hongkong und machte unterwegs auch in Bangkok Station. Herr C. W. P., den ich bereits kannte, war dabei. Wir trafen uns im Erawan Hotel, in dem die Gruppe wohnte. Wir hatten auf der Terrasse am Swimming-Pool ein langes Gespräch, wobei ich ihm von unseren Absichten, eventuell nach Deutschland zurückzukehren, erzählte. Am anderen Tag kamen die Herren zu uns ins Rama Hotel zum Essen, und wir alle bemühten uns, diese wichtigen Persönlichkeiten der deutschen Hotellerie möglichst gut zu betreuen und zufriedenzustellen. Offensichtlich gelang uns dies auch, wie man uns jedenfalls beim Abschied mitteilte. Man war sich einig, daß man in Kontakt bleiben werde.

Bald darauf ergab sich die Gelegenheit, einmal mit Ginny allein über das Wochenende wegzufahren und zwar nach Chieng Mai im Norden Thailands. Für die Fahrt mit der Bahn benötigt man fast 24 Stunden. Es ist eine abenteuerliche Fahrt, die langsam und allmählich in das bewaldete, kühlere Hochland des Nordens führt. Die Einheimischen haben hier eine hellere Hautfarbe, da sie weniger der Sonne ausgesetzt sind wie ihre Landsleute im tropisch heißen Flachland der Küstenregionen. Chieng Mai ist bekannt für seine Teakholz-Wälder. Hier werden die großen, schweren Stämme noch nach uralter Methode mit Arbeitselefanten aus den Waldeslichtungen zu den Sammelstellen gezogen.

Diese Tiere, die die Erwerbsgrundlage der Bevölkerung darstellen, werden von den Einheimischen liebevoll gehegt und gepflegt. Sie werden gebadet und reichlich mit Futter versorgt.

Überall gibt es Läden mit Teakholz-Schnitzereien aller Art. Typisch für diese nördliche Gegend ist auch die grünliche Tonerde, aus der das bekannte Thai-Celadon-Geschirr hergestellt wird; Krüge, Vasen, Töpfe und Gefäße jeglicher Art. Wir erstanden als Basen für Tischlampen zwei Krüge und ein Service Gläser. Eine andere Erwerbsquelle, über die nicht gesprochen wird, ist der internationale Opiumhandel. Im unwegsamen Grenzgebiet zwischen Thailand, Laos und Burma werden ganze Mohnplantagen unterhalten, deren Ernte dann auch über Chieng Mai auf unbekannten, dunklen Wegen abgesetzt wird.

An Wochenenden waren wir schon oft von Bangkok nach Pattaya am Golf von Thailand, 160 km südlich von Bangkok, gefahren. Hier gefiel es uns so gut, daß wir beschlossen, im Sommer 1966 zwei Wochen hier mit der ganzen Familie zu verbringen. Zu der Zeit gab es ein einziges größeres Hotel in Pattaya, die Nipa Lodge. Ein Österreicher, Herr V., war Manager. Wir bezogen zwei Zimmer zu Sonderkonditionen unter Hotelkollegen. Das Hotelgrundstück mit zwei Swimming-Pools und tropischem Garten mit Affen und Papageien war wahrhaftig ein Paradies. Man war sogleich am Strand mit feinstem, weißem Sand und türkisfarbenem, klarem Wasser.

Ich erfüllte mir einen langgehegten Wunsch: Ich lernte Wasserski fahren. Bong Song, ein junger Thailänder mit eigenem Motorboot, hatte viel Geduld mit mir, bis ich es endlich heraushatte; aber dann war ich auch nicht mehr zu bremsen. Ich war erstaunt, daß meine Kinder zwar nicht auf zwei Skiern, aber auf einem Brett im Handumdrehen ebenfalls Wasserskisport trieben. Wir fuhren oft weit auf das Meer hinaus, von wo aus die dem Ufer vorgelagerten Inseln gut zu erkennen waren. Ich erkundigte mich nach diesen Inseln, und man sagte mir, sie seien unbewohnt und dienten in früheren Zeiten den Piraten als Unterschlupf. Und sofort wurde ein neuer Wunsch in mir wach: Einmal einige Tage auf einer solchen Insel wie Robinson Crusoe verbringen. Der Urlaub in Pattaya bot dazu eine einmalige Gelegenheit.

Wie Robinson Crusoe

Als ich Ginny von meinem Plan erzählte, nahm sie dies gelassen hin, denn sie war ja inzwischen längst an spontane und ungewöhnliche Vorschläge und Entschlüsse gewöhnt. Ich verbrachte den Rest des Tages damit, meine Ausrüstung zusammenzustellen: Zelt, Harpune, Taucherbrille, Tauchermesser, Schnorchel, Flossen, Proviant in Form von Konserven und Brot, Getränke, ein 20-Liter-Kanister mit Trinkwasser, Verbandszeug, Handtücher und eine Decke. Auch eine Flasche pures Kokosnußöl nahm ich mit, das die Thailänder benutzen. Selbst bei tiefgebräunter Haut muß man sich mit diesem Öl einreiben, wenn man aus dem Wasser kommt, da das Salz, das sich sofort auf der Haut bildet, die Haut stark angreift und man sonst einen Sonnenbrand bekommt.

Bong Song, mein junger thailändischer Bootsführer, wartete schon mit seinem Motorboot am Strand, um mich abzuholen. Ginny begleitete mich und versprach mir, Bong Song daran zu erinnern, daß er mich nach drei Tagen wieder abholte. Zum Schwimmen wäre die Strecke zwischen der Insel und dem Festland viel zu weit und wegen der Haie auch zu gefährlich gewesen, und eine Verbindung per Funk gab es nicht, so daß ich auf die Zuverlässigkeit Bong Songs angewiesen war.

Die Überfahrt zur Insel dauerte knapp eine dreiviertel Stunde. Ich konnte das Festland ganz schwach als kaum wahrnehmbaren Strich am Horizont erkennen. Bong Song wollte bei mir auf der Insel bleiben; aber das lehnte ich strikt ab, denn ich wollte ja bewußt einmal ganz auf mich selbst angewiesen sein, ganz allein nur mit der Natur. Er fuhr traurig von dannen und versprach, mich pünktlich in drei Tagen wieder abzuholen.

Nun war ich also allein auf einer Insel; der Wunschtraum so vieler Menschen hatte sich für mich erfüllt. Ich stellte das Zelt am Strand auf; es ließ sich allerdings auf dem weichen Sand nicht allzu fest verankern. Dann machte ich ein Lagerfeuer aus getrocknetem Schwemmholz und wärmte mir Suppe und Gulasch aus der

Dose auf; anschließend kochte ich noch Tee. Bis zum Einbruch der Dunkelheit erkundete ich den langen Sandstrand in beiden Richtungen. Dann legte ich mich ins Zelt zum Schlafen.

Mitten in der Nacht wachte ich auf, weil das Zelt voller Wasser war. Ich hatte nicht bedacht, daß die Flut so hoch steigen würde. Also baute ich das Zelt etwas höher gelegen erneut auf. Nach einer Stunde kam ein starker Wind auf und riß das Zelt um. Da ich einsah, daß es zwecklos sein würde, es wieder aufzubauen, schlief ich bis zum Morgen nicht im, sondern auf dem Zelt, als Unterlage. Viel schlief ich in dieser Nacht nicht, überall kribbelte und krabbelte es am Strand. Da waren Käfer und Würmer, Einsiedlerkrebse und andere Tiere, und obwohl ich es mir nicht eingestehen wollte, beneidete ich meine Familie, die jetzt in ihren komfortablen Zimmern in der Nipa Lodge schlief.

Einmalig schön präsentierte sich der Sonnenaufgang, ein Spektakel, das man leider nur selten miterleben kann. In Äquatornähe vollzieht sich der Wechsel zwischen Tag und Nacht sehr schnell, so daß es im Nu taghell war. Ich fühlte mich glücklich, einmal ganz in einer natürlichen Umgebung zu leben, nur umgeben von Meer, Sonne, Strand und den blühenden Kakteenstauden, die sich bis zur Anhöhe in der Mitte der Insel zogen. Ob Robinson Crusoe wohl ähnliche Gefühle hatte? Er mußte wohl anfangs ständig daran denken, wie er auf der Insel überleben konnte, denn es gab für ihn keinerlei Gewißheit, daß er einmal entdeckt werden würde. Er mußte sich seine Nahrung suchen, Früchte und Beeren, später auch Tiere, die er erlegte. Da war ich natürlich besser dran, mit meinem mitgebrachten Proviant. Das Frühstück bestand aus Brot, Keksen, Trockenschokolade und Nescafé.

Den Vormittag verbrachte ich damit, die Insel auszukundschaften. Sie war etwa zwei Kilometer lang und an manchen Stellen bis zu 500 Meter breit, war mit Gestrüpp und Palmen bewachsen und von einem mehr oder weniger breiten Sandstrand, der durch Felsengruppen unterbrochen war, umgeben. Merkwürdig empfand ich die Anwesenheit vieler kleiner und großer Eidechsen. Man fragt sich, wie diese Tiere hier auf die Insel gekommen sind. Und dann gab es Kolonien von Seevögeln aller Art, die hier brüteten.

Am Nachmittag erkundete ich mit Schnorchel und Brille die märchenhafte Unterwasserwelt des Golfs von Thailand. Fische aller Größen, Formen und Farben gab es da; viele davon sieht man normalerweise nur in Zoohandlungen, und ich durfte sie nun hier in ihrem natürlichen Element erleben. Korallengebilde, Seeanemonen, rätselhafte Gebilde, halb Tier und halb Pflanze, mit langen, feinen Armen und Fühlern. Da mir zum Tieftauchen die Geräte fehlten, begnügte ich mich damit, all das direkt von unterhalb der Wasseroberfläche aus zu betrachten. Plötzlich bewegt sich das, was man für einen Stein oder ein Stück Koralle gehalten hätte, und verschwand blitzschnell. Also war es irgendeine von den vielen Fischarten auf dem Meeresgrund, gut getarnt und mit Sand bedeckt.

In einer Korallenhöhle nahe des Meeresbodens glaubte ich etwas tigerhaft Geflecktes zu entdecken, sicher eine Muräne. Diese schlangenähnlichen großen Fische können sehr gefährlich werden, nicht nur wegen ihrer messerscharfen Zähne, sondern auch wegen ihrer elektrischen Ladungen, mit denen sie ihre Feinde lähmen. Ich schoß meine Harpune ab; aber durch einen Felsvorsprung verfehlte ich das Tier. Mit meinem Tauchermesser kappte ich einige besonders interessant geformte Korallenknollen, um sie als Souvenir mitzunehmen. Doch da fuhr mir der Schreck in die Glieder. In zehn Meter Entfernung sah ich einen kleinen Hammerhai, erkennbar am hammerförmigen Kopf, mit den Augen ganz außen an den Vorsprüngen. Ich schwamm sofort in Gegenrichtung und auf das Ufer zu.

Am folgenden Abend verzichtete ich auf das Zelt und schlief, nur in eine Decke gehüllt, am Strand; allerdings aufgrund der Flut diesmal weiter oben. Der nächste Tag verlief ähnlich. Die Sonne brannte erbarmungslos. Ich ölte mich beständig ein, doch um die heiße Mittagszeit mußte ich den Schatten der Palmenbäume aufsuchen. Es ist erstaunlich, wie lang ein Tag sein kann, besonders wenn man einmal die Zeit findet, etwas zu meditieren und zu sich selbst zu finden.

Am letzten Tag streifte ich am Strand umher, um all die Dinge zu betrachten, die das Meer im Laufe der Zeit angeschwemmt hatte. Da sah ich ein Stück eines großen Balkens, mit Nieten und Schrauben, total verrostet und zerfressen, aber auf der einen Seite ließ sich noch die ins Holz eingebrannte Jahreszahl erkennen: 1903. Was für eine furchtbare Tragödie mag sich wohl hier abgespielt haben. Sicher war dieses Boot in einen Sturm geraten und auf ein Korallenriff aufgelaufen und zerschellt. Oder war es vielleicht von Seeräubern überfallen und geplündert worden? Wo mögen die Besatzungsmitglieder geblieben sein? Konnten sie sich retten oder wurden sie eine Beute der Haifische? Meine Betrachtungen wurden durch das Geräusch des herannahenden Motorbootes abrupt beendet. Bong Song kam strahlend auf mich zu und half mir, meine Sachen zurück ins Boot zu bringen. Als wir am Strand von Pattaya ankamen und ich gerade aussteigen wollte, machte mich Bong Song mit einer Handbewegung darauf aufmerksam, daß ich keine Badehose anhatte. Fast hätte ich vergessen, daß ich nicht mehr Robinson Crusoe war, sondern daß die Zivilisation mich wieder hatte.

Ginny sagte mir bei der Begrüßung, daß unser Sohn Andrew krank sei, Fieber habe und daß sie schon den Arzt geholt habe. Wir hätten eigentlich erst übermorgen nach Bangkok zurückfahren wollen, aber aufgrund dieser Umstände beschlossen wir, noch am selben Nachmittag abzureisen. Inzwischen waren schwarze Gewitterwolken am Himmel aufgezogen; der lang erwartete Wetterumschwung war eingetreten. Wir packten unsere Sachen in unseren Geschäftswagen, verabschiedeten uns in Eile von Herrn V. und fuhren in Richtung Bangkok, nach Norden, entlang der Küste. Ginny hielt Andrew im Arm, es ging ihm zusehends schlechter, wir wußten aber nicht, was ihm fehlte. Das Mittel, das der Arzt ihm verschrieben hatte, wirkte nicht. Das Fieber war noch da, ja, es war sogar höher geworden. Der Donner grollte, die ersten Tropfen fielen, und bald entlud sich das Gewitter mit aller Macht. Ginny drängte, wir müßten so schnell wie möglich nach Bangkok, und ich fuhr so schnell, wie es die Straßen- und Sichtverhältnisse erlaubten.

Auf der Höhe von Cholburi, einer größeren Stadt 50 km nördlich von Pattaya, überquerte die Straße in regelmäßigen Abständen die sogenannten Klongs, das sind gradlinig gezogene Kanäle, die zur Bewässerung des Landes gezogen wurden. Über diese Klongs führen steile, kurze Brücken, die mit einer Art Buckel die Kanäle überqueren, um genügend Höhe für die durchfahrenden Schiffe zu lassen. Da die Straßenführung gradlinig ist, versperren die Buckelbrücken die Sicht nach vorn. Wir fuhren mit 120 km/h Geschwindigkeit — da in Thailand Linksverkehr herrscht — auf der linken Seite. Auf der Höhe der Brücke, also in deren Mitte, kam uns plötzlich ein Wagen entgegen und zwar rechts, also offensichtlich ein Europäer, der den Linksverkehr nicht gewohnt war. Er riß im allerletzten Moment das Steuer nach links. Ich bremste scharf. Gott sei Dank, er hat uns nicht erwischt. Im Rückspiegel sehe ich aber, daß sich der Wagen durch den plötzlichen Ruck überschlägt und über das Brückengeländer in den Kanal kippt. Normalerweise hätte man anhalten müssen, aber wenn man längere Zeit in Thailand lebt, weiß man, daß man in solchen Fällen und besonders auf dem Land keineswegs anhalten darf, da sonst die Möglichkeit besteht, daß aufgebrachte Leute Selbstjustiz üben. Außerdem verschlechterte sich der Zustand unseres Sohnes zusehends.

Ich fuhr die letzten 100 km bis nach Bangkok in einem völlig verkehrswidrigen Tempo, raste durch die Dörfer und die Vorstädte von Bangkok auf direktem Weg zum Bangkok American Hospital. Die Schwester in der Ambulanz verständigte sofort den Oberarzt, der unseren Sohn umgehend in die Intensivstation einwies. Er hatte Malariafieber, und der Arzt sagte uns, daß wir ihn gerade noch zur rechten Zeit eingeliefert hätten. Einen halben Tag später hätte keine Hoffnung mehr bestanden. Andrew verbrachte über sechs Wochen im Krankenhaus, davon 14 Tage in der Intensivstation.

Die Krankheit unseres Sohnes bestärkte uns in unserem Entschluß, wieder nach Europa zurückzukehren. Nicht nur die Gesundheit sondern auch die Nerven wurden mit der Zeit zu stark strapaziert.

Auf Umwegen nach Frankfurt

Im Herbst 1966 kam das erste Angebot aus Frankfurt. Da ich seit Jahren nicht mehr in Deutschland gelebt hatte, erkundigte ich mich bei der Handelsabteilung der Deutschen Botschaft in Bangkok nach dem derzeitigen Lebenshaltungsindex und danach, was man verdienen müsse, um eine sechsköpfige Familie in einem gewissen gehobenen Lebensstandard zu unterhalten. Aufgrund dieser Erkundigungen schickte ich das Angebot zunächst zurück, und im Spätherbst auch noch ein zweites. Das Angebot für Mainz war aus gleichen Gründen nicht interessant.

Jeder, der lange Zeit im Ausland, insbesondere in Fernost lebt, erreicht nach einer gewissen Zeit — der eine früher, der andere später — einen Punkt, an dem er sich entscheiden muß: Entweder er geht zurück nach Europa oder er bleibt im Land. Hat man diesen Punkt verpaßt, wird es immer schwieriger, jemals wieder zurückzukehren, ja, man verpaßt sozusagen völlig den Anschluß. Diese Leute heiraten dann meistens Einheimische, erlernen die Landessprache und machen sich in diesem Lande seßhaft. Unter meinen ehemaligen Kollegen sind mir solche Fälle bekannt.

Für uns wurde dieses Thema sehr akut, denn die Zeit drängte. Unsere älteste Tochter Erika besuchte zu der Zeit einen Schweizer Kindergarten, in dem deutsch gesprochen wurde, so daß sie sich an diese Sprache gewöhnen konnte. Aber die Frage der Schule im nächsten Jahr stand noch offen und ungeklärt. Ich war mir mit Ginny über einen Punkt grundsätzlich einig: Die Kinder sollten wenigstens ihre Schulbildung in Deutschland erhalten, die deutsche Sprache erlernen und vor allen Dingen einmal ein normales und realistisches Leben kennenlernen.

Berücksichtigte man, daß die Kinder in internationalen Luxushotels aufgewachsen waren, stets bedient wurden, anstelle eines Elternhauses oder eines normalen Haushaltes nur Hotelrestaurants, Room Service oder Hotel-Swimming-Pools kannten, so war es an der Zeit, daß sich dies änderte, damit die Kinder später vor bitteren Enttäuschungen bewahrt wurden. Ich war mir darüber im klaren, daß es auch für mich eine riesige Umstellung sein würde, verbunden mit einer großen Ernüchterung, wieder in Deutschland zu arbeiten. Für uns alle würde die abrupte Umstellung von dem sehr großzügigen Lebensstil der internationalen Luxushotellerie zu den eingeengten Verhältnissen eines eher kleinbürgerlich und bürokratisch geprägten Landes keinesfalls einfach sein.

Die Spannungen im Hotel nahmen zu. Ich sah so bald keine Möglichkeit, wieder versetzt zu werden, denn es war genau das eingetreten, was man mir damals in New York prophezeit hatte: Aufgrund der inzwischen auf sechs Personen angewachsenen Familie stand ich nicht mehr auf der Liste derer, die auf einen Telefonanruf hin hätten woanders eingesetzt werden können. Als gegen Ende 1966 dann das dritte Angebot aus Frankfurt kam, akzeptierte ich es. Man hatte mir die Position des zweiten Direktors und gleichzeitig Wirtschaftsdirektors im Stammhaus des Konzerns in Frankfurt angeboten. Ich sollte am 1. März 1967 meinen Dienst antreten. Kulanterweise bezahlte Hilton noch die Rückreise für die gesamte Familie nach New York, da ich ja dort engagiert worden war. Die Reisekosten nach Frankfurt gingen zu unseren Lasten.

So flog Ginny mit den Kindern zum Jahresende den langen Weg über Hongkong, Tokio, den Pazifik und die Westküste zurück nach New York, wo ich sie im Februar treffen und abholen sollte zur Weiterreise nach Frankfurt. Das Haus in Bangkapi wurde aufgegeben, und ich zog bis Mitte Januar wieder als Strohwitwer ins Hotel. Da mir bewußt war, daß ich so bald nicht wieder die Gelegenheit haben würde, den Fernen Osten zu sehen, wollte ich die Rückreise dazu benutzen, mir noch einige weitere Länder und Städte in Asien anzusehen und vor allem auch, auf dem Weg nach München zu meiner Mutter, erstmals Moskau zu besuchen. Am 21. Januar 1967 kam der Tag des Abschieds von Bangkok. Ein wichtiger Lebensabschnitt — zehn Jahre Hilton International — ging zu Ende, und ein völlig neuer und für die ganze Familie entscheidender Lebensabschnitt lag vor uns.

Vor einem der vielen Tempel in Bangkok, Thailand.

Die vier Kinder vor unserem Haus in der Höllsteinstraße in Bad Homburg.

Mein Einstand im Frankfurter Hotel. Rechts: Generaldirektor CWP.

Viele Kollegen hatten sich in der Abflughalle am Don Muang Flughafen eingefunden, um mich zu verabschieden. Auch meine beiden Sekretärinnen waren dabei. Ich konnte meinen Kopf kaum mehr drehen, so viele Blumenkränze hatte man mir umgehangen. Die Herzlichkeit der Thailänder, die ihre Gefühle offen zum Ausdruck bringen, ist rührend und überwältigend zugleich. Der Abflug der KLM-Maschine, Flug Nummer 833, verzögerte sich wegen einer technischen Panne um über eine Stunde. Dann hob die DC-8-Maschine sanft von der Piste ab und drehte gen Süden. Noch einige Minuten sah man die Umrisse der südwestlichen Vorstädte von Bangkok und das breite Band des Chao Phya River, das sich matt in der hereinbrechenden Dämmerung abhob.

Als die Maschine ständig an Höhe gewann, sah man die am Boden bereits untergegangene Sonne noch einmal, deren orangefarbige Scheibe der darunterliegenden Wolkenschicht einen feurigen Schimmer verlieh, ein Anblick von unbeschreiblicher Schönheit. Inzwischen war die Mündung des Chao Phya ins Meer erreicht. Die nun herrschende Dunkelheit verschluckte Meer und Wolken. Nach zwei Stunden Zwischenlandung in Singapur. Nach einer halben Stunde Weiterflug wurde der Äquator überquert. Der Flugkapitän machte durch eine Ansage darauf aufmerksam. Stewardessen verteilten Zertifikate an die Passagiere. Anstelle der Äquatortaufe gab es ein Gratis-Getränk.

Ankunft in Djakarta, Kemajoran Flughafen. Die Ankunftshalle gleicht eher einer Markthalle. Die Ankunft eines Flugzeuges ist für die Eingeborenen anscheinend immer noch etwas Besonderes und außerdem die Gelegenheit, den ankommenden Fremden ihre verschiedenen Dienste anzubieten, als Taxi-Chauffeure, Schuhputzer oder Verkäufer von allerhand undefinierbaren Waren bis hin zum potenzfördernden Pulver aus geriebenem Horn des Nashorns. Ich wohnte im Hotel Indonesia Intercontinental. Auf der Fahrt zum Hotel hat man den Eindruck, daß Djakarta, mit Ausnahme einer repräsentativen Hauptstraße, aus riesigen Vierteln von einstöckigen Häusern und Hütten besteht, mit holprigen, ungepflasterten Wegen, so daß man sich eher in ein Dorf versetzt sieht als ins Zentrum der Hauptstadt. Als Gast des deutschen Managers und seiner Frau verbrachte ich den nächsten Tag damit, mir die Stadt anzusehen. Am Nachmittag genoß ich den herrlichen, großen Swimming-Pool. Am nächsten Tag wurde ein Ausflug ins Landesinnere für mich arrangiert, mit dem Wagen des Managers und einem Herrn der Public Relation-Abteilung als Begleiter. Die Fahrt ging erst durch moderne Stadtviertel, in denen sich die Konsulate befinden, und dann weiter in Richtung Südosten, den Bergen entgegen. Die Dörfer mit ihrem bunten Treiben erinnerten mich an Thailand. In der Stadt Sogor besichtigten wir den Staatlichen Botanischen Garten, allerdings seiner Größe wegen nur vom Auto aus. Hinter Sogor steigt die Straße erheblich an, es wird kühler und nebliger. Nach einer halben Stunde Fahrt erreichten wir das Ziel unserer Reise, das Riung Gunnung Tea House, das im europäischen Stil erbaut ist. Die Berge sind, soweit das Auge reicht, mit Teesträuchern bewachsen. Das Restaurant wurde von einem französischen Ehepaar geleitet, und wir wurden mit perfekter französischer Küche bewirtet.

Am Abend saß ich in der Hotelbar, um nach dem Essen noch etwas zu verweilen. Dort kam ich ins Gespräch mit einem amerikanischen Offizier, der sich auf Vietnam-Urlaub zur Zeit in Djakarta befand. Er hatte bei den Kämpfen in Vietnam viele Grausamkeiten erlebt. Dies hatte ihm sehr zu schaffen gemacht, da er als professioneller Musiker eher sensibel war. Nachdem er einige Gläser Whisky getrunken hatte, begann er auf den Krieg zu schimpfen, auf die Zerstörung, auf die Politiker und Militärs, die in seinen Augen Verbrecher waren, weil sie einen solchen Krieg angezettelt hatten. Es war schon fast Mitternacht, als er mir anvertraute: Er wollte nicht mehr nach Vietnam zurückkehren sondern desertieren. Ich versuchte, ihm Mut zu machen, auch dieser Krieg sei wie alle anderen eines Tages vorbei. Doch er ließ sich nicht von seiner Absicht abbringen und bat mich schließlich, ihm zu helfen.

Da die Bar noch recht gut besucht war und auch andere Amerikaner anwesend waren, die zuhören konnten, bat ich ihn in einen Nebenraum, da ich mir keine Schwierigkeiten einhandeln wollte. Er fragte mich, ob ich ihm nicht einen anderen Paß besorgen könne. Als ich ihm erklärte, daß ich keine Möglichkeiten hätte, ihm einen Paß zu besorgen und daß ich damit auch nichts zu tun haben wolle, drang er — unter dem Einfluß einiger weiterer Whiskies — umsomehr auf mich ein. Plötzlich standen zwei Männer bei ihm, Amerikaner, die ihm unter die Arme griffen, um ihn abzuführen. Als der Bar-Chef den Night Manager rief, wiesen sich die beiden aus. Es waren CIA-Beamte in Zivil und auf potentielle Deserteure angesetzt. Ich wurde noch eine halbe Stunde lang als Zeuge vernommen und war heilfroh, daß ich nicht weiter in den Fall verstrickt worden war.

Am nächsten Morgen Weiterflug über Singapur nach Neu Delhi, Indien. Das Hotel Oberoi Intercontinental gleicht einem Märchenpalast. Marmor, Messingschmiedearbeiten und die ganze Vielfalt des indischen Kunsthandwerks sind zu einem harmonischen Dekor vereint. Bei einer kleinen Stadtbesichtigung fallen auf der Fahrt zum Connaught Square die großzügig angelegten, breiten Straßen dieses Viertels auf, mit Parks, Denkmälern und modernen Bauten. In der Umgebung des Square ändert sich das Bild: Eingeborene bieten ihre Waren auf dem Bürgersteig an, daneben Zelte, aus Lumpen zusammengeflickt, mit ganzen Familien darin, ein großer Bazar mit Messingschmiedeartikeln, Ochsengespanne, Eselskarren und zerlumpte Bettler. Direkt gegenüber dem Hotel, auf einem freien Platz leben Leute buchstäblich in Erdhöhlen. An den Wänden einer alten, halbzerfallenen Moschee nisten hellgrün gefiederte Vögel, die wie Wellensittiche aussehen. Von einer Brücke aus, die über einen ausgetrockneten Flußarm führt, erblicke ich in der Sonne getrocknete Kuhfladen, die von der ärmeren Bevölkerung als Brennmaterial benutzt werden. Allerlei Haustiere wie Schweine, Ziegen und Rinder gehören mit zum Straßenbild. Noch eine Überraschung: Der Torbogen am Eingang eines Tempels ist mit einer Anzahl von Hakenkreuzen verziert, die einen Teil des Dekors darstellen. Der Begriff „Indo-Germanisch" kommt mir in den Sinn.

Gegen Mitternacht Weiterflug nach Karatschi, kurzer Aufenthalt im Intercontinental-Hotel. Anderentags Weiterflug nach Teheran und Moskau. Kurze Zwischenlandung in Teheran. Alte Erinnerungen werden wach, kenne ich doch kaum einen Flughafen in der Welt so gut wie diesen. Gegen 8.30 Uhr startet die Boeing der Pakistan International Airways nach Moskau und Frankfurt. Das klare Wetter gestattet einen wunderbaren Ausblick. Die Maschine schwenkt in Richtung Nordwesten ein, und wieder einmal überfliege ich das Ödland Persiens. Kurze Zeit nach Überfliegen der Stadt Tabris überqueren wir den östlichen Ausläufer des Schwarzen Meeres und somit die russische Grenze. Der Kapitän gibt dies über Lautsprecher bekannt. In Moskau herrsche schönes Wetter, bei minus 25 Grad. Unter uns die westlichen Ausläufer des Kaukasus, dessen schneebedeckte Bergmassive sich in der klaren Luft abzeichnen. Nach fünfeinhalbstündigem Flug setzt die Maschine zur Landung in Moskau Scheremetjewo an. Während alle Passagiere sich in den Transitraum zum Weiterflug nach Frankfurt begeben, bin ich der einzige, der hier aussteigt, was von vielen mit Kopfschütteln registriert wird. Nach einer langwierigen Paß- und Zollkontrolle bringt mich das Taxi ins Hotel ,,Berlin''. Die Entfernung vom Auslandsflughafen Scheremetjewo bis zur Innenstadt beträgt 35 km. Die Straße geht erst über Felder und durch Wälder bis zur Leningrader Chaussee. Diese führt über die Kljasma, einen Nebenfluß der Moskwa, an den Moskauer Außenring und schließlich durch ausgedehnte Wohnsiedlungen in Richtung Innenstadt. Der unterwegs gewonnene erste Eindruck ist durchaus positiv, was Ordnung, Disziplin, Sauberkeit und großzügig angelegte Straßen- und Verkehrsverhältnisse anbetrifft. Der Verkehr ist im Verhältnis zur Größe der Stadt und der breiten Straßen nicht übermäßig stark. Das Hotel ,,Berlin'' befindet sich auf der Uliza Schdanowa, zwei Minuten von Rotem Platz, Bolschoi-Theater, Gorki-Straße und Marx-Prospekt, im Herzen der Innenstadt. Das Hotel selbst mutet altmodisch an, mit hohen Decken, vorhangverhängten Bettnischen, alten uneingebauten Badewannen, angeschlagenen Wasserhähnen und unebenen, knirschenden Parkettböden mit ausgeblichenen Teppichen. Jeder Gast, und so auch ich, wird beim Betreten der Hotelhalle durch einen riesigen ausgestopften Bären, der zweieinhalb Meter hoch, mit ausgebreiteten Pranken so dasteht, daß man ihn zunächst nicht sieht, zutiefst erschreckt, da er wirklich lebensecht aussieht.

Moskau war bereits im frühen Mittelalter Hauptort und Festung des Tartarenreiches, als diese von den Mongolen beständig in Richtung Westen verdrängt wurden. Da es wegen der unermeßlich großen umliegenden Wälder kein besseres und billigeres Baumaterial als das Holz gab, waren fast alle Häuser und Gebäude aus Holz errichtet. Diese hölzerne Stadt wurde im 18. Jahrhundert durch eine verheerende Feuersbrunst fast völlig zerstört. Die neue Stadt wurde dann aus Steinen errichtet, woran heute noch Moskauer Straßen- und Brückennamen erinnern. Als Peter der Große den Ausbau von Petersburg nach dem Vorbild der europäischen Höfe vorantrieb und somit das „Fenster nach Westen" öffnete, verlor Moskau seine frühere Bedeutung. Da das gesamte gesellschaftliche und wirtschaftliche Leben sich in Petersburg abspielte, führte Moskau lange Zeit hindurch das Leben einer mittleren Provinzstadt. Zu Beginn des 19. Jahrhunderts, als Napoleon Moskau einnahm, steckten die Russen die mittlerweile wieder aufgebaute Stadt selbst in Brand, wodurch sich das Wachstum der Stadt erneut erheblich verzögerte. Nach der Oktoberrevolution im Jahre 1917 schloß Lenin bewußt das Fenster nach Westen und der Kreml wurde zum Zentrum und Mittelpunkt kommunistischer Macht.

Über Nacht wurde Moskau zur Hauptstadt und nahm von da an einen kontinuierlichen Aufschwung, der nur durch den Zweiten Weltkrieg unterbrochen wurde. Moskau ist heute eine Weltstadt von 8 Millionen Einwohnern einschließlich der Vororte, die sich ständig weiter nach außen drängen. Der Stadtplan von Moskau kann mit einem großen Rad verglichen werden, dessen Mittelpunkt und Nabe der Rote Platz mit dem Kreml ist. Auf diesen hinzu führen alle großen Verkehrsarterien, wie die Speichen des Rades. Diese werden verbunden durch drei kreisförmige Boulevards, die diese Hauptverkehrsstraßen untereinander verbinden. Der mittlere Gartenring — Sadowaja — spielt hierbei eine besonders wichtige verkehrstechnische Rolle. Auch das U-Bahn-Netz, begonnen zum Ende der Zwanziger Jahre und noch immer beständig im Ausbau begriffen, folgt dem gleichen Schema.

Zum Glück war es warm im Hotel, hatte ich doch keine Wintersachen bei mir. So galt es als erstes, im gegenüberliegenden Kaufhaus „GUM" eine typisch russische Pelzmütze, eine Schapka, und Wollhandschuhe zu besorgen. Anschließend ins Bolschoi, um die begehrte Karte für die Aufführung des „Zarewitsch" am Abend zu erstehen. Das Geldwechseln gestaltete sich schwierig, da die Hotels nur bestimmte Kontingente von Devisen ausgeben. Sich jedoch Geld auf dem Schwarzen Markt zu besorgen, das überall in der Nähe der großen Hotels angeboten wird, ist nicht anzuraten, da sehr hohe Gefängnisstrafen für Devisenvergehen verhängt werden. Auch das Essen ist problematisch. Ohne Tischreservierung bekommt man in keinem Restaurant, mit Ausnahme von dem Hotel, in dem man wohnt, einen Platz. Man muß Schlange stehen und viel Geduld mitbringen. Also aß ich im „Berlin". Die Forelle wurde von der Köchin frisch aus einem Becken im Restaurant gefangen.

* * *

Wenn man wenig Zeit hat, ist es ratsam, sich einer Stadtführung anzuschließen, will man wenigstens die hauptsächlichsten Sehenswürdigkeiten nicht verpassen. Da ist der obligate Besuch des Kremls mit dem großen Kongreßsaal und dem Zeughaus. Die weltberühmten Sammlungen von Waffen, Schmuck und Prunkgegenständen aus der Zarenzeit sind von unsagbarer Schönheit. Immer wird betont, daß diese Gegenstände seinerzeit nur einer auserlesenen Schicht gehörten, während sie heute dem ganzen Volk zugute kommen. Dann reiht man sich andächtig in die Hunderte von Metern lange Schlange vor dem Leninmausoleum an der Kremlmauer ein. Die schlichte Einfachheit des wuchtigen

Marmorbaus ist beeindruckend. Im gedämpften Licht wirkt die Wachsmaske Lenins im Glassarg fast gespenstisch. Nach dem Besuch des berühmten Balletts „Schwanensee" im Kongreßpalast des Kremls ist es eines der beeindruckendsten Erlebnisse, wenn um Mitternacht die Glockenspiele der Kremltürme und besonders des Spasskij-Turms die russische Nationalhymne spielen. Der Rote Platz, flankiert von der Kremlmauer mit den berühmten Türmen und der St. Basil-Kathedrale, geben den Klängen der ohnehin schon ergreifenden Melodie ein überaus feierliches Gepräge. Man spürt den Ausdruck der unendlichen Weite und der Melancholie des Landes und des Volkes, aber auch die geballte Macht des größten Reichs der Erde, bis unter die Haut.

Die Moskauer U-Bahn, für fünf Kopeken wirklich das billigste Verkehrsmittel, ist eine Sehenswürdigkeit für sich. Die Stationen, zumindest im Zentrum, sind mit Marmor, Kronleuchtern, Säulen, Figuren und Kunstschätzen ausgestattet. Wagen und Stationen sind mustergültig sauber, die Fahrgäste sind äußerst diszipliniert, und in jeder Ecke sieht man ein altes Mütterchen mit einem Reisigbesen.

Die Besichtigung der weltberühmten Tretjakowskaja-Galerie gehört ebenso zu einem Moskau-Besuch wie der Besuch des Louvre, wenn man Paris besucht. Dieses Museum hat ca. 50 verschiedene Säle und ist fast ausschließlich russischen Künstlern der Vergangenheit und Gegenwart gewidmet. Am Nachmittag Besuch der Universität auf den Leninbergen. Mit der U-Bahn zurück bis zur „Kropotinskaja"-Station. In der Nähe ist ein riesiges kreisrundes Außenschwimmbecken, in dem selbst bei diesen extremen Minustemperaturen viele baden. Das Wasser ist stark gewärmt; man kann daher vor Dampfwolken kaum etwas sehen. Nur die Geräuschkulisse ist die gleiche wie im Sommer in Freibädern. Der Sauna-Effekt durch das warme Wasser und die eiskalte Außenluft härtet ab. Die Moskauer machen offensichtlich regen Gebrauch davon. Anschließend Besuch des Ausstellungsgeländes von Sokolniki, im Norden der Stadt, mit dem berühmten Raketendenkmal am Eingang.

Der letzte Abend wird im Hotel ,,Berlin'' gefeiert. Man prostet mir zu: ,,Na Sdarowje!'' Da kann man keinem Russen den Wodka verwehren. Ich bin überrascht: Dieser wirklich reine und beste Wodka, der Moskowskaja, aus Weingläsern heruntergekippt, ist mir ausgezeichnet bekommen. Und man erklärt mir auch warum: Zum einen die starke Kälte draußen und zum anderen das reichhaltige, fette Essen als Grundlage.

Am folgenden Tag heißt es, Abschied nehmen von Moskau, dieser phantastischen, interessanten und so vielseitigen Stadt. ,,Do swidanja'' — wir werden uns wiedersehen! Die Iljuschin-Maschine der DDR-Interflug ist startklar. Ein letzter Blick auf Scheremetjewo und die Stadt im Hintergrund, dann geht es über Warschau nach Berlin-Schönefeld, DDR. Ein Sonderbus der Interflug bringt die Transitreisenden durch den Grenzübergang Woltersdorf-Chaussee nach Westberlin, zum Flughafen Tempelhof. Wieder wird man mit der deutschen Zwei-Staaten-Realität abrupt vertraut gemacht. Weiterflug nach München, kurzer Besuch der Mutter und Fortsetzung der Reise über London nach New York.

* * *

Ginny holte mich vom Flughafen ab. Das Wiedersehen mit meiner Familie und mit den Schwiegereltern war herzlich. Viel hatte sich seit unserem letzten Aufenthalt ereignet. Das Wesentlichste war wohl, daß ich nun nicht mehr bei Hilton war, sondern bei einer deutschen Hotelgesellschaft, bei der ich in 14 Tagen in Frankfurt anfangen sollte. Herr C. W. P. hatte mir telegrafisch mitgeteilt, ich solle aufgrund der Frühjahrs-Messe um einige Tage später eintreffen, da es mit der Unterbringung Schwierigkeiten geben würde. Ich wußte zwar, daß Frankfurt eine Messestadt war, nahm aber seine Bedenken mit der Unterbringung nicht so ernst. Da ich lieber einige Tage früher eintreffen wollte, nahm ich die ursprüngliche Buchung wahr.

So trafen Ginny, die vier Kinder und ich Ende Februar 1967 in Frankfurt ein. Ich rief vom Flughafen aus im Hotel an. Und da gab es auch schon den ersten Krach. Man machte mir Vorwürfe: ich sei zu früh gekommen, es bestehe keinerlei Möglichkeit einer

Unterbringung, und ich solle nun sehen, wie ich zurechtkäme. Ich kannte niemand in Frankfurt, die Kinder waren von der langen Reise übermüdet, und wir alle waren nicht gerade in bester Stimmung. Sollte dies schon ein Omen sein, bezogen auf das, was mich in Frankfurt noch alles erwarten würde?

Der Opelhändler, bei dem wir unseren Wagen bereits von Bangkok aus mit Abholung in Frankfurt bestellt hatten, sprang ein. Er hatte Verwandte, die in Heddernheim, im Nordwesten der Stadt, eine kleine Pension betrieben, und da waren noch gerade zwei Zimmer frei. So verbrachten wir die ersten zwei Nächte ziemlich primitiv in einer Pension, bis nach der Messe. Dann zogen wir vorübergehend in das Ritters Park Hotel nach Bad Homburg, so lange, bis die Wohnungsfrage geklärt sein würde. Pünktlich konnte ich am 1. März 1967 meinen Dienst im ersten Haus von Frankfurt antreten.

Neuer Start in Deutschland

In Deutschland hatte sich seit dem Frühjahr 1961, als ich nach Hawaii versetzt worden war, viel geändert. Das Wirtschaftswunder, eingeleitet durch Minister Erhard, in Anknüpfung an die Wiederaufbauphase der fünfziger Jahre, basierend auf dem Marshall-Plan, war weitgehend vollzogen. Die Mitte der sechziger Jahre war geprägt von einem wirtschaftlichen Aufschwung in bisher nicht gekannter Größe. Die Auftragsbücher der Großindustrie waren gefüllt, und um die viele Arbeit zu bewältigen, hatte man Tausende von Gastarbeitern aus Südosteuropa, vor allem aber auch aus der Türkei ins Land gerufen.

Diese wirtschaftliche Entwicklung hatte auch die Wohlstandswelle in Bewegung gesetzt. Während in den fünfziger Jahren, nach den Entbehrungen der Kriegs- und Nachkriegszeit, zuerst die Eßwelle und dann die Bekleidungswelle zu verzeichnen war, kam nun mit dem zunehmenden Wohlstand auch die Konsumwelle in

Bewegung. Man wollte standesgemäß leben, zumindest aber so wie die Nachbarn. So richteten sich alle, die es ermöglichen konnten, ihre Wohnungen neu ein oder bauten sich Eigenheime; jeder mußte sein Auto haben und Urlaubsreisen machen, nicht nur ins europäische Ausland.

Während sich bei der älteren Generation, die den Krieg noch miterlebt hatte, das Gefühl des Selbstbewußtseins aus der Genugtuung über das bisher Erreichte breitmachte, zeichneten sich in zunehmendem Maße Konflikte mit der jungen, der Nachkriegsgeneration ab. Die Demokratie, mit deren Segnungen wir 1945 von den Amerikanern über Nacht förmlich überschüttet worden waren, war insbesondere ins Bewußtsein der jüngeren Generation eingedrungen. Dies war jedoch teilweise mit so viel typisch deutscher Gründlichkeit und Verbissenheit geschehen, daß die Interpretierung der demokratischen Freiheit oft ins Gegenteil ausartete. Diejenigen Gruppen, die glaubten, alles sei eben erlaubt, übersahen dabei, daß die persönliche Freiheit des einzelnen da aufhört, wo die des Nächsten beginnt und daß es keine absolute Freiheit geben kann, da diese mit Chaos gleichzusetzen wäre. Die Natur selbst, der sich keiner entziehen kann, ist mit ihren Gesetzen und Gesetzmäßigkeiten hierfür das große Vorbild.

Wie in allen anderen Branchen hatte sich auch in der Hotellerie einiges getan. Neben Hilton waren andere amerikanische Konzerne in die Bundesrepublik Deutschland gekommen. So war u. a. das Intercontinental-Hotel im Juni 1964 in Frankfurt eröffnet worden. Weitere Konzerne führten Verhandlungen. In der heimischen Hotellerie war man hellhörig geworden. Man mußte umdenken, sich auf die neue Situation einstellen, mußte investieren, nicht nur materiell sondern auch personell. Das Zeitalter der Elektronik kündigte sich an. Neue Management-Methoden wurden übernommen und auf die hiesigen Verhältnisse zugeschnitten. Man mußte der Tatsache Rechnung tragen, daß der Gast und speziell der Geschäftsmann in zunehmendem Maße über internationale Erfahrungen verfügte. Dies bedeutete, daß er zunehmend anspruchsvoller wurde. Seine Erwartungshaltung orientierte sich an den modernen amerikanischen Häusern. Die Vergangenheit mußte überwunden, Plüsch und Staub mußten beseitigt werden. Unter diesen Vorzeichen und in diesem Umfeld war meine Einstellung im Stammhaus des Konzerns in Frankfurt erfolgt.

Verständlicherweise war all dies ein langwieriger Prozeß, der Jahre, ja, Jahrzehnte dauern würde, bis er mit allen Konsequenzen verwirklicht war. Gerade für meine Familie und mich war der Wechsel von Hilton zu einem deutschen Konzern, von Fernost nach Deutschland, von der Großzügigkeit der Internationalen Luxushotellerie zur konservativen Enge und Eingeschränktheit der deutschen Verhältnisse ganz enorm. Wir brauchten einige Jahre, um all dies zu verkraften und uns voll auf die neuen Verhältnisse einzustellen. Sicherlich hatten wir all dies ja vorher gewußt. Wir waren aus freiem Willen nach Deutschland gekommen und somit auch bereit, alle Konsequenzen auf uns zu nehmen.

Doch kamen uns besonders in der Anfangszeit öfters Zweifel, ob wir auch die richtige Entscheidung getroffen hatten. Wir verhielten uns die ersten Jahre bewußt sozusagen in Wartestellung, für den Fall, daß wir unseren Entschluß revidieren und wieder ins Ausland zurückkehren würden. Die Kinder waren von all dem am wenigsten betroffen. Ihr Problem war anfangs ein sprachliches. Unsere älteste Tochter, Erika, fand sich relativ leicht zurecht; unser Sohn Andrews dagegen tat sich überaus schwer. Die beiden jüngeren, Monika und Claudia, hatten kaum Probleme, im Gegenteil, Claudia sprach schon bald mit hessischem Akzent.

Gleich zu Beginn meiner Tätigkeit in Frankfurt gab es Schwierigkeiten aufgrund der unterschiedlichen Auslegung der Zusage einer Dienstwohnung. Da uns ein Häuschen im Grünen vorschwebte, lehnten wir zwei Wohnungen, eine im Zentrum, die andere außerhalb der Stadt ab. Die Konzernleitung hatte jedoch ein Einsehen, und so zogen wir von Ritters Park Hotel in ein Einfamilienhaus in einer hübschen Villengegend von Bad Homburg. Was uns als selbstverständlich erschien, war für hiesige Verhältnisse schon die große Ausnahme. Als der Mietvertrag aufgrund nicht geklärter Eigentumsverhältnisse der Vermieterin aufgelöst werden mußte, zogen wir zu Beginn der siebziger Jahre in ein etwas größeres Haus nach Oberursel im Taunus.

Das Verhältnis zum anderen Teil Deutschlands war zu der Zeit noch total isoliert. Es existierte noch kein Grundlagenvertrag, der Austausch der Ständigen Vertretungen in Bonn und Ost-Berlin war noch nicht erfolgt, es bestanden kaum Anknüpfungspunkte, und der Reiseverkehr in die DDR war fast ausschließlich auf Geschäftsreisen beschränkt. Private Reisen waren die Ausnahme, der Tourismus war nicht vorhanden. Die ohnehin schon unflexible Haltung der Regierung Walter Ulbrichts wurde durch die Ereignisse des Prager Frühlings 1968 noch bestätigt und verstärkt. Die Grenzbefestigungen wurden systematisch weiter — und technisch perfekter — ausgebaut.

War es für den Normalbürger zu der Zeit auch nicht möglich, in die DDR zu fahren, so war es mir doch ein ideelles Anliegen, zumindest meiner Familie, und hauptsächlich meinen Kindern, auch den anderen Teil Deutschlands zu zeigen. Aufgrund persönlicher Beziehungen zur Geschäftsleitung der staatlichen Interhotel-Kette erhielten wir mehrfach Einladungen, die uns die Einreise ermöglichten. So konnte ich meinen Kindern praktischen Geschichtsunterricht erteilen, einmal auf der Wartburg bei Eisenach, wo Luther nach dem Reichstag zu Worms für zwei Jahre untergetaucht war, zum anderen in Potsdam, der alten Garnisonsstadt Friedrichs des Großen, mit Schloß Sanssouci, dem Neuen Palais und Schloß Cäcilienhof, wo am berühmten runden Tisch Stalin, Churchill und Roosevelt im Jahre 1945 die deutsche Teilung beschlossen hatten. Die Kinder sollten nicht vergessen, daß auch dieses Land ein Teil Deutschlands, ein Teil unserer Heimat ist. Mauern, Zäune und Grenzen können an den Kontrollpunkten überschritten werden. Viel wichtiger erscheint es, keine mentalitätsmäßigen Barrieren aufzurichten, den Kontakt und den Dialog zu pflegen, und dies kann nur dadurch geschehen, daß man den Kontakt nach drüben sucht und weiter ausbaut.

Inzwischen hatte ich mich schon recht gut im Frankfurter Hotel eingearbeitet, obwohl dies nicht immer leicht gewesen war. Besonders die Zusammenarbeit mit dem Generaldirektor, der das Haus nach dem Vorbild der „alten Schule", die er repräsentierte, führen wollte, stand im Widerspruch zu den Bemühungen der Konzernleitung, sich den Zeichen der Zeit folgend auf ein modernes Management einzustellen. Durch meine Position befand ich mich zwangsläufig oft in der Mitte des Schußfeldes.

Den Rhythmus der verschiedenen Messen während des Jahres hatte ich inzwischen auch erfaßt. Besonders turbulent ging es immer bei den Buchmessen zu, da die Publikationen oft politische Brisanz enthielten und die Friedenspreisträger bei verschiedenen Gruppen umstritten waren. So war 1968 Herr Cohn Bendit an dem Abend anwesend, als sich beim Büffet des L.-Verlages Demonstranten unter die Gäste mischten und es zu Handgreiflichkeiten kam. Die gebratenen Hühner erwachten zu neuem Leben, als sie — als Wurfgeschosse benutzt — durch den Saal flogen. In geschicktem Zusammenspiel der Generaldirektion mit den Abteilungsleitern gelang es jedoch, die Störenfriede zu isolieren und vor die Tür zu setzen. Bei einer anderen Buchmesse, einige Jahre später, hatte sich ein neuer Verlag, der M.-Verlag, angemeldet, um einen großen Empfang im Ballsaal zu geben. Die Publikationen lagen stapelweise auf den Tischen am Eingang und wurden zusätzlich auch sehr offenherzig von einer oben ganz offenen Dame — reichlich von der Natur ausgestattet — angepriesen. Erst jetzt merkte man, daß es sich um Porno-Bücher handelte, und wir verstanden auch, warum diese Bücher, noch bevor der Empfang begann, fast alle verschwunden waren. Gäste und Personal hatten sich damit reichlich versorgt. Natürlich wurde dieser Verlag von der Liste der Messekunden gestrichen.

Unser damaliger Küchenchef, Herr D., hatte einen Sekretär, Herrn P., einen älteren Herren, ehemals Koch, der Herrn D. vor allem in den administrativen Arbeiten wie Ausarbeitung der Speisepläne, Dienstpläne u. a. unterstützen sollte. Diesem Herrn P. sagte man hellseherische Fähigkeiten zu, und er befaßte sich auch mit Horoskopen, Kartenlegen oder Handlesen. Eines Tages — ich war sehr in der Eile — betrat ich das Küchenchefbüro, in dem sich Herr P. befand, um kurz noch etwas wegen eines Veranstaltungsmenüs zu klären. Herr P. hörte mir nicht zu, sondern betrachtete mich mit einem verklärten Blick. ,,Sie waren doch einmal in Thailand'', fragte er. Ich reagierte ungehalten und wiederholte meine Frage wegen des Menüs. ,,Man hat mir heute nacht Grüße aus Cholburi für Sie übermittelt. Sie wissen doch, der Autounfall damals.'' Ich war perplex. Ich hatte niemals jemandem von diesem Vorfall erzählt. Wie kam nun Herr P. zu dieser Information? War es wirklich Telepathie, war es Parapsychologie? Mir schauderte. Ganz offensichtlich mußte es bei dem Unfall einen oder sogar mehrere Tote gegeben haben. Schnell gewann ich meine Fassung wieder und erhielt endlich die gewünschte Auskunft von Herrn P., der mich allerdings mit einem durchbohrenden Blick ansah und noch einige Male das Wort ,,Cholburi'' murmelte.

Das Frankfurter Hotel erwies sich als ebenso international wie die mir bekannten Hilton-Hotels. Viele große Persönlichkeiten des öffentlichen Lebens, aus Wirtschaft, Kunst, Kultur und Politik stiegen bei uns ab, Präsidenten und Fürsten, Exzellenzen und Würdenträger aller Art. Dabei konnte und mußte man in Sachen Protokoll und Etikette eine Menge lernen. Oft kamen ehemalige Kollegen, die man aus Fernost oder aus Amerika kannte. Bei den Gesprächen trat immer wieder der Wunsch dieser Leute zutage, nach Deutschland zurückzukehren. Ja, man wurde von diesen Hoteliers darum fast beneidet, daß man hier wieder Anschluß gefunden hatte. Da die Kinder inzwischen alle die Volksschule absolviert hatten und ins Gymnasium eingetreten waren, begannen Ginny und ich uns langsam mit dem Gedanken vertraut zu machen, daß wir nicht nur vorübergehend hier waren, sondern daß wir eigentlich schon dabei waren, seßhaft zu werden.

Die Familie wird seßhaft

Seßhaft zu werden heißt, sein eigenes Haus zu besitzen, und genau das waren nun unser Wunsch und unser Bestreben. Wir hatten jahrelang in Mietwohnungen, Hotels und Firmenwohnungen und -häusern gewohnt. Das sollte sich jetzt ändern. Abgesehen von dem Wunsch nach Eigentum war dies ja auch eine ganz nüchterne finanzielle Erwägung. Bekanntlich gibt es keine bessere langfristige Kapitalanlage als Immobilienbesitz. Und die Preise stiegen ständig. Bald würde ein Haus, so wie wir es uns vorstellten, nicht mehr erschwinglich sein.

Wir verbrachten zu Beginn der siebziger Jahre jede freie Stunde und jeden Sonntag damit, die nähere und weitere Umgebung von Frankfurt nach Grundstücken auszukundschaften. Da wir bereits lange im Taunus lebten, konzentrierten wir uns vorwiegend auf diese bevorzugte Wohngegend. Daß der Taunus allerdings auch jenseits der Paßhöhe, bei der Saalburg, weitergeht, beachteten wir anfangs nicht. Im Gegenteil, man warnte uns davor; man wohnt einfach nicht nördlich der Saalburg, abgesehen von der Schwierigkeit im Winter wegen Schnee- und Glatteisgefahr.

Nach langem Suchen kamen wir per Zufall nach Wehrheim, wo man uns an den Bürgermeister verwies. Der wiederum empfahl uns den Geschäftsführer der amerikanischen Baufirma K & B, die in Wehrheim ein großes Siedlungsprojekt mit großzügigen Häusern im amerikanischen Stil plante. Mr. F. wohnte während der Zeit seiner geschäftlichen Tätigkeit zunächst im Frankfurter Hotel, und aufgrund dieser Beziehung erfolgte im Sommer 1972 der Abschluß. Wir erwarben ein Doppelgrundstück an der äußersten Nordwestecke des Gebietes, mit unverbaubarem Blick auf den Feldberg, und ringsum nur Wiese, Feld und Wald.

Die schlüsselfertige Übergabe des Hauses war für Herbst 1973 vorgesehen. Aufgrund einer Anzahl zusätzlicher Wünsche unsererseits, aber auch wegen finanzieller Schwierigkeiten der Firma, wegen Problemen mit der Baugenehmigung und wegen illegaler

Beschäftigung türkischer Bauarbeiter verzögerte sich die Fertigstellung derart, daß wir — da wir das Haus in Oberursel bereits gekündigt hatten — mit einem Male plötzlich ohne Bleibe dastanden. Kulanterweise sprang die Firma ein, und wieder quartierte man uns im altbekannten Ritters Park Hotel in Bad Homburg ein.

Die Familie Seidl bewohnte drei Zimmer im dritten Stock und hauste dort, sehr zum Amüsement des Hotelpersonals, mit Hunden, Meerschweinchen, Hamstern, Kind und Kegel ganze fünf Monate lang. Als meine Kinder sich, nach Tarzan-Art, außen von Balkon zu Balkon schwangen, riefen erschreckte Nachbarn die Polizei. Es dauerte eine Weile, bis sich jeder wieder beruhigt hatte.

Eine böse Überraschung erwartete uns vor dem Auszug aus dem Hotel: Der Abrechnungsmodus war offensichtlich nicht genau präzisiert worden, so daß eine reguläre Gästerechnung in fünfstelliger Höhe aufgelaufen war. Nach langen Verhandlungen, Erklärungen und Aufstellungen konnte das Problem jedoch zur beiderseitigen Zufriedenheit gelöst werden. Bei der Durchsicht der Essenbons amüsierten sich die Beteiligten allerdings köstlich über die Comic-Serie, die meine Kinder auf die Rückseite dieser Bons gemalt hatten. Dies entbehrte sicher nicht einer gewissen Symbolik: Mit Humor lassen sich die Probleme immer leichter lösen, als wenn sie tierisch ernst genommen werden.

Im Mai 1974 konnten wir dann in unser neues Haus einziehen. Ein Oberurseler Speditionsunternehmen beförderte mit einem riesigen Lastwagenzug unser Umzugsgut nach Wehrheim. Von schlüsselfertig war allerdings keine Spur. Hunderte von Kleinigkeiten mußten noch behoben werden. Die sogenannte Mängelliste bestand aus mehreren Schreibmaschinenseiten. Eine weitere bittere Erfahrung muß wohl jeder Bauherr machen: Man verkalkuliert sich immer bei den Kosten, da es viele unvorhersehbare Sonderwünsche gibt. Das Anlegen des Gartens zieht sich meist über Jahre hin. Damit die Kinder genügend Auslauf auch außerhalb des angelegten Gartens hatten, pachteten wir die davorliegende Wiese gleich mit dazu, wodurch sich die Nutzfläche des Grundstücks erheblich vergrößerte. Als Abschluß kam im Jahre 1978 noch das Schwimmbad hinzu.

So hatten wir all das erreicht, was wir uns vorgenommen hatten. Die Kinder wuchsen heran, und die beiden ältesten traten bereits in die Oberstufe des Gymnasiums ein. Die Arbeit im Frankfurter Hotel nahm mich voll und ganz in Anspruch, so daß ich eigentlich nur am Rande merkte, daß aus den Kindern mittlerweile Teenager geworden waren. Dank dem amerikanisch geprägten Einfluß von Ginny wuchsen unsere Kinder, im Gegensatz zu mir, unkonventionell, unkompliziert, weltoffen und locker auf. Stets war unser Haus ein ,,open house'', und die Freunde und Bekannten unserer Kinder gingen bei uns ein und aus. Wie alle Eltern wollten auch wir alles tun, damit es die Kinder einmal besser, leichter und einfacher hatten. Sicherlich hat die Tatsache, daß sie bereits seit dem frühesten Kindesalter so viel von der Welt gesehen haben, unsere Kinder geprägt.

Wir sprechen im Familienkreis oft über die früheren Jahre. Und da stellen wir fest, daß die Reiselust nach wie vor da ist, daß die Ferne immer wieder lockt. Die Kinder haben eher als wir Gelegenheit, innerhalb vieler Urlaubsreisen kreuz und quer durch Europa diesem Drang nachzugehen. Für mich sollte sich die Gelegenheit hierzu im Zusammenhang mit einigen Dienstreisen im Rahmen der Zusammenarbeit zwischen unserem Hause und der Stadt Frankfurt ergeben.

Geschäftlich unterwegs

In den siebziger Jahren führte die Stadt Frankfurt am Main verschiedene Werbewochen im Ausland in der Absicht durch, sich nicht nur als weltbekannte Messestadt sondern auch als Ziel für Touristen und sonstige Privatreisende zu präsentieren. Diese Werbeaktionen dauerten in der Regel zwei bis drei Wochen und schlossen Ausstellungen, kulturelle Veranstaltungen und auch kulinarische Wochen ein. Zum kulinarischen Programm gehörte stets ein großer offizieller Eröffnungsempfang in den jeweiligen Städten, zu dem nicht nur die deutsche Botschaft und sonstige deutsche Vertretungen, sondern auch die Organe des Fremdenverkehrs und Persönlichkeiten des öffentlichen Lebens eingeladen wurden. Aufgrund der sehr guten Zusammenarbeit zwischen unserem Hause und der Stadt wurden wir mit der Durchführung des kulinarischen Teils dieser Werbewochen beauftragt. Dies wiederum setzte voraus, daß ein Repräsentant des Hauses, meist im Beisein des Küchenchefs, einige Monate im voraus eine Inspektionsreise in die betreffende Stadt unternahm, um mit dem dortigen Partnerhotel alle Einzelheiten abzusprechen und zu koordinieren.

So wurde ich im Frühjahr 1972 beauftragt, mit dem Küchenchef nach Rio de Janeiro zu fliegen, um im Hotel Gloria die Frankfurter Gastronomische Woche ebenso wie den großen Eröffnungsempfang vorzubereiten.

Das Hotel Gloria liegt an der bekannten halbmondförmigen Bucht von Copacabana, deren Hunderte von Metern breiter Strand gesäumt wird von der breiten, sechsspurigen Schnellstraße und den Prachtbauten der großen Hotels und Geschäftshäuser.

Wir kamen gegen Mittag im Hotel an und verbrachten den Nachmittag mit vorbereitenden Gesprächen mit der Hotelleitung und den Bankett- und Food & Beverage-Managern. Nach dem Abendessen wollte ich den Strand erkunden und wanderte einige Kilometer bis ans Ende der Bucht. Da es schon langsam dunkel wurde, ging ich zurück in Richtung Hotel. Der Strand war schon fast menschenleer. Nur direkt am Wasser spazierten einige Leute, meist jüngere, eher abenteuerlich aussehende Gestalten.

Es war inzwischen stockdunkel geworden, als auf einmal schrille Pfiffe ertönten und ich von den Lichtkegeln vieler Taschenlampen geblendet wurde. Ein Dutzend Polizisten umringte eine Gruppe der sich gerade am Wasser befindlichen Leute und mich. Eine Razzia! Mit lauten Worten wurden wir recht unsanft in einen in der Nähe geparkten Polizeilastwagen getrieben und auf

Bahnhof in Chabarowsk, Ostsibirien. Abfahrt des Transsibirien-Express „Rossija" nach Moskau.

Auf der Passhöhe des Ural: Der Obelisk mit der Inschrift: ,,Asien — Europa'' (aus dem fahrenden Zug aufgenommen).

Moskau: die Kremlmauer, links der Spasskij-Turm.

die nächste Polizeiwache gebracht. Wir wurden in einem großen Raum einzeln verhört. Da es sich um ca. 20 Leute handelte, dauerte dies entsprechend lange. Ich kam fast als letzter an die Reihe. Da ich weder meinen Paß noch den Hotelausweis noch sonst einen Identitätsbeweis bei mir hatte, entstand ein nicht enden wollendes Palaver. Zum Glück hatte ich wenigstens meinen Zimmerschlüssel bei mir, anhand dessen ich nachweisen konnte, daß ich Gast im Hotel Gloria war. Telefonische Rückfragen klärten den Sachverhalt auf.

Als ich dann wieder auf freien Fuß gesetzt wurde, war es bereits ein Uhr nachts. Ich war heilfroh, so glimpflich davongekommen zu sein. Ich wollte ja nicht meine erste Nacht in Rio in einer Zelle im Polizeirevier von Copacabana zubringen. Der Polizeichef entschuldigte sich, als er mich verabschiedete, und teilte mir mit, daß diese Razzien laufend durchgeführt würden, da gerade nachts am Strand allerhand zwielichtige Gestalten, unter anderem auch Drogenhändler, Prostituierte beiderlei Geschlechts, Diebe und Hehler, anzutreffen seien.

Am nächsten Morgen sah ich überall am Strand Fußballspieler, die seit dem Morgengrauen dort im weichen Sand trainierten. Seit frühester Kindheit huldigt ein großer Teil der Jugend dem Fußballsport. Man versteht, warum gerade Brasilien Nationalhelden wie Pelé hervorgebracht hat. Der Strand selbst ist mit Vorsicht zu genießen. Das Wasser ist an vielen Stellen schon wenige Meter vom Ufer entfernt tief, und es herrscht eine sehr starke Unterströmung, die einen schnell hinaus in die Bucht zieht. Selbst geübte Schwimmer sind hier machtlos. Die Einheimischen kennen diese Gefahr, und die Fremden werden darauf aufmerksam gemacht.

Was die Fremden allerdings oft nicht wissen, ist die Tatsache, daß es einen Sandwurm gibt, der sich, durch die Körperwärme angelockt, in der Haut festbeißt. Wenn es nicht gelingt, den Wurm samt Kopf zu entfernen, bleibt der Kopf in der Haut. Er beißt sich immer tiefer hinein und muß schließlich ausgebrannt oder ausgeätzt werden, wobei große, kreisförmige Narben entstehen.

Als ich sogar durch ein dickes Hotel-Frottierhandtuch, auf dem ich lag, plötzlich ein Zwicken verspürte, sprang ich hoch und schüttelte das Handtuch kräftig. Da entdeckte ich an der Unterseite des Tuches einen drei Zentimeter langen Wurm, der sich im Handtuch festgebissen hatte.

Einer der angenehmeren Aspekte des Strandlebens sind die vielen sprichwörtlich schönen Mädchen in ihren Mini-Mini-Bikinis, die die wohlgeformten Körper noch aufreizender erscheinen lassen, als dies an einem FKK-Strand der Fall gewesen wäre.

Neben den verschiedenen Besprechungen blieb noch hinreichend Zeit für die obligaten Stadtführungen mit Besuch des berühmten Zuckerhuts, auf den eine Seilbahn führt, und des Corcovado mit der riesigen Christus-Statue, die sich hoch über der Stadt erhebt. Am letzten Abend lud uns das Management des Hotels in ein typisch brasilianisches Restaurant ein, wo es gegrilltes Fleisch von Spießen, die senkrecht gegen ein Holzkohlefeuer aufgestellt waren, ferner die bekannte Fejoada mit Farova-Mehl und zum Abschluß Kokosnußpudding gab. Eine Tanzgruppe aus Bahia sorgte für Unterhaltung.

Aufgrund der sehr gründlichen Vorbereitungen verlief das Festival einige Monate später wie geplant und zur vollen Zufriedenheit aller Beteiligten.

Da die Japaner neben den Amerikanern das größte Kontingent an Reisenden stellten, konzentrierte man sich im Verlauf der kommenden Jahre mehr und mehr auf den japanischen Markt. Im Frankfurter Hotel wurde daher sogar ein japanischer Praktikant für den Empfang eingestellt, der seine Landsleute in ihrer Muttersprache begrüßen und betreuen sollte, da erfahrungsgemäß die Japaner in den wenigsten Fällen Englisch oder eine andere Fremdsprache beherrschen. So entschloß sich die Stadt Frankfurt, in den drei wichtigsten Städten Japans, nämlich in Tokio, Osaka und Nagoya, im Jahre 1976 ebenfalls die bisher so erfolgreichen Frankfurter Werbewochen durchzuführen, selbstverständlich wieder in Zusammenarbeit mit unserem Hause.

So wurde ich im Juli 1976 wieder beauftragt, die Vorbereitungen in diesen japanischen Städten zu treffen. Für den Hinflug nach Tokio wählte ich die Polarroute. Nach dem Überfliegen von Oslo, das man, wie auf einer Landkarte gestochen scharf erkennen konnte, und Nordnorwegen, schien sich das Meer nach und nach weiß zu färben: durch die zunehmende Dichte der Eisschollen. Bei wolkenlosem Himmel konnte man bald nur noch, soweit das Auge reichte, die unermeßliche Welt der polaren Schnee- und Eiswüste erkennen. Ich mußte unwillkürlich an Nansen und Amundsen denken, die monatelang in Hundeschlitten unterwegs gewesen waren, um den geografischen Nordpol zu erreichen. Und nun genoß ich dieses Spektakel aus 12.000 Meter Höhe, in der Ersten Klasse des Jumbo-Jets sitzend, bei Tournedo Rossini und Champagner.

Das Beobachten der Eislandschaft ließ mich bald in einen leichten Schlaf fallen, aus dem ich erst unsanft geweckt wurde, als die Maschine zur Landung in Anchorage, Alaska, aufsetzte. Kurze Zwischenlandung und dann Weiterflug über die Internationale Datumsgrenze nach Tokio.

Die Besprechungen im Imperial Hotel nahmen zwei Tage in Anspruch. Trotz Dolmetscher gestalteten sich die stundenlangen Unterredungen auf Englisch sehr mühsam, und in Voraussicht dieser Schwierigkeiten hatte ich so viel wie möglich bebildertes Anschauungsmaterial mitgebracht. Mit zehn Großfotos demonstrierte ich, wie ein Schinken im Brotteig nach original Frankfurter Rezept zubereitet und serviert wird. Die Japaner sind nicht nur kulant, höflich und hilfsbereit sondern auch überaus genau, und jedes Bankett und jede Veranstaltung wird bis ins kleinste Detail einschließlich der Kosten auskalkuliert.

Bei diesen Verhandlungen kamen mir meine Kenntnisse der fernöstlichen Mentalität, erworben durch meinen langjährigen Aufenthalt in diesem Teil der Welt, sehr zustatten. Die Verhandlungen mit unseren Partnerhotels in Osaka und Nagoya waren wesentlich kürzer, zum einen durch den kleineren Rahmen der dortigen Veranstaltungen, zum anderen durch die bereits in

Tokio gewonnenen Erfahrungen. Meine Gesprächspartner in diesen beiden Städten verständigten sich telefonisch mit ihren Kollegen im Imperial Hotel und waren somit bestens über die Einzelheiten informiert.

Am 3. August war meine Mission in Nagoya zu Ende. Meinen anschließenden Urlaub verband ich mit der Rückreise von Japan, die ich nicht — wie ursprünglich geplant — mit dem Flugzeug sondern per Bahn durch Sibirien und Moskau antrat. Da der Flug nach Chabarowsk in Ostsibirien nicht von Tokio sondern von Niigata an der Westküste Japans aus geht, mußte ich zunächst per Bahn von Nagoya an der Südküste bis nach Niigata die zwei zentraljapanischen Gebirgsketten durchqueren. Diese Strecke führt über kühn angelegte Viadukte und durch viele Tunnels. Ankunft in Niigata gegen 18.00 Uhr. Das Hotel mutete provinziell an und war nicht auf Touristen eingestellt. Trotzdem schlief ich während dieser letzten Nacht in Japan ausgezeichnet, ermüdet von der langen Bahnfahrt.

Quer durch Sibirien nach Europa

Das Wecken im Niigata Hotel hat nicht geklappt. Hastiges Frühstück, Taxi zum Flugplatz. Für den selben Sibirien-Flug sind zwei japanische Reisegruppen, fünf japanische Geschäftsleute und ein Amerikaner, der zu einem Wasserkraftprojekt nach Magadan unterwegs ist, gebucht. Gegen 11.30 Uhr fliegt die Maschine der JAL mit einer halben Stunde Verspätung ab.

Ankunft in Chabarowsk gegen 16.30 Uhr Ortszeit. Die Einflugschneise führt über ausgedehntes Wiesen- und Sumpfgebiet mit vielen kleinen Flußläufen, Nebenflüssen des Ussuri und des Amur, die bei Chabarowsk zusammenfließen. Der Amur bildet hier auf Hunderten von Kilometern die Grenze zwischen China und der Sowjetunion. Die riesige Nordwestprovinz Chinas, das ehemalige Mandschukuo, reich an Bodenschätzen wie Kohle, Erze und auch Uran, war in früheren Zeiten von Japan besetzt.

Die Transsibirische Bahn führt über Charbin direkt durch dieses Gebiet. Da man jedoch nicht durch chinesisches Territorium fahren wollte, um an den wichtigen Kriegshafen und Flottenstützpunkt im Pazifik, Wladiwostok, zu gelangen, baute man die Nordtangente der Transsibirischen Bahn ausschließlich auf sowjetischem Territorium, nördlich des Amur, über Chabarowsk und dann 900 Kilometer südlich, dem Ussuri folgend, bis nach Nachodka, dem zivilen Hafen. Wladiwostok selbst ist als Kriegshafen absolutes Sperrgebiet.

Grauer Himmel und Nieselregen. 15 Minuten Taxifahrt über eine breit angelegte Zufahrtsstraße zum Stadtzentrum. Ankunft im Zentral-Hotel. Obwohl man weiß, daß westliche Maßstäbe hier nicht angebracht sind, verstärkt sich der Eindruck, daß man hier noch nicht ganz auf den Tourismus eingestellt ist. Zimmer und öffentliche Räume sind heruntergekommen.

Der Spätnachmittag bietet sich zu einem Stadtbummel an. Die Geschäfte sind hier, wie überall in der Sowjetunion, bis spät abends geöffnet, um den Werktätigen, die bis 18.00 Uhr arbeiten, Gelegenheit zum Einkaufen zu geben. Das Angebot in den Lebensmittelgeschäften ist begrenzt, dafür aber international: Konserven aus der Bundesrepublik, der DDR, Bulgarien, Algerien. Das Angebot im Kaufhaus ist nicht reichhaltiger. Ein Farbfernseher kostet 600 Rubel. Der Durchschnittsverdienst eines Arbeiters im Monat liegt bei 180 Rubel. Im Schnell-Imbiß ist kaum Platz zu finden. Also nimmt man mit den Stehtischen vorlieb. Der Kaffee, in Gläsern serviert, ist dünn und bereits gesüßt. Als Unwissender zuckert man natürlich noch zusätzlich.

Am Ende der Hauptgeschäftsstraße, dem Karl-Marx-Prospekt, zieht sich der ausgedehnte Kultur- und Erholungspark bis hinunter zur Promenade am Amur-Fluß, der selbst hier in Stadtnähe teilweise bis zu drei Kilometern breit ist. Von einer Aussichtsterrasse hat man einen wunderschönen Blick über den Fluß mit der Stadt im Hintergrund. Rechts das Stadion, wo gerade ein Fußballspiel stattfindet. Daneben eine Art Rummelplatz mit Riesenrad, das sich gleichzeitig auch um seine Längsachse dreht.

Am Abend ist hier viel Betrieb. Man sieht vor allem junge Leute. Der Tanz im Freien endet um 23.00 Uhr. Es ist hier üblich, mit jedem zu tanzen..

Die Menschen sind alle gesellig und aufgeschlossen. Sibirien ist ein Land der Jugend. Es ist das Privileg junger Leute, in diese riesigen, menschenleeren Gebiete als Pioniere zu kommen, um an der Erschließung des Landes mitzuhelfen. Mut, Zuversicht, Glauben an die Zukunft, Pioniergeist und die Gewissheit, auf allen Gebieten und in allen Belangen staatlich gefördert zu werden, drücken sich in der Unbeschwertheit und im Selbstbewußtsein dieser Leute aus. Man weiß, daß man hier als eine Art Elite angesehen ist, mit vielen Privilegien, die es woanders nicht gibt.

Am nächsten Morgen gehe ich zurück zum Park, hinunter an den Fluß, um ein Morgenbad zu nehmen. Es sind bereits einige Leute im Wasser. Das Wasser ist bräunlich und kalt, die Strömung reißend. Man kann nur in Ufernähe stromabwärts schwimmen und am Ufer wieder zurückgehen. Bevor ich mich versehe, bin ich mitten in die Strömung geraten. Ich kann die Richtung nicht mehr kontrollieren. Wenn ich die Landzunge dort vorn nicht erreiche, treibe ich in die Mitte hinaus. Die Landzunge schießt vorbei. Ich habe sie verpaßt, schlucke Wasser, bin erschöpft. Am Ufer gestikulieren Leute. Da, wie ein Wunder, treibe ich gegen eine Sandbank, in Verlängerung der Landzunge. Ich finde mit den Füßen Halt, treibe nicht weiter. Mühsam, um jeden Schritt kämpfend, erreiche ich endlich die Spitze der Landzunge, an der mich ein Strandwächter empfängt. Obwohl ich die Worte nicht verstehe, weiß ich genau, was er mir sagen will: Ich wäre um ein Haar ertrunken!

Auf diesen Schreck hin schmeckt das Frühstück im Hotel doppelt gut. Anschließend hat Intourist für mich eine Stadtführung arrangiert mit einer reizenden jungen Dame, 19 Jahre alt, als Führerin und Dolmetscherin. Sie spricht fließend deutsch, ist Studentin für Germanistik an der Universität und zitiert Schiller und Goethe, daß ich vor Neid erblasse. Nach dem Besuch der wichtigsten Sehenswürdigkeiten, darunter des berühmten Denkmals des

Gründers dieser Stadt, Jerofeij Chabarow, geht es zurück ins Hotel und dann sogleich zum Bahnhof. Der Schnellzug Nr. 1, „Rossija", Wladiwostok-Moskau, steht zur Abfahrt bereit. Der Zug, aus 15 Waggons bestehend, wird gezogen von zwei Diesel-loks, da die Strecke erst ab Karimskoje elektrifiziert ist. Die Bahnhofsuhr zeigt „Moskauer Zeit", nach der der gesamte Bahnverkehr in diesem riesigen Land mit acht Zeitzonen geregelt ist.

So muß man immer den Unterschied zwischen der Moskauer Zeit und der jeweiligen Lokalzeit ausrechnen, für uns Mitteleuropäer eine ungewohnte Sache. Der Kilometerstein zeigt die Zahl 8521 (von Moskau). Man hat mir ein Vierer-Coupé in der Ersten Klasse zugewiesen. Ich merke bald, daß ich im falschen Abteil sitze. Es gibt in diesen transkontinentalen Zügen zwei Erste Klassen, eine normale und eine Luxusklasse mit Zweierabteilen. Obwohl mir die Russischkenntnisse, die ich seinerzeit auf der Berliner Volkshochschule erworben hatte, sehr zustatten kommen, habe ich doch erheblich Schwierigkeiten, der Schaffnerin plausibel zu machen, daß ich Anspruch auf ein Zweierabteil habe. Endlich hat man mich verstanden und bringt mich in den anderen Wagen, in dem ich zunächst ein Abteil für mich allein habe.

Gleich hinter der Stadt rollt der Zug, der kaum schneller als 80 km pro Stunde fährt, durch einen langen Tunnel. Anschließend überquert er den Amur auf einer zwei Kilometer langen Brücke mit 18 Bögen. Man sagt mir, dies sei die längste Eisenbahnbrücke der Welt. Die Fahrt geht nun durch die eintönige Tiefebene des Amur. Nach zwei Stunden die erste Station: „Ni". Die Ortschaft besteht aus Hütten mit Blechdächern, Sonnenblumen in den Gärten und ungepflasterten Straßen.

Die Fahrt geht weiter durch die Tiefebene, parallel zu einer Landstraße. Weit und breit kein Mensch, kein Fahrzeug. Nächste Station: „Birobidjan", Hauptort einer jüdischen Enklave am Amur. Das Bahnhofsschild ist auch auf Hebräisch geschrieben. Nach einer weiteren Stunde: „Bira". Auf dem Bahnsteig werden Gemüse, Früchte, Beeren und Backwaren verkauft. Ein großer Teil der Reisenden, die nicht den Speisewagen benutzen wollen, deckt sich hier mit Reiseproviant ein. Auch ein Kiosk mit Souvenirs ist vorhanden. Wieder die typischen mit Blech gedeckten Hütten, daneben ein Bergwerk. Noch immer die gleiche, eintönige Landschaft. Die schwermütige russische Volksmusik aus den Lautsprechern der Abteile läßt einen die ganze Weite und Melancholie der sibirischen Landschaft empfinden. Gegen 19.00 Uhr: ,,Iswestnaja'', Hütten und im Hintergrund einige Kohlebergwerke. Die Landschaft ist inzwischen etwas hügelig geworden. Die Dämmerung ist längst hereingebrochen.

,,Oblutschnije'', ein größerer Ort, der sich zu beiden Seiten der Bahnlinie erstreckt. Es ist inzwischen Nacht geworden. Der fahle Mond scheint auf die Hügel, um die sich der Zug in endlosen Kurven windet. Abendessen im Speisewagen. Auch hier muß man europäische Maßstäbe vergessen. Man setzt sich selbstverständlich mit anderen Leuten an einen Tisch. Schmutzige Tischwäsche und Kellnerjacken, Blechgeschirr und beschränkte Speisenauswahl vermitteln den Eindruck einer Werkskantine. Doch die Freundlichkeit der Leute und die billigen Preise — für 1,50 Rubel erhält man eine komplette Mahlzeit — helfen über diese Eindrücke hinweg. Als Abschluß der obligate Tee, das Glas für drei Kopeken, der übrigens auch im Abteil serviert wird. Nächste Station: ,,Archara''. Lokomotivenwechsel. Es ist fast Mitternacht.

Am nächsten Morgen, um 8.20 Uhr, Blick auf den Kilometerstein 7672. Aufgrund der relativen Nähe des Amur ist die Landschaft immer noch flach. Zu beiden Seiten der Bahnlinie ziehen sich endlose Birkenwälder hin, zwischendurch wieder Buschland. Um 9.45 Uhr erreichen wir ,,Utschutun'', 14 Minuten Aufenthalt. Das übliche Bild der sibirischen Bahnstationen: Alte Frauen verkaufen Gemüse, Himbeeren und Blaubeeren so groß wie Weintrauben, Kefir und Milch, in leeren Wodkaflaschen abgefüllt. Auch gekochte Kartoffeln mit undefinierbaren Kräutern sind zu haben, wenn man sich nicht daran stört, daß die Frauen sie mit ihren schmutzigen Händen herausnehmen und auf Zeitungspapier legen. Nach weiteren zwei Stunden: ,,Magdagadtschi''. Die

Rio de Janeiro: Die berühmte Christusstatue auf dem Corcovado.

Kommandoübergabe. Abschied von Frankfurt, September 1981.

Moskauer Zeit liegt hier noch sieben Stunden hinter der Lokalzeit zurück. Auffallend ist der rege Güterzug-Gegenverkehr. Fast alle 20 Minuten passieren uns Züge mit Lastwagen, Traktoren, Bahnschwellen, Holz, Öl, Kohle, alle in Richtung Osten.

Entlang der Bahnlinie sieht man nun vereinzelt Beerensammler, die ihre Ernte wohl am nächsten Bahnhof verkaufen. Immer noch ausgedehnte Birkenwälder, nun leicht mit Lärchen vermischt. Der Waldboden ist mit Gras bewachsen. Mittagessen wieder im Speisewagen. Die einzige Möglichkeit, ein regelrechtes Menü zu erhalten, besteht darin, sich der japanischen Gruppe anzuschließen, da Intourist für diese Gruppe ein Spezialmenü vorbestellt hat. „Skoworodino", wieder ein größerer Ort. 15 Minuten Aufenthalt. Von hier aus führt eine der wenigen Straßenverbindungen nach Norden, in das Aldan-Gebiet und weiter nach Jakutsk, an der Lena, bekannt als kälteste Region Sibiriens. Durch den Permafrost haben sich am Aldan noch bis heute die tiefgefrorenen Körper der prähistorischen Mammuts erhalten, die vor und während der Eiszeit in Nordostsibirien heimisch waren. Mit dem Elfenbein dieser Urelefanten wird heute noch Handel betrieben. Das Aldan-Gebiet und Jakutien sind auch für ihre Goldminen bekannt. So liegt über dem Ort — soweit es sich vom Bahnhof aus erkennen läßt — eine Art Hauch von Wildwest.

Weiter geht es durch endlose Mischwälder über „Uruscha", „Jerofeij Pavlowitsch" und „Armasan". Wieder ist es Nacht geworden. Der Vollmond verleiht dieser Landschaft einen Hauch von Schwermut und Melancholie. Die Fahrt geht entlang einem Flußlauf, laut Karte ein Nebenfluß des Amur. Direkt über dem Flußbett hat sich eine Nebelschicht gebildet. Die Schaffnerin erklärt, der Fluß heißt „Schilka", das russische Wort für Nebel.

In Armasan ist ein russischer Offizier, schätzungsweise Anfang fünfzig Jahre alt, zugestiegen, so daß ich die zweite Nacht das Abteil nicht mehr für mich allein habe. Am nächsten Morgen lernen wir uns näher kennen. Er spricht gebrochen, aber gut verständlich deutsch. Er war einige Jahre in der Garnison Nauen im Havelland, DDR, stationiert gewesen. Er erzählt mir aus seinen Kriegserlebnissen.

Im Winter 1941 befand er sich auf Patrouille in der Nähe der finnischen Grenze in Karelien. Es hatte unaufhörlich geschneit. Zwei seiner Kameraden waren auf eine Mine getreten und umgekommen. Allein fand er sich im unbekannten Gelände nicht mehr zurecht. An einer Waldeslichtung sah er eine verlassene Hütte. Da wollte er Unterschlupf suchen. Er war knapp 20 Jahre alt und gerade verlobt. Als er auf die Hütte zuging, trat ein deutscher Wachtposten hervor, schrie: „Stoij!", und legte das Gewehr auf ihn an. Er war zu erschöpft, um zu reagieren, und rief: „Kamerad, nicht schießen!"

Der Deutsche, ungefähr gleichaltrig mit ihm, senkte den Lauf des Gewehres, und deutete mit einer Handbewegung an, er solle in die Hütte kommen. Zwei junge Menschen aus unterschiedlichen Welten, die sich nicht kannten und die sich nichts zuleide getan hatten, setzten sich in einer karelischen Waldhütte über die von unterschiedlichen Regimen geprägten Feindbilder hinweg, weil sie die gleichen Menschen waren mit den gleichen Nöten, wie Hunger und Kälte. Sie zeigten sich gegenseitig die Bilder ihrer Verlobten und verabschiedeten sich mit einem herzlichen Händedruck und gingen ihrer Wege. Die Vernunft, die Liebe und das Leben hatten gesiegt. Ein weitaus größerer und heroischerer Sieg als irgendein Sieg über irgendeine Armee, bei dem es Tausende von Toten und ein paar Ritterkreuze gab.

Sergeij, so hieß der Mann, vergaß dies dem jungen deutschen unbekannten Soldaten nie. Etwa ein Jahr später, im Kampfabschnitt südlich von Orel, wurde er mit zwei seiner Kameraden als Exekutionskommando dazu bestimmt, einen gefangenen deutschen Offizier, den man für einen Spion hielt, hinzurichten. In der Waldschneise, in der die Hinrichtung stattfinden sollte, angekommen, sprach er sich mit seinen Kameraden ab, und alle feuerten gezielt daneben. Der Deutsche fiel zwar um, jedoch vor Angst und nicht weil er getroffen worden war. Sergeij schnitt seine Handfesseln los und schrie ihm zu: „Hau ab, Kamerad." Der andere, sprachlos, wie gelähmt vor Erstaunen und froh, noch am Leben zu sein, lief so schnell er konnte, bis er im nahen Unterholz verschwand.

Ich bin so bewegt von dieser Erzählung, daß ich nicht mehr schlafen kann. Ich stehe am Fenster und schaue auf die endlosen Wälder im fahlen Schein des Mondes, genau so unergründlich wie die russische Volksseele. Wir fahren wieder an einem Flußlauf entlang, der Hochwasser führt. Von den Bäumen am Ufer sieht man nur noch die Wipfel. Im Licht des anbrechenden Tages sind einige Hütten, Kühe und Schafe und ein Mann zu erkennen. Nächste Station: „Karimskoje". Hier zweigt eine Nebenlinie der Transsibirischen Bahn nach Zabajkalsk und China ab. Und hier beginnt auch der elektrifizierte Teil der Strecke.

Also Lokomotivenwechsel. Mit den zwei starken Elektroloks geht die Fahrt nun merklich schneller. Nach weiteren zwei Stunden: „Tschita", eine größere Stadt. 15 Minuten Aufenthalt. Man sieht sich etwas auf dem Bahnhofsvorplatz um, muß aber immer genau auf die Lautsprecheransage achten, da der Zug zuweilen früher abfährt. Die Gegend westlich von Tschita macht einen stark industrialisierten Eindruck. Fabrikschornsteine, Hochöfen, Umspannwerke, Rangierbahnhöfe, Lagerhallen. Die Ortschaften folgen entsprechend dicht aufeinander.

Nächste Station: „Mogson". Es regnet in Strömen und ist richtig kalt geworden, so daß man draußen schon einen Pullover vertragen kann. Weiter geht die Fahrt durch Flachland. Zu beiden Seiten der Bahnlinie Wiesen, Weiden und Hügel im Hintergrund. Am späten Nachmittag erreichen wir die Ausläufer der sich östlich des Baikalsees hinziehenden Gebirgskette. Die Landschaft mutet fast alpin an. Jedoch sind selbst die Bergrücken mit Birken und Lärchen bewachsen, ab und zu sieht man auch einige Kiefern. Und als es wieder Nacht wird, scheint der Mond auf endlose Weizenfelder.

Im Morgengrauen erreichen wir Baijkalsk, an der Südspitze des Baikalsees. Ein einmalig schöner, unvergeßlicher Anblick: Sonnenaufgang über dem Baikalsee mit der dunklen Silhouette der Berge im Hintergrund. Der Zug windet sich langsam und mühsam in unzähligen Serpentinen bis zur Paßhöhe hinauf. Hin und wieder sieht man rechts ein Stück vom See. Gegen 7.00 Uhr früh erreichen wir Irkutsk, die Metropole Ostsibiriens am Angara-Fluß. Die japanische Reisegruppe steigt mit mir aus. Gemeinsam geht es per Bus zum „Sibir"-Hotel.

Die Zimmer sind sehr einfach gehalten. Zwar steht ein Fernseher im Zimmer, doch der funktioniert nicht, und ein Bad gibt es auch nicht. Man muß dafür die Gemeinschaftsdusche im ersten Stock nehmen. Wenigstens gibt es warmes Wasser. Das ausgiebige Bad tut nach der tagelangen Bahnfahrt gut. Nach dem Frühstück geht es zum Intourist-Büro um die Ecke, um den Bus zum Baikalsee zu buchen. Im Bus trifft sich eine internationale Gesellschaft: Australier, Japaner, Franzosen, Schweizer; ich bin der einzige Deutsche. Unsere Führerin ist wieder eine charmante, junge Studentin, die während der Semesterferien im Sommer für Intourist arbeitet. Man erfährt, daß Irkutsk eine relativ junge Stadt ist, da die gesamte Altstadt vor 70 Jahren total abgebrannt ist. Wir besichtigen die großen Plätze, öffentlichen Gebäude und Denkmäler. In der einzigen russisch-orthodoxen Kirche ist gerade Gottesdienst. Das Innere der Kirche gleicht eher einem Museum, mit den vielen Ikonen, Schnitzereien, Malereien und vergoldeten Stuckaturen.

Irkutsk ist die Partnerstadt von Karl-Marx-Stadt in der DDR, nach der ein neuer Stadtteil benannt ist. Er besteht wie die meisten neuen Wohnviertel aus eintönig wirkenden Fertigteil-Gebäuden, die mehr oder weniger gut verputzt sind. Im Gebäude der Pelzunion „Sojus Puschnina", die bei uns in Frankfurt während der Pelzmesse ihre Modeschauen durchführt, befindet sich die Sammelstelle der Pelze, die von Trappern und Fallenstellern aus den Wäldern und der umliegenden Taiga hierher gebracht und die dann von hier aus zur Auktion nach Leningrad weitergeschickt werden. Wir kommen zum großen Elektrokraftwerk. Der Angara-Fluß, der aus dem Baikalsee fließt, ist hier durch einen riesigen Damm gestaut und betreibt die Turbinen des Werks.

Anschließend gibt es Mittagessen im Angara-Hotel. Trotz der großen Speisekarte ist die Auswahl begrenzt. Es gibt nur die Gerichte, die mit Bleistift angekreuzt sind. Alles andere: Njet!

Aber die Kellnerin ist freundlich, wenn auch sehr auffällig geschminkt. Dazu trägt sie einen Minirock — wie übrigens viele Frauen. Das soll wohl als ein Ausdruck der Fortgeschrittenheit gelten. Anschließend geht es per Bus 60 Kilometer durch die Taiga zum Baikalsee.

Die Straße, die im Prospekt als Autobahn bezeichnet ist, erweist sich als Landstraße dritter Ordnung, mit vielen Baustellen, sonst allerdings geteert. Der Anblick des Sees in seiner Ursprünglichkeit ist überwältigend. Die Felsen fallen zum Teil steil ins Wasser. Es gibt zwei kleine verträumte Ortschaften am See. Zwischen beiden befindet sich das Mineralogische Museum, eine Zweigstelle der Sowjetischen Akademie der Wissenschaften, in einem schloßähnlichen Gebäude. Fauna und geologische Beschaffenheit des Sees sind hier dargestellt. Der See ist in vieler Beziehung, zum Beispiel aufgrund seiner Tiefe bis zu 1600 Metern, einmalig in der Welt, und daher für die Wissenschaft besonders interessant. Hier gibt es die einzige Art von Süßwasser-Seehunden. Über 150 Arten von Fischen kommen nur hier und sonst nirgends vor. Anschliessend zurück zum Seeufer. Das Wasser hat nur 14 Grad und ist somit nicht sehr einladend zum Baden.

Am Spätnachmittag geht es wieder zurück in die Stadt, wo sich der Abend zum Spaziergang anbietet. Auch hier sind die Geschäfte bis zum späten Abend geöffnet. Auswahl und Warenangebot ähnlich wie in Chabarowsk. Auch Irkutsk verfügt über einen Kultur- und Erholungspark, am Angara-Fluß gelegen. Zurück ins Hotel. Der Speisesaal ist überfüllt. Meine Tischnachbarn kommen aus Karl-Marx-Stadt, der Partnerstadt. Innerdeutsche Kontakte im fernen Sibirien.

Am nächsten Morgen um 7.15 Uhr Abfahrt des Transsibirien-Expreß Nr. 1 nach Moskau. Die Gegend westlich von Irkutsk ist eine Industrielandschaft und macht mit den vielen aufeinanderfolgenden Ortschaften einen dichtbesiedelten Eindruck. Wir passieren „Sima", „Tulun" und „Nischneudinsk", alles größere Industriestädte, in der Hauptsache Holzverarbeitung. Die Flüsse, an denen diese Städte liegen, fließen nicht mehr nach Süden, wie die Nebenflüsse des Amur, sondern nun als Nebenflüsse des Jenisseij nach Norden. Rechts und links der Bahnlinie wieder Mischwälder mit Birken und Kiefern. Der Zug schwingt sich in großen Kurven durch die langsam ansteigende Hügellandschaft. Kilometerstein 4598, also noch nicht ganz die Hälfte der Strecke. Weitere Stationen: ,,Taischet'', ,,Rescheti'' und ,,Iljanskaja''. Die Fahrt geht durch schier endlose Waldgebiete. Die Abenddämmerung tritt ein. Ein prächtiger Sonnenuntergang bietet sich dar. Es ist merklich kühl geworden, und über den Flüssen haben sich Nebelschwaden gebildet.

Irgendwann in der Nacht passieren wir bei Krasnojarsk den Jennisseij, den mittleren der drei großen sibirischen Ströme, die ins nördliche Eismeer fließen. Bei Sonnenaufgang fährt der Zug wieder durch flaches Land, nur am Horizont sind einige Hügel. Kilometerstein 3855. Weit und breit Felder, dunkle, fette Erde, ideal für die Landwirtschaft. Nächste Station: ,,Marijinsk''. Die Ortschaften folgen dicht aufeinander. Die Gegend ist hier wieder stärker besiedelt. Zu beiden Seiten der Bahnlinie Weizenfelder, ab und zu unterbrochen von kleinen Waldstreifen mit Birken, Lärchen und Kiefern.

Gegen 14.00 Uhr Ankunft in Nowo-Sibirsk. Diese Stadt, die größte Stadt und Metropole Sibiriens, liegt am Ob, einer der wichtigsten Wasserstraßen in den Norden des Landes. Die Stadt entstand, als beim Bau der Transsibirischen Bahn Ende des 19. Jahrhunderts der Ob erreicht wurde und sich durch die Kreuzung von Schienen- und Wasserweg ein wichtiger Verkehrsknotenpunkt bildete. Mittlerweile hat die Stadt einen enormen Aufschwung erfahren und zählt heute über 1,5 Millionen Einwohner. Es zweigen hier eine Anzahl von Bahnlinien ab, hauptsächlich in den Süden des Landes, bis ans Kaspische Meer und nach Taschkent. Im Zentrum befinden sich wieder ganze Stadtteile aus Fertigbau-Häuserblocks, dazwischen sechs- bis achtspurige Avenuen mit großstädtischem Verkehr, Straßenbahnen und Oberleitungsbussen. Der Hauptbahnhof kann sich an Größe mit denen europäischer Großstädte vergleichen, hat allerdings keine Überdachung. Nördlich von Nowo-Sibirsk liegt das wissenschaftliche

Zentrum von Akadjemgorodok, dem Akademiker-Städtchen. Es ist ausschließlich der wissenschaftlichen Elite und der Forschung vorbehalten, und wer hier arbeitet, gehört zur beneideten Minderheit einer privilegierten Klasse, die einen Sonderstatus gegenüber dem Normalbürger einnimmt. Daher ist diese Stadt hermetisch abgeschirmt und für Ausländer gesperrt.

Nach 15 Minuten Aufenthalt geht die Fahrt weiter in Richtung Westen. Von der großen Bogenbrücke über den Ob sieht man rechts unten den Hafen mit einer Vielzahl von Schiffen aller Größenordnungen. Wir passieren die Vorstädte, die Dörfern gleichen, wenn man von den ausgedehnten Industrieanlagen absieht. Ganz hinten kann man den Flugplatz erkennen. Nowo-Sibirsk ist für den Inlandverkehr einer der wichtigsten Flugverbindungsknotenpunkte. Der Zug fährt jetzt mit höherer Geschwindigkeit auf gerader Strecke durch die westsibirische Tiefebene. Die Gegend ist landwirtschaftlich voll genutzt. Die Dörfer folgen relativ dicht aufeinander.

Nach vier Stunden: „Babinsk", nach weiteren fünf Stunden: „Omsk". Die Stadt ist, sofern man es vom Bahnhof aus sehen kann, sehr ausgedehnt. Sonst der übliche Anblick: Fertigbau-Häuserblocks und breit angelegte Straßen. Trotz der nächtlichen Stunden herrscht am Bahnhofsvorplatz noch reger Verkehr. Der Zug überquert die große Bogenbrücke über den Irtysch, den Hauptnebenfluß des Ob. In der Nacht passieren wir Tjumen, bekannt durch seine Erdölraffinerien und als Ausgangspunkt der Erdgasleitung nach Europa. In den frühen Morgenstunden liegt dichter Nebel über den Feldern. Kilometerstein 1993. Entlang der Bahnlinie mähen Bauern Gras mit der Sense für den Eigenbedarf. Ein ungewohnter Anblick: Ein kleiner Heuwagen wird von einem Motorrad gezogen.

Langsam nimmt der Wald wieder zu. Steigungen zeigen an: Wir nähern uns den östlichen Ausläufern des Urals. Nach einiger Zeit erreichen wir Swerdlowsk, großes Industriezentrum und letzte Stadt in Sibirien. 22 Minuten Aufenthalt mit Lokomotivenwechsel. Man sieht sich kurz auf dem Bahnhofsvorplatz um. Dann schnell wieder über die Fußgängerbrücke zurück zum Bahnsteig 4. Zum Glück, denn der Zug fährt vorzeitig ab, und ich kann gerade noch auf das Trittbrett springen. Der Ural ist zumindest an der Stelle, an der die Bahnlinie ihn überquert, eher flach und erinnert an deutsche Mittelgebirge. Ein Mitreisender macht darauf aufmerksam: Auf der linken Seite, auf einer Anhöhe, steht der weiße Obelisk mit der Inschrift: ,,Asien — Europa''.

Wir haben Asien verlassen und befinden uns nun im europäischen Teil der Sowjetunion. Am Nachmittag erreichen wir Perm an der Kama, einem Nebenfluß der Wolga. Bekanntlich wird an der Kama ein riesiges Lkw-Werk von einem deutschen Firmenkonsortium errichtet. Wieder längerer Aufenthalt und wieder Lokomotivenwechsel. An den Wagen werden in Eile Bremsbacken ausgewechselt. Am Nebengleis fährt der Parallelzug Moskau — Wladiwostock ein. 19.30 Uhr, ,,Balesino'', Kilometerstein 1180. Wiesen, bebaute Felder, Dörfer in wesentlich dichterer Folge als bisher. Man sieht Bauern bei der Arbeit und auffallend viele Ziegen. Von Perm aus scheint die Strecke beständig bergab zu gehen, der Geschwindigkeit des Zuges nach zu urteilen. Wir haben zwei Stunden Verspätung, für diese lange Strecke ohne Belang! Es scheint, als wolle man diese Zeit wieder einholen.

Die letzte Abendmahlzeit im Speisewagen gestaltet sich problematisch: Es gibt fast nichts mehr, da die Vorräte aufgebraucht sind. Da einem die Kellnerin mittlerweile schon kennt, gelingt es, ihr noch einige Kleinigkeiten zu entlocken: je zwei Scheiben Käse und Wurst, Hühnerbrühe, zwei Spiegeleier, ein Paket Waffeln, Brot, Butter und Tee. Zum Abschied leiste ich mir eine Flasche grusinischen Wein. Die anderen Gäste tun desgleichen. Sei es mangels Speisen, sei es, um die letzte Nacht im Zug würdig zu begehen, fließen Wodka und Wein in Strömen, und die Schwankungen des Zuges sind nicht die einzige Ursache für das Schwanken mancher Gäste.

Wir haben in der Nacht Kirow passiert. Ein grauer Morgen, leichter Regen. Saftige, grüne Wiesen, Felder und Wälder, ab und zu Dörfer. Die Häuser sind hier doch etwas besser gebaut als in Sibirien, die Straßen jedoch sind auch hier ungepflastert. Kilometerstein 390. Gegen 7.00 Uhr Ortszeit und zugleich Moskauer Zeit erreicht der Zug Jaroslavl, die große Industriestadt an der Wolga. Hochöfen, Fabrikschornsteine, Lagerhallen, riesige Rangierbahnhöfe. Auf dem Hauptbahnhof wimmelt es von Menschen, Leute aus den Vororten, die hier zur Arbeit gehen. Die Verkaufsstände und Kioske sind noch geschlossen. Beim Hinausfahren aus der Stadt sieht man links noch zwei Kirchen mit einer Vielzahl von Zwiebeltürmen. Immer mehr Dörfer. Statt Holzhäusern jetzt Steinbauten.

Ca. 60 Kilometer vor Moskau die ersten Vorstädte und S-Bahn-Stationen. Es ist mittlerweile 11.30 Uhr. Die Nähe der Hauptstadt macht sich bemerkbar: Rechts und links riesige Häuserblocks, Schnellstraßen, Fabriken, Umspannwerke, Rangierbahnhöfe, Vorortzüge in dichter Folge. Auf den letzten zehn Kilometern verlangsamt der Zug seine Fahrt und rollt schließlich im Schrittempo in den Jaroslavler Bahnhof ein. Begrüßung durch Vertreter von Intourist. Im Intourist-Wagen geht es ins Rossija-Hotel. Dieses größte europäische Hotel hat 6000 Betten, verteilt über sechs Häuserblöcke, die zwischen dem Moskva-Fluß und dem Roten Platz ein großes Rechteck bilden. Der Komfort des Appartements 9146 und das ausgiebige Bad vermitteln einem wieder die Annehmlichkeiten der Zivilisation.

Ich kenne dieses Haus von meinem letzten Besuch her. Die Empfangsdirektorin, Madame Ivaijkina, der die gesamte Logisabteilung untersteht, begrüßt mich in der Halle West. Das riesige Haus gleicht eher einer bis ins Detail durchorganisierten Fabrik als einem Hotel. Die meisten der Führungspositionen sind hier von Frauen besetzt. Auch die sechs Bettenhäuser werden von Direktorinnen geleitet, ebenso die Hälfte der vielen Küchen, in denen zu zwei Drittel weibliches Personal beschäftigt wird. Die Frau ist in der Sowjetunion absolut gleichberechtigt, und dies spiegelt sich in einem gewissen Stolz und im Selbstbewußtsein wider.

Madame Ivaijkina stellt mich dem Gastronomischen Leiter Kusnezow vor. Der restliche Nachmittag vergeht mit Fachgesprächen, die das Interesse an unserer Hotellerie zeigen. Man orientiert sich sehr stark am deutschen Vorbild, und der Deutsche genießt hier nach wie vor den Ruf, sehr genau, qualitätsbewußt, technisch perfekt und hochqualifiziert zu sein. Man berichtet mir von der enormen Expansion der lokalen Hotellerie und von geplanten Austauschprogrammen, wobei russisches Fachpersonal nach Deutschland und umgekehrt deutsches Fachpersonal nach Moskau geschickt werden soll. Für den nächsten Tag ist ein weiteres Gespräch mit einem hohen Vertreter von Intourist im Hotel vorgesehen. Zum Abendessen bin ich von Herrn Kusnezow eingeladen.

Inzwischen habe ich ein Gespräch nach Wehrheim angemeldet, um Ginny mitzuteilen, daß ich heil aus Sibirien zurückgekehrt bin. Nach dem Hauptgang bringt der Kellner auf einem Silbertablett einen Umschlag. Ich werde gebeten, um 22.30 Uhr in den Night Club im Obergeschoß des Hotels zu kommen, um mich mit einem Herrn G. zu treffen. Nach dem Dessert werde ich ans Telefon gebeten. Es ist Ginny.

Der einzige Night Club, so wie wir es verstehen, befindet sich in Moskau im 14. Stockwerk des Rossija-Hotels. Es spielen westliche Bands. Alles ist hochmodern und großzügig angelegt. Atemberaubend ist der Blick über die Moskauer Innenstadt und die Moskva. Von der ganzen Atmosphäre her fühlt man sich in eine westliche Großstadt versetzt. Der Club ist immer voll; ohne Tischreservierung keine Chance, einen Platz zu bekommen. Die Gäste sind meist Ausländer, die im Hotel wohnen.

Man sagt mir am Eingang, Herr G. habe für mich einen Tisch reserviert. Ein Ober führt mich an einen Zweiertisch in einer Ecke, an dem ein jüngerer, gut aussehender Mann sitzt, mit dunklem Haar, gebräuntem Gesicht und Schnurrbart. Ohne sich groß vorzustellen, sagt er in fließendem Deutsch: ,,Hier ist Ihr Umschlag'', und legt einen DIN-A-5 großen, braunen Umschlag auf den Tisch. Ich bin sprachlos. Er sagt nur: ,,Sie brauchen keine Bedenken haben, zählen Sie einfach nach.'' Und er öffnet den Umschlag. Ich traue meinen Augen nicht. Lauter Hundert-Dollar-Noten! Ich frage den Mann: ,,Wer sind Sie? Was hat dies alles zu bedeuten?'' Der ist etwas verwundert und fragt seinerseits: „Sie sind doch Herr Seidl aus Frankfurt? Ich habe Sie seit Ihrem Eintreffen im Hotel beobachten lassen. Und mit Deutschland haben Sie auch telefoniert." — „Unmöglich, Sie müssen mich verwechseln", sage ich. „Dann darf ich Ihnen vielleicht einmal Ihre Visitenkarte zeigen." Er reicht mir eine kleine Karte mit Namen Heinrich Seidel, mit dem Emblem einer deutschen Baufirma.

Nun klärt sich alles auf. Ich erkläre ihm, daß ich nicht Heinrich sondern Hugo heiße und daß sich mein Nachname nur mit d und l und nicht mit einem e dazwischen schreibt. Er reißt den Umschlag an sich, springt so schnell auf, daß sein Stuhl nach hinten fällt, und ist sofort in der Menge verschwunden. Ich bin total überrascht und überlege, wie die Zusammenhänge sein könnten. Es gibt nur eine Möglichkeit, daß dieser Herr auf einen anderen Herrn gewartet hat, mit dem er Geschäfte getätigt hat, und offensichtlich wohnt dieser andere Herr auch im Hotel. Beim Übermitteln der Nachricht hat das Empfangspersonal uns verwechselt, was durchaus verständlich ist. Während ich noch in Gedanken versunken überlege, kommt der Oberkellner schon und fragt, ob der Tisch noch frei sei oder ob sich andere Herrschaften zu mir setzen könnten. Ich gehe an die Bartheke und überlasse den anderen den Tisch, denn ich brauche auf diesen Schreck hin einen guten Wodka.

Ich kann lange nicht einschlafen. Was wäre wohl passiert, wenn ich das Geld genommen hätte? Nicht auszudenken! Soll ich Madame Ivaijkina von diesem Vorfall unterrichten? Ich hätte Verhöre und weitere Schwierigkeiten riskiert. Man ist ja den Behörden völlig ausgeliefert, da man seinen Paß im Hotel abgeben mußte und er erst wieder bei der Abreise ausgehändigt wird.

Am nächsten Morgen nehme ich ein Taxi zum Flughafen Scheremetjewo. Das Flughafengebäude wird zum Teil renoviert. An einem Gerüst sehe ich den Namen und das Emblem einer deutschen Baufirma. Es ist dasselbe wie auf der Visitenkarte. Als ich die Zoll- und Devisenkontrolle passiere und es bei der anschließenden Paßkontrolle über Gebühr lange dauert und man mir sagt, mein Paß müsse noch überprüft werden, kommen mir die schlimmsten

Befürchtungen. Endlich, nach langem, bangem Warten bekomme ich meinen Paß und gehe zum Flugsteig, wo die Aeroflot, Flug Nr. 225, um 11.35 Uhr abfliegt.

An der Treppe, die zur Iljuschin-Maschine hinaufführt, stehen zwei Posten mit Gewehr und verlangen an der Tür zur Kabine nochmals die Pässe. Was passiert, wenn man mich hier wieder verwechselt? Ich atme auf, als sich die Maschine in die Lüfte erhebt. Nach zweieinhalb Stunden Non-Stop-Flug bei kaukasischem Wein und Kaviar landen wir auf dem Rhein-Main-Flughafen. In einem der Reklame-Schaukästen sehe ich wieder das Emblem. Offensichtlich läßt Moskau mich so schnell nicht mehr los.

Traumkarriere?

So vergingen die siebziger Jahre. Die wirtschaftliche Talfahrt, eingeleitet durch den Verfall des Dollars, die Ölkrise und die daraus resultierende Verunsicherung auf dem Weltmarkt, konnte auch durch die sozial-liberale Koalition nicht gebremst werden. In der Ostpolitik, deren Weichen Willi Brandt stellte, wurden merkliche Verbesserungen erzielt, hauptsächlich durch den Grundlagenvertrag, der die Basis zu normalen, bilateralen Beziehungen geschaffen hat.

Mit zunehmender Arbeitslosigkeit wuchs die Ausländerfeindlichkeit. Die Gastarbeiter, mit deren Hilfe das Wirtschaftswunder überhaupt erst möglich geworden war, waren mit einem Male nicht mehr gefragt. Die liberalen Gesetze unserer demokratischen Gesellschaftsordnung begünstigten das Entstehen extremer Gruppen, aus denen — unterstützt durch den Einfluß ausländischer Extremisten — sich ein harter Kern von Terroristen herausbildete, die zu immer brutaleren Mitteln griffen, um auf sich aufmerksam zu machen.

Die Wohlstandswelle vertiefte den Generationenkonflikt. Viele junge Menschen waren unfähig, mit der so hart erkämpften und als höchstes Gut angesehenen Freiheit etwas anzufangen, schlossen sich organisierten Banden an oder griffen in ihrer Haltlosigkeit zu weichen und dann zu immer härteren Drogen.

Ausländische Hotel- und Restaurantketten faßten überall Fuß und traten in harten Konkurrenzkampf zu den alteingesessenen Unternehmen. Diese Tatsache, sowie auch das Vordringen der Elektronik und der Computer, machte es notwendig, daß man sich flexibel auf diese Herausforderung der neuen Zeit einstellte und bereit war, Althergebrachtes zu revidieren oder abzuschaffen.

Aufgrund der Krankheit des Generaldirektors 1979 nahm ich bis zu seinem Ableben im Sommer 1980 mit meinem Kollegen der Verwaltung kommissarisch die Leitung des Hauses wahr. Diese eineinhalb Jahre gehörten mit zur interessantesten Zeit meiner Tätigkeit im Frankfurter Hotel.

Aufgrund der bisherigen Erfolge der Auslandswerbeaktionen in Brasilien und Japan folgten 1978 nochmals Frankfurter Werbewochen in New York, Chicago und Toronto und 1980 in der Frankfurter Partnerstadt Birmingham sowie in London und Manchester. Diese Reisen bedeuteten jedesmal für mich eine willkommene Abwechslung zu der täglichen Routine, die sich in der Regel auf 12 bis 15 Stunden erstreckte.

So kam es, daß die Kinder plötzlich erwachsen waren, ohne daß ich es eigentlich richtig bemerken konnte. Wie alle Eltern wollten wir den Kindern den Start ins Leben möglichst erleichtern und ihnen hierfür alle materielle und moralische Unterstützung bieten. Durch die internationale Atmosphäre, in die sie seit dem frühesten Kindesalter hineingestellt worden waren, und durch den amerikanischen Einfluß der Mutter waren sie für die Erfordernisse der heutigen Zeit bestens ausgestattet: sie hatten eine lockere, nonchalante Art, ergänzt durch eine Portion Draufgängertum und Selbstbewußtsein. Diese Eigenschaften hatte ich mir — zumindest teilweise — durch jahrzehntelangen Kampf um berufliches Fortkommen und unter vielen bitteren Enttäuschungen und Rückschlägen mühsam und ganz ohne irgendeine Unterstützung aneignen müssen.

Mit jedem weiteren Jahr im Frankfurter Hotel verminderten sich meine Chancen, mich beruflich zu verbessern; darüber war ich mir im klaren. Ich hatte daher bereits in der Vergangenheit mehrfach bei der Konzernleitung vorgesprochen und um eine Versetzung gebeten, denn es schien mir an der Zeit, ein eigenes Haus zu übernehmen. Man hatte für meinen Wunsch zwar grundsätzlich Verständnis gezeigt, aber mangels einer freien Position hatte sich bis jetzt noch keine Möglichkeit ergeben. Gegen Ende 1980 sprach es sich allerdings bereits herum, daß sich im nächsten Jahr das ,,Karussell'', wie man dies zu nennen pflegt, in Bewegung setzen werde, da durch die Pensionierung eines langjährigen Direktors eine Position frei werden würde. Im Januar 1981, anläßlich eines Gala-Balles, teilte man mir erstmals verbindlich mit, daß ich als Direktor in Bad Kreuznach vorgesehen sei. Es folgten Inspektionsbesuche und ein Vorstellungsgespräch beim Aufsichtsrat der städtischen Eigentümergesellschaft des Hotels. Und am 1. September 1981 war es dann soweit: Ich trat meinen Dienst als Direktor unseres Hauses in Bad Kreuznach an. Großer Empfang mit den Repräsentanten der Stadt, Stammgästen, Mitgliedern der Geschäftsleitung und der Presse.

Mein Einführungsempfang galt gleichzeitig der Verabschiedung meines Vorgängers. Nach uraltem Naturgesetz ist jeder Anfang ein Ende und jedes Ende ein Anfang. Beginn oder Ende einer Karriere? Andere würden es vielleicht eine Traumkarriere nennen, ich selbst sehe es etwas nüchterner. Mein Weg hatte mich zwar durch die Welt geführt, und es war mir vergönnt gewesen, viel zu erleben und zu erfahren, aber rückblickend gesehen war es doch ein sehr langer und vor allem harter Weg gewesen. Dieser Weg war weder vorgezeichnet, noch hatten sich mir jemals viele Auswahlmöglichkeiten geboten. Meistens ergaben sich die Dinge aus der Spontaneität des Augenblicks oder aus einer inneren Eingebung heraus, aber immer ausgerichtet auf ein großes Ziel.

Der Eintritt in einen neuen Lebensabschnitt bringt automatisch neue Ziele mit sich, und insofern sehe ich mich wieder ganz am Anfang, bereit, die Herausforderungen der Zukunft anzunehmen und dadurch weiterhin jung zu bleiben. Denn Jugend ist nicht ein Lebensabschnitt, sie ist ein Geisteszustand. Sie ist Schwung des Willens, Regsamkeit der Phantasie, Stärke der Gefühle, Sieg des Mutes über die Feigheit, Triumph der Abenteuerlust über die Trägheit. Man ist so jung wie seine Zuversicht, so alt wie seine Zweifel, so jung wie sein Selbstvertrauen, so alt wie seine Furcht, so jung wie seine Hoffnungen, so alt wie seine Verzagtheit. Mit den Jahren runzelt die Haut, mit dem Verzicht auf Begeisterung aber runzelt die Seele. Albert Schweitzer, von dem diese Worte stammen, hat selbst dafür ein leuchtendes Beispiel gegeben.

Es ist Weihnachten 1981. Wir sitzen mit den Kindern, die zu Besuch gekommen sind, im Kaminzimmer unseres Hauses in Wehrheim. Wir unterhalten uns beim Schein des prasselnden Kaminfeuers und der Kerzen des Baumes über die vielen Möglichkeiten, die den jungen Menschen heute für ihre Berufsausbildung geboten werden. Um diese Möglichkeiten der Auswahl ist die heutige Jugend in der Tat zu beneiden. Wenn ich mein Leben zurückverfolge, dann muß ich feststellen, daß mir diese Chancen nie geboten wurden. ,,Warum schreibst Du nicht einfach mal ein Buch?'', fragen mich die Kinder. ,,Das will ich tun'', sage ich, und der Schein des langsam verglimmenden Kaminfeuers läßt Realität und Erinnerung langsam ineinanderfließen.

Nachwort

Mittlerweile ist es Sommer 1987 geworden. Eine Menge ist in der Zwischenzeit geschehen: Nach dem hochwasserbedingten Tief des Jahres 1982 haben die Ergebnisse des Bad Kreuznacher Hotelbetriebs trotz ansteigendem Trend nie ganz den Erwartungen entsprochen. Die strukturbedingten Probleme waren aber schon bei Abschluß des Pachtvertrages bekannt gewesen. Nach Umwandlung der Gesellschaft in eine AG konstituierte sich der Vorstand neu.

Die Zeichen der Zeit stehen auf Umbruch und Wechsel, so auch für mich beruflich.

Die Zeit bei der größten deutschen Hotelgesellschaft geht nach über 20 Jahren zu Ende. Für mich bietet sich die Chance für einen Neubeginn im „dritten Lebensabschnitt". Dafür bin ich dem Schicksal dankbar.

Voller Spannung und Erwartung sehe ich dieser neuen Herausforderung entgegen, der ich mich stelle. Ich habe mir wieder ein neues Ziel gewählt.